西南财经大学与中国银联（四川分公司）合作研究
西南财经大学校管课题重点项目
2012年中央高校基本科研业务费专项资金项目
"985"金融学科群优势学科创新平台项目

银行卡
理论与应用

帅青红　刘国祥　编著

BANK CARD THEORY
AND APPLICATION

西南财经大学出版社

图书在版编目(CIP)数据

银行卡理论与应用/帅青红编著.—成都:西南财经大学出版社,2013.4
ISBN 978 - 7 - 5504 - 1018 - 3

Ⅰ.①银…　Ⅱ.①帅…　Ⅲ.①信用卡—基本知识　Ⅳ.①F830.46

中国版本图书馆 CIP 数据核字(2013)第 072169 号

银行卡理论与应用
YINHANGKA LILUN YU YINGYONG

帅青红　刘国祥　编著

责任编辑:汪涌波
助理编辑:江　石
封面设计:杨红鹰
责任印制:封俊川

出版发行	西南财经大学出版社(四川省成都市光华村街55号)
网　址	http://www.bookcj.com
电子邮件	bookcj@foxmail.com
邮政编码	610074
电　话	028 - 87353785　87352368
照　排	四川胜翔数码印务设计有限公司
印　刷	郫县犀浦印刷厂
成品尺寸	170mm × 240mm
印　张	18.5
字　数	310 千字
版　次	2013 年 4 月第 1 版
印　次	2013 年 4 月第 1 次印刷
印　数	1— 2000 册
书　号	ISBN 978 - 7 - 5504 - 1018 - 3
定　价	38.00 元

前 言

科技，一个最炫目的行业！金融，一个永恒的话题！科技与金融的结合将会诞生最辉煌的未来！

金融是现代经济的核心，主导着现代经济的发展，金融学是财经学科的制高点；信息技术在世界范围内的广泛应用，已经彻底改变了人类社会的发展轨迹，影响到人类的生活。金融信息化是 21 世纪金融业发展的必由之路，拥有一流金融信息化学科是一流财经高校的主要标志之一。

信息化和网络化的发展，促使金融机构、金融市场和金融监管都发生了巨大的变化，而涉及货币转移的支付结算作为金融领域的一个基础环节，表现得尤为明显。支付结算是研究货币转移的科学，是金融学科的重要组成部分。随着经济社会的发展，支付产业已经形成了巨大的市场规模，影响着国民经济的发展与转型。

现代支付结算体系主要由支付工具、支付系统、支付服务组织和支付体系监督管理等要素组成。银行卡作为由商业银行发行的具有消费信用、转账结算、存取现金等多功能的一种信用支付工具，已发展成为人们日常生活中最主要、最常用的支付工具，在现代支付结算体系中扮演着支付创新源泉与动力的重要角色！

作为银行业务与现代科技结合的产物，银行卡的快速发展具有巨大的社会效益，对我国的社会生活产生着深远的影响。它推动了我国支付体系现代化，提高了金融服务水平；它改变了国人的支付习惯，改善了人民的生活；它提高了社会文明程度，提升了我国的国际形象；它改善了农村金融服务，助力和谐社会的建设。

银行卡产业的发展不仅使银行业受益，对整个国民经济和社会发展也都具有重要的促进作用。首先，发展银行卡产业可以有效地引导和刺激消费，促进国民经济增长；其次，银行卡对现金的替代，将大幅提高支付效率，降低社会交易成本；再次，银行卡的普及能显著提高交易的透明度，对完善税收体系、增加财政收入有明显的促进作用；最后，带动相关产业的发展，促进传统商业模式的改变和产业结构升级。

随着科学技术的飞速发展，我国银行卡产业从无到有、从小到大，不仅减少了现金和支票的流通，而且使银行业务由于突破了时间和空间的限制而发生了根本性变化。如今，银行卡已成为我国居民个人使用最频繁的非现金支付工具，成为商业银行中间业务的重要载体和个人金融业务综合平台，成为中国支付工具体系占比越来越大的部分。银行卡自动结算系统的运用，将促使一个"无支票、无现金社会"早日到来。

伴随中国经济的快速增长，把信息技术和金融服务有机融合的银行卡产业，迎来了前所未有的大发展时期，并在促进消费、提高经济透明度、推动产业升级等方面，对我国国民经济的发展起到越来越重要的作用。

银行卡产业的快速发展以及产业链的延伸，尤其是银联品牌的推广、银行卡国际化以及基于银行卡电子支付的兴起，迫切需要大量熟悉银行卡业务的从业人员。随着非金融支付业务的迅速发展，获得了中国人民银行颁发的《支付业务许可证》的197家非金融支付机构，更加需要专业化的电子支付人才，特别是熟悉银行卡业务的人才。

西南财经大学作为教育部直属的国家"211工程"和"985工程"优势学科创新平台建设的全国重点大学，是国家教育体制改革试点高校，正在建设中国金融发展与金融安全协同创新中心，是一所金融特色鲜明的研究型财经大学。银行卡产业属于新兴的电子金融学科研究范畴，而电子金融学是一个涉及金融学、管理学、计算机科学等多学科的新兴交叉学科。为了解决理论与实际、教育与银行需求之间的矛盾，西南财经大学与中国银联股份有限公司（本书简称"中国银联"）合作编撰了本书。

（一）内容简介

本书从银行卡基本概念与银行卡组织入手，系统介绍了银行卡产业发展与产业链，然后分析了银行卡相关理论以及银行卡定价，接着阐述了银行卡介质与新兴支付方式，最后分析了银行卡风险与管理。笔者试图以全新的视角向读者展现银行卡产业的发展历程，力求反映银行卡产业的现状与未来发展趋势。

全书共九章，第一章 银行卡概述；第二章 银行卡产业发展概况；第三章 银行卡产业理论；第四章 银行卡产业链；第五章 银行卡产业商业模式；第六章 银行卡介质发展与展望；第七章 银行卡新兴支付方式；第八章 银行卡产业风险，第九章 银行卡产业监管与产业引导。

本书在各章的始末分别给出了引入案例和课后案例分析题等，旨在分析典型案例的基础上使读者有一个全面而又具体的了解。

编写本书的目的：通过对本书的学习，使信息类（电子商务）和金融专业的学生、银行的支付从业人员、从事银行卡业务与产品开发的公司、非金融支付机构以及中国银联相关人员，能够系统地了解银行卡理论与应用，为激发其探索银行卡产业的创新应用提供启发和指导。

本书可以作为高等院校电子商务、计算机、金融学、财经专业及相关专业的教材或教学参考书；同时，也可作为从事金融信息化、电子商务、银行卡应用软件研制和开发的科研人员，金融系统的各级管理人员、银行工作人员、中国银联、非金融支付机构的专业培训用书。特别是对于有志于从事银行现代支付结算工作的相关专业学生，这更是一本有益的教学参考用书。

（二）致谢

全书由帅青红、刘国祥编著。中国银联曹世勇、胡成果等多次参与本书框架的讨论以及书稿的修改、完善。帅青红、方玲负责本书总纂和校稿。李应龙编写第一、二章，方玲编写第三、五章，范璞编写第四章，骆阳编写第六、七章，李行龙编写第八、九章。帅青红的研究生黄俊达、陈乐、曾红华、尹娜等分别参与了不同章节的统稿与校对。本书的撰写得到了金融界不少专家以及支付行业同仁们的大力支持与帮助，尤其是中国银联的同仁提供了不少宝贵的资料，同时与他们的交流也使笔者受益匪浅，笔者在此表示衷心的感谢！这些机构、单位是：中国人民银行成都分行支付结算处和反洗钱处、中国银联股份有限公司四川分公司、银联商务有限公司四川分公司、中国银行四川省分行信息科技部、中国工商银行四川省分行科技部和电子银行部、中国农业银行四川省分行产品创新部和电子银行部、中国民生银行成都分行电子银行部和科技部以及德阳分行、兴业银行成都分行信息科技部、四川商通公司、摩宝支付、易宝支付、现代金控，等等。笔者非常感谢所有关心、支持和帮助过笔者的朋友和同事们。特别感谢多年来给予笔者无私关爱的妻子、儿子以及至亲好友们。

在本书撰写过程中，笔者阅览、借鉴了大量国内外的出版物与网上资料，由于文中体例限制而未加以注明，或在参考文献中没有完全列出，在此谨向诸多学者、同仁表示由衷的敬意与感谢！由于笔者水平有限和银行卡产业的特殊性即内容新、范围广，书中难免有不尽如人意和错误的地方，真诚地希望能得到同行专家和读者的批评指正，以利于今后修改和完善（E－mail：shuai66qh@ yahoo. com. cn）。

本书系西南财经大学 2011 年度校管课题重点项目、2012 年中央高校基本科研业务费专项资金项目、"985" 金融学科群优势学科创新平台项目、中国金融发展与金融安全协同创新中心项目的部分研究成果汇总与结晶。

本书是由西南财经大学教务处、科研处提供基金的"银行卡理论与应用"教育项目成果。我们相信，致力于在高校教育中推动银行卡领域的研究与教学的这一尝试，在不久的将来一定会显示出它的成效来。感谢中国银联股份有限公司同仁在项目进程中的高效组织与协调，以及他们为教材编写所提供的大力帮助！感谢西南财经大学校领导及金融学院、经济信息工程学院的领导在项目推进的过程中给予的支持与帮助！感谢西南财经大学出版社的领导及相关编审人员在本书出版过程中所做的耐心细致的工作！

帅青红

2013 年 3 月

目　录

CONTENTS

1 银行卡概述

【本章导引】

科学技术的突飞猛进，使得银行卡的使用范围不断扩大，它不仅减少了现金和支票的流通，还使银行业务突破了时间和空间的限制。电子计算机的广泛应用，使一个"无现金、无支票社会"的到来具有了可能性。银行卡作为现代化金融支付工具之一，凭借其安全、方便、快捷的优点，成为支付和结算的主要工具，是国际金融业务的发展趋势。

【重要术语】

信用卡、借记卡、银行卡组织。

【知识架构】

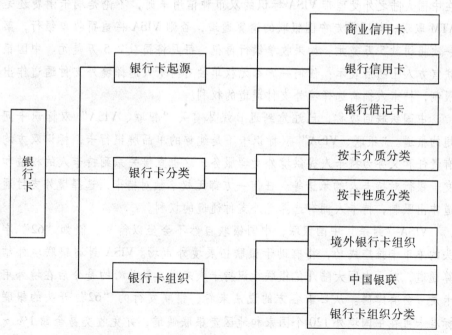

【导入案例】

VISA 封堵银联事件

2010 年 6 月 2 日，VISA 发表声明，称 VISA 的产品除了在卡片上带有 VISA 的品牌标识外，还带有以"4"字开头的 16 位 BIN 号。由于 VISA 已将"4"字头的 BIN 号在国际标准组织 ISO 进行了注册，所以所有"4"字开头、带 VISA 标识的信用卡都应当遵守 VISA 的规则。这被业界视为"VISA 要封堵中国银联境外通道"。

VISA 则称，此举是为了确保支付系统所有的参与者和利益方都能够享受到 VISA 支付网络给全球持卡人带来的便利及标准化服务和权利的保障，"目的是为了确保 VISA 的持卡人能够享受到由 VISA 支付系统提供的安全便捷和可靠的支付体验及服务的保障（包括风险管控、交易纷争的处理等）。"VISA 还强调，如果持卡人选择了以"4"字开头的双币卡即意味着选择了其交易将通过 VISA 的支付网络进行处理。但 VISA 同时透露，从来没有也不会"封杀"银联"62"字头的卡片在境外走银联的通道。

VISA 国际组织向全球会员银行发函，要求从 2010 年 8 月 1 日起，凡是在中国大陆之外受理带 VISA 标识的双币种信用卡时，不论是刷卡消费还是 ATM 取现，都不得走中国银联的清算通道，否则 VISA 将重罚收单银行，第一次将罚款 5 万美元。如果收单银行再犯，每月将罚款 2.5 万美元。中国银联官方人士随后表示：任何一方都无权单独对持卡人选择境外支付通道作出限制，持卡人拥有选择境外支付通道的权利。

中国银联回应称，已注意到近日媒体有关"银联、VISA"双标识卡问题的报道。"银联、VISA"双标识卡不是纯粹的单品牌银行卡，标识双方均有责任和义务为持卡人提供境外受理服务，这也直接关系到持卡人的权益和发卡银行对持卡人的承诺等。任何一方都无权单独对持卡人选择境外支付通道作出限制，持卡人拥有选择境外支付通道的权利。

VISA "封杀"中国银联，中国银联自然不会坐以待毙，假如"62"字头的单币卡推广成功，将有助于银联拓展境外市场。VISA 封堵银联境外结算通道，对于中国大陆几亿银联标识持卡人来说，最关心的是今后在境外用卡是否会有障碍。从目前各方的说法来看，银联发行的"62"开头的银联标准卡可在中国境外 120 个国家和地区走银联通道，并免收交易金额 1%～2% 的货币转换费。

由于 VISA 的结算通常是以美元计账的，持卡人将多付 1%～2% 的货币转换费，并且将承担汇兑损失。我国大多数双币种信用卡都是中国银联和 VISA 或万事达卡两大国际组织发行的，如果今后 VISA 禁止"4"字头的卡片走中国银联渠道，消费者之前通过银联通道享受的免收外汇结算手续费将终结。

目前，银联国际受理网络已经延伸至中国境外 120 个国家和地区，能够基本满足中国人在经常到访的国家和地区进行商务、旅游、留学等支付需要。银联国际网络不仅可以受理单标识银联卡，也可以受理双标识银联卡。特别是"62"字头单标识银联卡目前已经在境内外广泛发行和使用。在境外交易使用单标识银联卡，不仅可直接走银联网络，免收占交易金额 1%～2% 的货币转换费，而且可以享受银联提供的多种增值服务。据了解，如果双币卡持卡人在境外消费用 VISA 和 MasterCard 进行结算的话，要先将消费额由当地货币转成美元，再用美元兑换成人民币进行结算，结算的汇率是由 VISA 和 MasterCard 根据当日全球的汇率进行综合而定的，同时要加收 1%～2% 的货币转换费。而银联则免去了其中的"繁琐"。持卡人境外通过中国银联消费，是将消费额直接由当地货币兑换成人民币，结算的汇率是以中国国家外汇管理局公布的当日人民币汇率中间价为准的。尤其是目前银联在境外进行结算时不收取任何的货币转换费，显然，选择银联通道进行支付有着很大的优势。

然而，VISA 与银联缘何发生矛盾？世界上有哪些银行卡组织？它们是否也有类似矛盾？它们如何划分银行卡？银行卡又是怎么出现的？对此，本章将给出答案。

1.1 银行卡起源

银行卡最早起源于美国，然而最早的发卡机构并不是银行，而是一些百货商店、饮食、娱乐和汽油公司。美国的一些商店为了招徕顾客，推销商品，扩大营业额，有选择地在一定范围内发给顾客一种类似金属徽章的信用凭证。后来这些凭证演变为塑料制成的卡片，因此银行卡早期被称作"塑料卡",作为客户购货消费的凭证。顾客可以在开展了信用凭证的公司或商店赊销商品，约期付款。这便是信用卡的雏形，后来逐渐发展成商业信用卡和银行卡（信用卡、借记卡）。

1.1.1 商业信用卡

1949 年 9 月的一天，纽约金融家麦克纳马拉（Frank McNamara）与其好友——著名零售商布卢明代尔在一家高级餐馆就餐，结账时却发现随身携带的现金不够，只好打电话请其妻子来付款。这件事情给了麦克纳马拉一个重要的启发：如果能够发明一种随身携带的信用工具，不仅可以给持有者带来支付便利，而且可以给餐馆带来更多的赊销生意。因此，他和布卢明代尔一起，共同策划了一个餐馆赊账方案：发行一种可以记账的卡片，持卡人在定点餐馆凭该卡片记账就可以免付现金，以避免人们因随身携带现金不足而造成消费不便或者类似尴尬情况。这就是大莱（Diners）卡的开端。1950 年春，他与好友斯奈德共同投资 1 万美元，在纽约创立了"大莱俱乐部"（Diners Club），即大莱信用卡公司的前身，并发行了世界上第一张以塑料制成的信用卡——大莱卡。麦克纳马拉创建的大莱信用卡公司也成为世界上第一家信用卡公司。

1.1.2 银行信用卡

1952 年，美国加利福尼亚州的富兰克林国民银行开始发行信用卡。这是金融机构首次进入信用卡发卡领域，由此揭开了银行发行信用卡的序幕。

1958 年 10 月 1 日，美国运通公司（American Express）推出了运通卡。与白手起家的大莱俱乐部不同，美国运通的旅行支票在当时被认为与美元一样可靠，所以美国运通发行的信用卡在社会上得到了广泛认同，头两个月的发卡量就突破了 20 万张。而且，在美国运通卡开业时，签约入网的商户便超过了 17 000 个；特别是美国旅馆联盟的 15 万持卡人和 4 500 个成员旅馆的加入，标志着银行卡终于被美国主流商界接受。运通卡的诞生，对于信用卡受理市场的开拓，具有划时代的意义。

1958 年 9 月，在运通卡酝酿的时候，美国银行给弗雷斯诺市几乎所有的家庭寄去了名为"美国银行卡"的信用卡，共 6 万张左右。这是银行卡发展历史上第一次大规模的营销，后来被称为"大投递"。许多家庭开始使用美国银行卡来赊购商品，信用卡从此走进了人们的生活。1959 年，人们使用美国银行卡购物的金额达 5 900 万美元，信用卡购物时代从此开始。信用卡在弗雷斯诺市的成功鼓励了美国银行进一步扩大信用卡业务。1960 年，投入使用的美国银行卡达到 23.36 万张；1968 年，美国银行卡的发卡量累计超过 100 万张。

到了 20 世纪 60 年代，信用卡受到社会各界的普遍欢迎，信用卡数量迅速增长，随着信用卡市场规模的日益扩大，越来越多的银行希望加入发卡行列。一些银行成为美国银行卡的特许机构，它们共同形成一个银行卡联盟，经营信用卡业务。银行卡联盟的兴起极大地推动了信用卡跨行网络的发展。信用卡作为新型的信贷工具和支付工具，迅速在美国、英国、日本、加拿大以及欧洲各国盛行起来。从 20 世纪 70 年代开始，中国香港和中国台湾地区以及新加坡、马来西亚等开始发行信用卡。1977 年，该联盟更名为维萨（VISA）。

1966 年，另一些银行组成同业银行卡协会发行信用卡，并将银行卡协会作为信用卡联合营销和清算的平台，这就是后来的万事达（MasterCard）。该协会营销信用卡的方式同美国银行相似。1966—1970 年，同业银行卡协会寄出约 1 亿张信用卡①。

1.1.3 借记卡

借记卡是银行卡的另一重要产品，起源于银行传统的存款业务，属于电子存折的延伸。借记卡的诞生同金融信息化和自动柜员机（Automated Tellermachine，ATM）网络的发展密切相关。20 世纪 80 年代，随着信息技术的发展，为了降低网点服务成本，许多商业银行大力发展 ATM。ATM 网络的发展催生了电子存折——现金提款卡，这便是最早的借记卡。随着计算机网络技术的发展以及卡基支付零售业的普及，在线授权和在线交易成为可能，借记卡的应用开始从 ATM 取款扩展到商店消费支付。

与信用卡不同，借记卡的支付功能基于个人结算账户。借记卡具有不可透支和在线授权的特点，因而具有低风险、低成本的优势。这一优势使得借记卡逐渐成为重要的个人非现金支付工具和个人资产管理工具。

---

① 1970 年开始，美国禁止商业机构向居民邮寄未约请的邮件。

由于各国的金融业发展历史、社会经济及市场条件的不同,借记卡在全球不同区域的发展速度有快有慢。在德国、法国、荷兰、新西兰、墨西哥、巴西和中国,借记卡是主要的支付工具,交易量明显超过信用卡。在英国、意大利和加拿大,借记卡和信用卡的发展较为均衡。在美国、日本、澳大利业、新加坡、韩国、中国香港和台湾地区,信用卡则在银行卡市场中占据主导地位。

知识拓展: **我国银行卡发展历史脉络**

我国银行卡最早是从国内银行代理国外信用卡业务开始的。1979 年 10 月中国银行广东省分行与香港东美银行签订了为其代办"东美信用卡/VISA"协议,代办东美卡取现业务。而国内银行卡真正起步是在 1985 年。至今,我国银行卡发展历史可以分为以下几个阶段:

(1) 1985 年,中国银行珠海分行发行了中银卡,成为我国国内第一张信用卡。此后,各国有商业银行和股份制银行纷纷开办了自己的银行卡业务。中国工商银行于 1987 年发行"红棉卡",1989 年发行"牡丹卡"、"牡丹万事达卡";中国建设银行于 1990 年发行"建行万事达卡"以及后来的"龙卡";交通银行于 1992 年发行"太平洋卡";中国农业银行于 1993 年发行"金穗卡"以及后来的"金穗万事达卡";1995 年,广东发展银行、浦东发展银行和招商银行也先后推出了自己的银行卡。

(2) 1993 年,在江泽民总书记的亲自倡导下,启动了以银行卡跨行联网通用为基本目标的"金卡工程"。"金卡工程"广义上是指金融电子化工程,狭义上是指电子货币工程。它是我国的一项跨系统、跨地区、跨世纪的社会系统工程。它以计算机、通信等现代科技为基础,以银行卡等为介质,通过计算机网络系统,以电子信息转账形式实现货币流通。1997 年 10 月,人民银行组织各商业银行成立了银行卡信息交换总中心,开展了全国异地跨行交易系统建设,组织各商业银行、各城市中心与交换中心联网,以实现银行卡业务的异地跨行通用。

(3) 2001 年 4 月,人民银行确定了我国统一的银行卡标识——"银联"。此后,人民银行特别设立了银联卡筹备组,对标准的制定、系统的改造和跨行信息转接进行统一管理。2002 年 3 月 26 日,中国银联股份有限公司(China UnionPay Co. Ltd.,以下简称"银联")成立,总部设在上海。银联是经中国人民银行批准的、由 80 多家国内金融机构共同发起设立的股份制金融机构。公司采用先进的信息技术与现代公司经营机制，建立和运营全国银行卡跨行信息交换网络，实现银行卡全国范围内的联网通用，推动我国银行卡产业迅速发展，实现"一卡在手，走遍神州"乃至"走遍世界"的目标。

4. 我国银行卡走入联网通用的深入发展阶段，同时银联也迈出国门，走向世界。截至 2011 年年底，银联卡已可在中国境外 120 多个国家和地区使用。①

1.2　银行卡分类

银行卡的种类繁多，按不同的标准划分，可分为以下几大类：按发行机构划分，可分为：银行卡（金融卡）和非银行卡；按发行对象划分，可分为：公司卡和个人卡；按流通范围划分，可分为：国际卡和地区卡；按卡介质划分，可分为：磁条卡和 IC 卡（Integrated Circuit Card）；按卡性质划分，可分为：贷记卡和借记卡。

1.2.1　按卡介质分类

按卡片信息的存储介质区分为磁条卡、IC 卡。

1.2.1.1　磁条卡

磁条卡是将银行卡的有关信息置入银行卡背面专用的磁条内的银行卡。磁条卡一般作为识别卡用，可以写入、储存、改写信息内容，特点是可靠性强、记录数据密度大、误读率低，信息输入、读出速度快。由于磁条卡的信息读写相对简单容易，使用方便，成本低，从而较早地获得了发展。截至 2011 年年底，我国九成以上银行卡是磁条卡。

1.2.1.2　IC 卡

IC 卡是将银行卡的有关信息置入银行卡卡片专用的芯片（IC）内的银行卡。IC 卡是继磁条卡之后出现的又一种新型信息工具。IC 卡的外形与磁条卡相似，它与磁条卡的区别在于数据存储的媒体不同。磁条卡是通过卡上

---

① 银联详细发展过程见本章第三节。

磁条的磁场变化来存储信息的，而 IC 卡是通过嵌入卡中的电擦除式可编程只读存储器集成电路芯片（EEPROM）来存储数据信息的。因此，与磁条卡相比较，IC 卡具有以下优点：

（1）存储容量大。磁条卡的存储容量大约在 200 个数字字符；IC 卡的存储容量根据型号不同，小的几百个字符，大的上百万个字符。

（2）安全保密性好。IC 卡上的信息能够随意读取、修改、擦除，但都需要密码，相比易于复制的磁条卡更具备安全性。

（3）IC 卡具有数据处理能力。在与读卡器进行数据交换时，可对数据进行加密、解密，以确保交换数据的准确可靠；而磁条卡则无此功能。

（4）IC 卡使用寿命更长。相对于磁条卡磁道易损坏、消磁的缺点，IC 卡的使用寿命更长。

在经济社会发展过程中还出现了复合金融卡和虚拟化金融卡，由于并没有应用新的介质，且不纳入上述分类，只做简单介绍。复合金融卡：芯片（IC）卡既可应用于单一的银行卡品种，又可应用于组合的银行卡品种，即磁条与芯片合一的复合型银行卡品种。虚拟化金融卡：虚拟化的银行卡是指通过指纹识别等方式进行持卡人识别，或是在网上支付环境下持卡人仅通过账户、密码等一系列信息就可以完成支付。

1.2.2 按卡性质分类

按银行卡性质不同，可分为贷记卡、借记卡。

1.2.2.1 贷记卡

贷记卡也叫信用卡，是银行等金融机构签发给那些资信状况良好的用户，用于在指定商户购物和消费，或在指定银行机构存取现金的特制卡片，是一种特殊的信用凭证，也是持卡人信誉的标志。信用卡是银行卡中出现最早、同时也是最重要的一个分类。

信用卡的特点是先消费后还款。发卡机构给予持卡人一定的信用额度，持卡人可在信用额度内先消费后还款，具有一定的免息还款期，并有取现的功能。

（1）持卡人在到期还款日前偿还所使用全部银行款项即可享受免息还款期待遇，无须支付非现金交易的利息。

（2）持卡人也可在支付相应利息的前提下，只偿还发卡机构规定的最低还款额，持卡人获得的信用额度可以循环使用。

（3）持卡人还可通过支付一定比例的手续费直接从 ATM 提取现金。

由于信用卡具有在持卡人刷卡消费的同时还能自动使用信贷这一特点，因此信用卡不仅是一种重要的个人支付工具，而且是一种独特的个人消费信贷工具。

按照持卡人信誉地位和资信情况，信用卡有无限卡、白金卡、金卡、普通卡等。发卡机构一般会按照信用卡申请者的社会身份地位、经济实力、购买消费能力、信用等级等标准发放不同等级的信用卡，一般以普通卡为最低级别，高级别信用卡的授信额度要高于低级别的信用卡。

1.2.2.2　借记卡

借记卡是指先存款后消费（或取现）、没有透支功能的银行卡。

借记卡与个人结算账户或活期储蓄账户直接关联。借记卡一般采用密码验证，可以用于在 ATM 取款和在商户刷卡支付，相应的金额实时从持卡人账户扣划，是先存款后消费的支付方式。

由于借记卡具有易用性和广泛的普及性，借记卡也是电子贸易中最普遍使用的支付工具之一。易用是借记卡越来越受欢迎的原因之一。借记卡携带方便，付款快，而且月结单（或对账单）可以清晰地显示所有交易记录。

知识拓展：　　　　**经济社会发展过程中出现的其他卡**

预付卡：预付卡又名"储值卡"，境外一般称为储值卡，境内一般称为预付卡。它是指发卡机构以营利为目的，采用磁条、芯片等技术，以卡片、密码等形式发行的在发行机构指定范围内购买商品或服务的预付价值，包括但不限于磁条预付卡、芯片预付卡（含电子现金、电子钱包），具有唯一身份识别性质的密码、串码、图形、电子信息、生物特征信息。

2010 年 6 月 14 日发布的中国人民银行令（2010）第 2 号——《非金融机构支付服务管理办法》对预付卡的定义为：以营利为目的发行的、在发行机构之外购买商品或服务的预付价值，包括采取磁条、芯片等技术以卡片、密码等形式发行的预付卡。

2011 年 11 月 23 日商务部制定《单用途商业预付卡管理办法（征求意见稿）》并向社会公开征求意见。该征求意见稿明确规定，本办法所称单用途商业预付卡是指商业企业以预收款形式发行的，在本企业（集团）或同一品牌连锁企业兑付商品和服务的信用凭证，包括以磁条卡、芯片卡、纸券等为载体的实体卡,以及以密码、串码、图形、生物特征信息等为载体的虚拟卡。

按发卡机构不同可划分为多用途预付卡和单用途预付卡:

单用途商业预付卡是指商业企业以预收款形式发行的,在本企业(集团)或同一品牌连锁企业兑付商品和服务的信用凭证,不得跨法人使用,包括以磁条卡、芯片卡、纸券等为载体的实体卡,以及以密码、串码、图形、生物特征信息为载体的虚拟卡,如超市储值购物卡、健身卡、校园卡等,但不包括用于一次性兑付 200 元以下指定商品或服务的预付卡。商业企业是指从事批发和零售业、住宿和餐饮业、居民服务和其他服务业、商务服务业的企业法人。

多用途预付卡,是指以营利为目的,由专营第三方发卡机构发行,在发行机构之外购买商品或服务的预付价值,可跨法人使用,包括采取磁条、芯片等技术以卡片、密码等形式发行的预付卡,如资和信商通卡等,可在发卡机构以外的多个商场、超市、健身会所等签约商户处使用。

表 1 – 1　　　　　　　　多用途预付卡和单用途预付卡的对比①

预付卡种类	使用范围	特点	监管机构
多用途预付卡	跨地区、跨行业、跨法人	专营发卡机构发行; 双边市场:一边是受理商户拓展,一边是卡片销售; 规模为王:必须达到一定规模才可能盈利。	中国人民银行及其分支机构
单用途预付卡	发卡企业内部	发卡机构的辅助业务; 使企业提前回收成本,降低财务风险; 提升品牌价值,增强竞争力。	商务部等各级主管部门

信用—储值复合卡是指通过在一张卡上加载不同的信息存储介质,使其同时具备信用卡和储值卡的功能。如花旗银行和香港八达通有限公司合作推出的"八达通 Citibank 信用卡",通过加载磁条实现花旗银行的信用卡功能,通过加载非接触式智能芯片实现八达通储值卡功能。

准贷记卡兼具贷记卡和借记卡的部分功能,是指持卡人须先按发卡银行

---

① 资料来源:中国支付清算协会《2011 年第三方支付发展报告》。

要求交存一定金额的备用金，当备用金账户余额不足支付时，可在发卡银行规定的信用额度内透支的信用卡。准贷记卡透支款须一次性还清，没有免息还款期和最低还款额，并且存款按规定计付利息。在我国，准贷记卡曾是信用卡产品引入的过渡产品，现在已逐渐退出银行卡市场。

借贷合一卡是商业银行为满足持卡人的多样化需求推出的创新产品。如上海浦东发展银行于 2006 年在国内首次推出了具有存款和透支双账户的借贷合一卡——"轻松理财卡"。该卡的特色是在同一张借记卡中开设基本存款账户和关联虚拟账户两个账户。除理财功能之外，增加了透支账户，为持卡人提供了信用卡的免息消费功能。随后，浦发银行再次推出国内首张三账户银行卡——"轻松理财智业卡"，在轻松理财卡的基础上，增加了贷款账户，实现了理财账户、透支账户、贷款账户三账户合一管理。该卡是一张集支付、投资、融资于一体的多功能银行卡，标志着银行"紧身"时代的真正到来。中国银行于 2009 年 6 月推出国内首张集借记卡和贷记卡功能于一体的创新金融产品"长城借贷合一卡"。该卡是国内首创的双磁条银行卡，不仅在一张卡上实现了借记卡账户和贷记卡账户的物理整合，同时还实现了借记卡账户和贷记卡账户之间的自动关联还款功能。

1.3 银行卡组织

1.3.1 境外银行卡组织

1.3.1.1 维萨国际组织（VISA）

维萨的历史可以追溯到 1958 年美国加利福尼亚州美国银行（Bank of America）发行的美国银行卡（Bank Americard）。1966 年美国银行设立美国银行服务公司，授权其他银行发行美国银行卡。但是其他银行不愿受制于一个银行同业。美国银行放弃了对其他银行发行美国银行卡的控制权，在 1970 年，由发行美国银行卡的银行共同成立 NBI（National Bank Americard Incorporated）。1974 年美国之外的美国银行卡特许发卡机构共同成立国际银行卡公司（IBANCO）。但由于"美国银行卡"这一品牌名称模仿了美国银行，其他银行和其他国家不喜欢这一品牌名称，1976 年开始采用"VISA"这一简单易记、意义明确的品牌名称。

知识拓展： 维萨（VISA）发展历程

1900 年，VISA 组织前身美国银行信用卡公司成立。

1959 年，开始发行"美洲信用卡"。

1974 年，美国银行信用卡公司与西方国家的一些商业银行合作，成立国际信用卡服务公司。

1977 年，国际信用卡服务公司正式改名为维萨，并以"VISA"为其标志，成为信用卡联合组织。

1995 年，VISA 参与开发和制定全行业芯片卡统一技术标准——EMV（Europay MasterCard VISA 的缩写）标准，以实现芯片卡的兼容通用。

2000 年，VISA 颁布"持卡人零责任"制度，意味着持卡人无须对卡片的欺诈交易承担责任。

2004 年，全球范围内，VISA 借记卡的交易总额超过 VISA 信用卡交易总额。

2008 年，维萨公司在纽约证券交易所上市，融资规模达到 178.6 亿美元。

1.3.1.2 万事达国际组织（MasterCard Internation）

1966 年，为了和美国银行竞争，一些银行联合创立了银行卡协会。它在 1968 年开始了扩张，首先是墨西哥第一国民银行加入，然后在欧洲和欧陆卡（Eurocard）达成战略联盟，并开始进入日本。1979 年开始采用"万事达"（MasterCard）这一品牌名称。1991 年引入万事顺（Maestro）子品牌，这是第一个在线借记卡品牌。欧陆卡是在欧洲被授权发行万事达卡的唯一机构。2002 年，万事达卡完成了与欧陆卡的合并，成功地从会员制组织转制成为一个私营股份制公司。2006 年 5 月万事达在美国纽交所公开上市，发售公司 46% 的股份，融资近 24 亿美元。万事达是服务于金融机构的全球会员协会，包括了商业银行、储蓄与贷款协会以及信贷合作社，其宗旨是为会员提供全球最佳支付系统和金融服务。

知识拓展： 万事达发展历程

1966 年，美国同业银行卡协会正式成立，为万事达的前身。

1986 年，墨西哥 Banco National de Mexico First 加入，欧洲 Eurocard International 加入，日本 Diamond Credit 加入，使万事达的发展正式跨出美国。

1970 年，正式采用 MasterCharge 的名称与标志。

1978 年，MasterCharge 改名为 MasterCard。

1982 年，成为全球第一个推出激光防伪标志的信用卡组织。

1986 年，于中国大陆发行第一张万事达信用卡。

1992 年，成立万事顺，开拓转账消费领域及全面的支付系统服务。

2002 年，与欧洲国际支付组织（Europay）合并。

2006 年，更改公司名称，更换公司标识，将 "MasterCard International" 更改为 "MasterCard Worldwide"，新的标识由 3 个红黄相间的圆环组成。

1.3.1.3　美国运通公司（America Express）

美国运通于 1850 年在纽约州水牛城成立，最早是由三间不同的快递公司合并组成，分别是亨利·威尔士（Henry Wells & Company）、威廉·法格（William Fargo & Company）和约翰·巴特菲尔德（John Butterfield）所拥有。1888—1890 年间，詹姆士·康德尔·法格（James Congdell Fargo）在一趟欧洲之行后感到十分泄气和愤怒。虽然他身为美国运通公司的总裁并携带着传统的信用状（letter of credit），但是他发现除了主要的大城市，想要取得现金十分困难。于是法格和马西鲁士·富兰明·贝瑞（Marcellus Fleming Berry）发明了美国运通旅行支票（Travelers Cheque）。美国运通旅行支票发行之后，被公认为与美元一样可用。也正是因为这样，运通在 1958 年 10 月 1 日推出的运通卡（American Express Card）得到了美国人的广泛响应，尤其是经常商务旅行的生意人。现在，美国运通已成为多元化的全球旅游、财务及网络服务公司，提供签账卡及信用卡、旅行支票、旅游、财务策划、投资产品、保险及国际银行服务等。

知识拓展：　　　　　　　　　美国运通发展历程

1958 年，美国运通推出第一张签账卡。在美国运通卡开业时，签约入网的商户便超过了 17 000 个，特别是美国旅馆联盟的 15 万持卡人和 4 500 个成员旅馆的加入，标志着银行卡终于被美国的主流商界接受。

1966 年，运通发行了第一张金卡，以满足逐渐成熟的消费者的更高需求。

1984 年，运通在全球率先发行第一张白金卡，该卡只为获邀特选的会员而设，不接受外部申请。

　　1999 年，运通精选了一批白金卡持卡人中的顶级客户，向他们发行了百夫长卡（CenturionCard）。持有这种美国运通最高级的卡产品，可以自由进入全球主要城市的顶级会所，可以享有全球独一无二的顶级个人服务及品位超卓的尊享优惠，包括全能私人助理、专享非凡旅游优惠、休闲生活优惠、银行服务专员提供的银行及投资服务和 24 小时周全支持等。白金卡和百夫长卡使得运通成为尊贵卡的代言人。

　　1997 年，成立环球网络服务部（GNS），允许合作伙伴发行美国运通卡，利用运通网络带动合作伙伴的业务增长，强化竞争优势，增加边际利润，提高业务整合管理能力。

　　截至 2011 年年底，GNS 已与全球 90 多个国家的合作伙伴建立了战略合作伙伴关系。在亚太区的 17 个国家和地区拥有 28 个合作伙伴，包括中国工商银行、中国台湾的台新银行、中国香港的大新银行、新加坡发展银行、新西兰银行、国立澳大利亚银行等。

1.3.1.4　大莱（Diners Club）

　　大莱于 1950 年由创业者大莱信用卡公司（Diners Club International）创办，是第一张塑料付款卡，最终发展成为一个国际通用的信用卡。1981 年，美国最大的零售银行——花旗银行的控股公司——花旗公司接受了大莱卡。大莱卡的主要优势在于它在尚未被开发的地区增加其销售额，并且巩固该公司在信用卡市场中所保持的强势位置。大莱卡通过大莱现金兑换网络与ATM 网络之间形成互惠协议，从而加强了其在国际间市场上的地位。

知识拓展：　　　　　　　　大莱信用卡发展历程

　　1950 年，世界上第一张付款卡诞生，它就是大莱卡的前身。1953 年，商务领域拓展到英国、加拿大、古巴、墨西哥，开始筹备大莱俱乐部（Diners Club）。1959 年，持卡人数达到百万，与此同时，大莱俱乐部在纽约证交所上市。

　　1974 年，超过 5/6 的外国持卡人持有大莱俱乐部卡。

　　1981 年，美国最大的银行集团——花旗集团通过收购获得大莱俱乐部国际经营权。

　　2004 年，与万事达卡结盟。

　　2008 年，发现卡集团收购大莱俱乐部

1.3.1.5　吉士美信用卡公司（Japan Credit Brueau Card，JCB）

JCB卡是世界通用的国际信用卡，JCB（吉士美卡，或称日财卡）为日本三和银行、日本信贩银行、三井银行、协和银行、大和银行共同组成。截至2011年年底，JCB信用卡已在世界190个国家及地区发行流通。

1961年，JCB开始发行信用卡（只限于日本国内使用）。1981年后，开始国际业务，建立全球服务网络，并迅速发展国际发卡市场，使得JCB全球发卡量达3 980万卡，特约商店数约978万家。截至2011年年底，JCB已经通行于世界190个国家和地区，更在海外设有29个分支机构和代理机构，海外业务协作机构的数量已经扩大到200家以上。JCB始终是日本信用卡行业的开路先锋。

JCB在日本主打旅游和娱乐板块，JCB主要瞄准了工作、生活在国外的日本实业家和女性。为确立地位，JCB也对日本、美国和欧洲等国家和地区的商户实施优先服务计划，将其包括在JCB持卡人的特殊旅游指南中。

知识拓展：　　　　　　　　　**JCB发展历程**

1973年，JCB服务有限公司成立

1978年，改名为JCB股份有限公司

1981年，日本国际信用卡公司成立

1985年，第一张JCB海外卡（香港）发行

1996年，超过160个国家和地区接受JCB信用卡

2002年，新JCB授权和结算系统建立

1.3.1.6　发现金融服务公司（Discover Financial Services）

发现卡（Discover Card）是一种在美国广泛使用的信用卡。1985—2007年，由美国金融寡头摩根士丹利等金融机构控股的零售商公司Sears推广发行。2007年时，发现金融服务公司成为一个独立的金融公司并且更换了发现卡的标志。

知识拓展：　　　　　　　　　**发现卡发展历程**

1986—2004年的18年间，Discover Card的交易量从17亿美元增加到996亿美元，在美国拥有超过5 000万持卡人和400万家商户，以及近20万台ATM。

2004年10月份，法院判决维萨、万事达赔偿不允许银行发行Discover

Card 给发现公司带来的损失。

2005 年，Discover Card 被允许发行市场借记卡和 ATM 卡。

2007 年 6 月 30 日，Discover 作为一个独立的公司，从摩根士丹利公司分离。

1.3.2　银联

在中国大陆地区，银行卡组织属于特许经营行业，目前只有中国银联股份有限公司获得特许经营的资格。中国银联处于我国银行卡产业的核心和枢纽地位，对我国银行卡产业发展发挥着基础性作用，各银行通过银联跨行交易清算系统，实现了系统间的互联互通，进而使银行卡得以跨银行、跨地区和跨境使用。

1.3.2.1　联网通用

银联从 2002 年成立伊始，通过三步走的战略，推动了银行卡联网通用在我国的实现。

第一步，同城联网通用。通过城市银行卡信息中心，实现银行卡在中心城市的同城通用。

第二步，重点城市联网通用。按照温家宝总理提出的联网通用"314"目标（即在全国 300 个以上地市级城市实现各商业银行系统内银行卡的联网运行和跨地区使用，在 100 个以上城市实现各类银行卡的跨行通用，在 40 个以上城市推广普及全国统一的银联卡），实现银行卡在重点城市的跨银行、跨地区通用。

第三步，全国联网通用。在重点城市联网通用的基础上，逐步把网络覆盖到全国地市以上城市和发达地区县级城市，并通过农民工银行卡特色服务，把联网通用扩大到农村地区。

经过十年发展，银联受理网络的范围迅速扩大，从城市到农村，从境内到境外，从传统的商户和 ATM 到新兴的互联网、手机、电视支付等领域。中国境内受理银行卡的商户、POS、ATM 分别是 2002 年初的 17.2 倍、17.5 倍、7.6 倍。一个规模化的银行卡受理网络在我国业已形成，并延伸到了境外 120 多个国家和地区，境外受理商户达到 720 万户，ATM 达到 93 万台。

截至 2011 年年底，银行卡不仅可以在餐饮、酒店、百货等行业使用，而且可以在水、电、气等公用事业以及学校、医院、航空、铁路、公路等领域广泛应用。持卡人还可以通过银联在线支付、银联手机支付、固定电话支付、智能电视支付等多元支付方式，实现缴纳公用事业费、预订机票和酒店、信用卡还款、自助转账等功能。银联便民支付服务拓展至全国 200 多个城市的 14 万个网点，深入社区、走进家庭。农民工银行卡特色服务拓展至全国 9 万多个农村金融网点，基本覆盖全国所有县及县以下农村地区。

1.3.2.2　品牌化与国际化

伴随着国人走出国门的步伐逐步加快，十年来，银联的境外受理网络也实现了跨越式发展。自 2004 年银联从香港市场起步后，银联卡国际化开始进入快速发展的轨道。特别是最近几年，银联境外受理网络迅速向中国人经常到访的重点国家和地区、重点城市、重点商户延伸。

中国的银行卡产业要发展，品牌是绕不过去的一道坎。拥有自主品牌，就有了自主的银行卡标准，就能得到更多发卡银行、特约商户和持卡人的认可与支持，就有可能实现史大的发展。

在各商业银行的支持下，银联开始品牌建设之路。2003 年 8 月，商业银行发行了首张"银联"品牌的银行卡，卡号以"62"开头，卡面有"银联"标识。随后，银联卡的发行，从借记卡，到信用卡；从境内发行，到境外发行；从传统磁条银行卡，到金融 IC 卡和具备非接触式受理功能；从传统的实物卡片，到把银联卡送上互联网，实现"在线支付"，植入手机，实现"手机支付"。截至 2011 年年底，大多数中国人拥有了以"62"卡号开头的自主品牌银联卡，在我国香港、澳门，日本、韩国、新加坡等境外 24 个国家和地区，有数百万境外持卡人已经开始拥有当地货币的银联卡。

为赋予银联品牌丰富的内涵，为客户提供切切实实的品牌服务，银联近年来逐渐打造持卡人服务体系，包括：境外用卡走银联网络以人民币结算可节省占交易总额 1% ~ 2% 的货币转换费；数百家的境外优质特惠商户；境外用银联卡购物退税、境外紧急现金支援、机场贵宾厅、境外网购等多项特色服务。

知识拓展：　　　　　　　　**银联发展过程**

2002 年银联成立后，在中国人民银行领导下，银联与各商业银行通力合作，基本实现银行卡联网通用"314"目标。

2003 年 8 月，南京商业银行发行了中国大陆第一张银联国际 BIN 号——"62"字开头的信用卡，银联标准卡正式问世。

2003 年，全国地市级以上城市基本实现银行卡联网通用。

2004 年 1 月，经过中国人民银行批准，正式开办内地银联人民币卡在香港地区的 POS 消费业务、ATM 查询和取现业务，迈出了银联国际化的第一步。

2004 年 12 月，银联自主设计、建设的新一代全国银行卡跨行交易清算系统正式上线运行。

2005 年 1 月，银联卡在新加坡、泰国及韩国的 ATM 和 POS 受理业务正式开通，标志着银联品牌正式走出国门、走向世界。

2005 年 9 月，银联与花旗金融集团在上海签署协议，实现银联卡在花旗集团全球 ATM 网络上的受理。

2005 年 10 月，银联新标识正式启用。

2005 年 12 月，银联卡正式登陆美洲、欧洲。

2006 年 9 月，澳大利亚国民银行的 ATM 开始接受银联卡，标志着银联卡正式登陆澳洲大陆。

2007 年 6 月，银联卡在埃及的受理业务开通，银联卡正式登陆非洲。

2011 年 6 月，银联正式推出"在线支付"和"互联网手机支付"两项业务。此举意味着银联无卡交易虚拟平台实现了线上线下的综合服务。

1.3.3 银行卡组织分类

与一般的产品不同，银行卡产业是双边市场网络产业，银行卡组织如银联，处于该产业的核心。银行卡产品在该组织提供的平台上，由发卡机构和收单机构共同提供，由消费者和商户共同消费，从而构成了一个复杂的系统。

从世界银行卡产业实践来看，依据收单机构的不同，将银行卡组织分为封闭型银行卡组织与开放型银行卡组织。

1.3.3.1 封闭型银行卡组织

封闭型银行卡组织既是发卡机构又是收单机构，集发卡人与收单人一体。即直接向消费者发行自有品牌的银行卡，并直接从事商户收单业务，属于相对独立的银行卡运作体系。美国的运通、发现、大莱和日本吉士美（JCB）都属于这类卡组织。由于直接从事发卡和收单业务，所以在封闭式卡组织收入中，商户回佣和利息收入占比相对较高。例如，美国运通 2008

年信用卡业务的总收入中，商户回佣和利息净收入分别占46%和23%。

1.3.3.2　开放型银行卡组织

在开放型银行卡组织中发卡机构和收单机构分别由不同的银行独立承担发卡和收单服务，如维萨卡（VISA）、万事达卡（MasterCard）和银联卡。开放性银行卡组织除了作为消费者和商户交易的平台之外，它还作为银行卡网络规则的制定者。如维萨卡和万事达卡组织制定了一系列规则来指导成员间的"互联"。从资金流动看，消费者刷卡消费后，发卡机构将扣除了交换费的交易资金支付给收单机构；收单机构扣除收单服务费和银联网络服务费后，将剩余交易资金支付给商户。从信息传输看，银行卡组织是整个银行卡支付的信息集中处理中心和交换中心，银行卡组织通过集中数据交换而降低交易成本，并促进不同银行的银行卡能够在不同商户处实行支付，从而便利消费者支付。

目前，中国只存在开放性的银行卡组织，银联是中国自主的银行卡组织，通过"建立和运营全国银行卡跨行信息交换网络，实现银行卡全国范围内的联网通用"，起到了支付清算中心的作用。

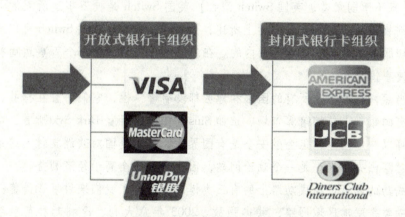

图 1-2　银行卡组织分类

知识拓展：　　　　盘点典型的已消亡银行卡组织①

【不堪高交易成本重负，澳大利亚 Bankcard 悲愤退市】自澳大利亚开放跨行转接清算业务之后，本土银行卡价格体系被 VISA 等操控，该国承担了

---

① 资料来源：中国金融智库网·王言殊，2010-09-29。

过高的信用卡交易成本。为此，澳大利亚储备银行推动信用卡体系改革，旨在遏制其业务非理性增长。此举遭到 VISA 等强烈反对，2002 年它们反客为主，公然挑战澳储对国内支付市场价格机制的主导权，就交换费监管事项发起对澳储诉讼。本土品牌 Bankcard 在该国开放转接清算市场之后，在没有实现自主品牌走向国际的前提下，又没能退而求次之延续与 VISA 等进行双品牌合作，在自有转接网络缺失，又局限于单一的信用卡业务，终于在 2007 年退出市场。

【弱化品牌保护，台湾"梅花卡"走向末路】1984 年 6 月中国台湾联合签账卡中心（联合信用卡中心 NCCC 前身）推出联合签账卡，因卡面有一朵梅花图案而得名"梅花卡"。20 世纪 80 年代末，"梅花卡"占据岛内绝大部分市场份额。20 世纪 90 年代前后，随着欧、美、日等放松对中国台湾民众签证审批，VISA 等加紧向台湾民众发行信用卡，继而大批台湾民众持卡前往欧、美、日等地旅游、留学，自此"梅花卡"品牌衰败序幕徐徐开启。随后台湾当局放弃了对"梅花卡"的品牌保护，20 世纪 90 年代末，"梅花卡"走到末路，基本退出市场。

【日不落国蒙羞，英国 Switch 消亡】英国 Switch 是被万事达所灭的另一个悲剧故事，正如 Switch 网站上所述，大意是：万事达提供 Switch 可以提供的一切服务，却是在全球范围内的。在您的卡片上只保留一个万事达商标就可以使事情简化。

当然，全球不是所有的国家和地区都没有警惕性，它们一直在挣扎，保护自有的银行卡转接清算市场。正如 Sinsys 首席执行官 Dirk Syx 所言，电子支付可以跨越国界，但金融安全是有国界的。防止美国对欧洲支付网络的控制，对欧洲央行来说是一个政治问题，因为金融安全高于经济利益。

成功的或行进在成功路上的有三类模式，这对于我们来讲可资借鉴：

一类是联建区域网络，共御强敌。2003 年意大利、比利时和荷兰各自的银行卡组织联合组建支付处理公司 Sinsys。2004 年印度尼西亚、马来西亚、新加坡和泰国创建东南亚区域性支付联盟 ASEANPay。2007 年德国、意大利、葡萄牙、西班牙、英国等建立了欧元支付组织联盟 EAPS。后两个联盟均是参与国央行主导的。区域网络的建立旨在应对 VISA 等对其所在银行卡支付市场的渗透。

二类是自建支付清算网络，拒绝对外资开放。1984 年法国政府为了防止本国经济信息落入 VISA 等美国公司手中，推动法国银行业成立了银行卡联合会（Cartes Bancaires），负责法国国内银行卡跨行交易的转接清算。法国虽然开了个好头，却没有收获完美的结局。尽管 Cartes Bancaires 控制了法国国内转接清算市场，但由于其境外转接完全由 VISA 等掌控，导致国内 Cartes Bancaires 单一品牌的银行卡仅占 5% 左右，其独立品牌地位已然丧失，成为 VISA 等体系的组成部分，最终仅作为国内联网通用的标识。

三类是失而欲复得，试图自主自治东山再起。印度银行卡跨行 POS 交易全部通过跨国银行卡公司转接清算，2006 年印度国内银行卡 POS 交易总额约 133 亿美元，向跨国银行卡公司支付费用总额高达 5 000 万美元。今年 4 月印度银行业酝酿成立本土银行卡组织 India Pay。以期"亡羊补牢"夺回在印度银行卡市场的主导权。

近年美国向世界贸易组织（WTO）提起对中国开放转接清算市场的诉讼，让我们想起历史是多么的相似。如果中国的银行卡转接清算市场让 VISA 等入场，将对中国经济金融安全构成必然威胁，银行卡产业将丧失主导权，中资机构在产业链中也将受到重挫而失去国际竞争力。

【思考与练习】

1. 什么是银行卡？银行卡按性质可以分为几类？
2. 简述银行卡起源。
3. 简述我国银行卡发展历程。
4. 试论述我国银行卡组织与国外银行卡组织的异同点。
5. 举例说明你身边的中国银联。

【案例分析】

世界贸易组织经过一年的调查，于 2012 年 7 月 16 日对中国银联和 VISA 的官司做了初步判决：WTO 驳回了有关中国银联形成市场垄断地位的说法，但要求中国开放国内的人民币支付清算市场。

表面上看，WTO 各打了五十大板，但是对银联和 VISA 来说，都有损失也有收获。银联和 VISA 两家公司都是支付清算公司，也被称为信用卡公司。两家公司主要的工作就是对各家银行发行的银行卡，在刷卡消费和跨行取款的时候，进行清算。卡公司的诞生是金融服务业的一大进步，在维萨、万事达、运通这些公司诞生之前，每家银行都发行自己的银行卡，但是一旦收款的机器不是自己银行的，银行卡就没用了。信用卡公司诞生之后，跨银行的清算变得十分容易。中国卡公司的发展和国际上的路径有些类似，在最初银行自己发行卡，后来发现跨行之间的清算有问题，国内十几家银行决定投资成立跨行的清算机构，就是中国银联。

中国银联和 VISA 相互之间的争端起源于 2010 年 6 月，当时 VISA 公司公开指责中国银联在中国市场垄断，并且通知自己的合作伙伴，在全世界抵制中国银联。后来，VISA 公司向美国贸易办公室求助，美国贸易办公室调解双方磋商，磋商不成，2010 年 9 月向世界贸易组织提起申诉。

银联的诞生是为了方便持卡人跨行消费，诞生之后，它的股东是国内的商业银行，当然在支付清算业务上会有一些先天的优势。另外，因为目前人民币还不能在资本项目下自由兑换，就是说，人民币不是一个真正的国际货币，因此在国内的人民币支付业务上，也就没有完全开放。这是有历史原因的。但是，银联和 VISA 的冲突发生在人民币国际化的时候。由于原来的历史原因，VISA 和银联的默契是，银联在国内人民币交易上的优势，VISA 默认了，但一旦银联卡走出中国的国门，在境外刷卡，就要走 VISA 的清算系统。可是人民币国际化把这个默契打破了，现在银联也跟着人民币走出国门，在欧洲、美国，到处都有银联的 POS 机器，可以刷银联使用人民币，VISA 不能不管了，他们觉得不公平。

2012 年 9 月，中国对 WTO 专家组报告放弃上诉，上海汇业律师事务所合伙人、律师吴冬在接受《国际金融报》记者采访时表示："WTO 专家组作出的报告是比较公正的，即使中方提出上诉，预计 WTO 基本会维持其最初的裁决，这也是中方放弃上诉的最大原因所在。"

VISA 与世界各银行之间的争端历时已不短，从 2010 年 VISA 向其全球会员银行发函要求，"凡是在中国境外受理带 VISA 标识的内地双币信用卡，都不得走银联清算通道"开始，双方之间正式决裂并对立。而随着事态愈演愈烈，VISA 与银联之间的争端最终演变成了中美两国政府之间的 WTO 诉讼。

美方在此次争端中第一次把银行卡转接清算业务定义为"电子支付服务"，认为属于中国加入 WTO 时承诺开放的"所有支付和货币汇划服务"；

而中方则认为，电子支付服务中的"清算和结算"属于中国未作承诺的"金融资产的清算和结算"，中国没有违反世贸承诺，这是此次诉讼的核心焦点之一。

WTO 专家组支持了美方观点，认为中国有遵照承诺开放相关市场的义务。但与此同时，WTO 专家组也支持了中方的一些关键论点：第一，驳回了美方关于外国服务提供商可以通过跨境方式提供电子服务的主张，外国服务提供商必须以在中国设立独立法人的形式，通过境内交易处理系统提供服务。第二，裁定外国服务提供商提供涉案服务须满足中方服务贸易减让表的有关要求，通过其在华设立的机构从事 3 年外币业务，且连续两年盈利的情况下，方能申请人民币业务。第三，驳回了美方关于银联市场垄断地位的指控，认定涉案的中方监管措施没有违反市场准入原则，没有确立银联的垄断地位。

尽管 WTO 专家组报告驳回了美方关于银联市场垄断地位的指控，没有确认银联的垄断地位，然而，一直以来，VISA、MasterCard、JCB 等境外卡组织在中国境内的确都只能提供境外银行卡的转接、收单等业务，一旦涉及人民币支付清算转接，就绕不过银联通道。

"作为一名消费者，感触最深的一点就是，只要到中国香港、新加坡等地进行刷卡消费，商家一般都会征询消费者选择哪个清算通道，消费者可以自由选择。而在中国内地，消费者在任何地方刷卡消费，都没有这样的选择权。"吴冬认为，"从这个意义而言，银联的确已经在中国境内形成了一定的垄断地位。"

"而从 WTO 的裁决来看，意味着今后 VISA 等其他国际卡组织可以在中国境内单独发行银行卡并建立自己的清算通道。"吴冬表示。不过，一位银行业内分析人士在接受《国际金融报》记者采访时指出："银行卡清算业务的开放本身就是中国金融市场开放的一个组成部分，最终走向开放是必然的，只是 WTO 的裁决可能在一定程度上加速中国在这一领域的开放。但考虑到这一领域的安全性及特殊性，无论如何都不可能实现一步到位的开放。WTO 专家组的报告也明确体现了这一点。"

其实，VISA 与银联从最初的合作到现在的对立，几乎就是整个中国银联的起步、发展、壮大的历程。在 2002 年银联成立之初，VISA 一度起到了中国银行卡市场的引路人和培育者的角色，VISA 甚至派出一个专家常驻银联，银联成立3个月之后加入 VISA，成为其签约收单机构。作为世界卡组织巨头的 VISA 之所以对成立之初的银联如此热情，正是因为其看到了中国庞大的市场潜力。然而，随着银联的不断壮大，VISA 在中国市场并未获得预期的利益，甚至处于止步不前的状况，这就直接导致了 VISA 的翻脸。

资料来源：网易新闻。

详细阅读上述案例，并回答：

（1）论述维萨与中国银联产生矛盾的原因。

（2）WTO 的裁决是否公平？并对你的观点进行解释。

（3）今后维萨和中国银联的发展趋势会如何？

（4）通过案例并阅读相关资料，论述我国支付行业存在哪些问题？并对此提出你的建议。

2 银行卡产业发展状况

【本章导引】

在银行卡产业的飞速发展给人们生活带来了极大便利的同时，各个国家的银行卡产业发展状况又各具特点。本章通过对各个国家银行卡产业发展状况的介绍，使读者了解世界各国的银行卡产业发展现状，以便更好地促进我国银行卡产业健康发展。

【重要术语】

银行卡产业、市场、发展、现状。

【知识架构】

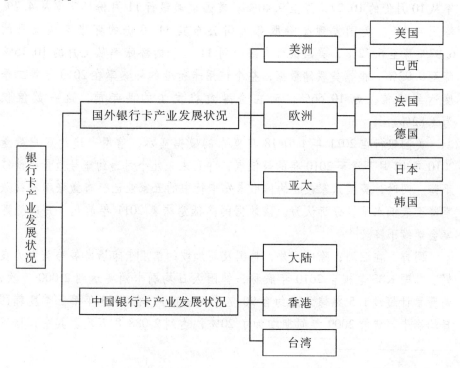

【导入案例】

美国信用卡市场走出阴影　全球信用卡市场趋好[①]

国内信用卡市场经过了 2009 年的起伏后，在 2010 年呈现出非常好的发展态势。同样，从全球的角度来看，信用卡整体市场有所回升，美国的信用卡市场正在走出阴影。而在亚洲，信用卡市场在 2010 年也实现了较好的发展。

根据媒体从评级机构惠誉国际提供的信息显示，美国信用卡 ABS 的抵押品表现在新年之初继续全面改善。惠誉 2010 年 12 月一级信用卡冲销率指数跌至 8.99%，这其中计入了 11 月收账期。该冲销率指数目前较 2010 年 2 月触及的历史高位 11.37% 低 238 个基点，且较去年同期下跌 16%。冲销率较历史标准水平相比仍然高企，因该指数过去 20 年大多数时间的平均水平略高于 6%。有海外媒体报道，美国信用卡持有人在 2010 年 11 月的还款状况好转。同时在 2010 年 12 月违约账户数量和拖欠率实现双降。

据花旗银行信用卡部门报告显示，2010 年 11 月份花旗银行信用卡坏账率从 10 月份的 10.27% 降至 9.40%。美国运通银行 11 月份坏账率从 4.7% 降至 4.4%。美国发现金融服务公司公布其 11 月份的坏账率从上月的 6.83% 降至 6.72%，美国银行有限公司 11 月份的坏账率从上月的 10.15% 降至 9.92%。根据美联储数据，整个信用卡行业的坏账率在 2010 年第二季度达到峰值，为 10.66%。而在金融危机发生的两年前，这一数值仅为 3.82%。

美国银行在 2011 年 1 月 18 日发布的数据显示，信用卡违约账户数量 2010 年 12 月下滑至 2010 年的最低点，并且未来几个月违约账号数量将继续下降。同时，美国六家最大的信用卡发卡行中的五家业已公布撇账率和销账率降至最低水平。分析认为，该数据的降低意味着 2011 年前几个月的撇账率会继续下降。

同样，在亚洲，除中国外，韩国及新加坡的信用卡市场发展势头更为良好。韩国 KBS 电视台 2010 年底称，韩国人日均刷卡消费达到 2 000 万次，消费累计超过 1.5 兆韩元（约合 90 亿元人民币）。在 2010 年第三季度韩国日均刷卡消费较 2009 年同期增加了 20%，达到 2 088.8 万次。其中，信用

---

① 资料来源：《金融时报》，2011 - 03 - 17。

卡消费达到 1 657 万次，较去年同期增加了 17%，达到 1.349 万亿韩元，而使用储存卡的消费增加了 34%。数据显示，韩国人日均刷卡消费总额达到 1.503 兆韩元，较 2009 年同期增加了 9%。这一数字是自 2003 年爆发的"刷卡消费大乱"以来的最高水平。不仅如此，韩国 2010 年以低信用等级群体为对象的信用卡发卡量也是急剧增加，有分析认为，这都是源于经济的回暖。

受益于经济复苏的不止韩国，随着新加坡经济的强劲复苏，消费者对未来经济的信心逐渐恢复，新加坡信用卡发行量在 2010 年 10 月首次突破 600 万张，截至 2010 年 11 月底共发行了 608 万张，另外还有 138 万张附属卡。

新加坡金融管理局公布的数据显示，截至 2010 年 11 月底，信用卡签账额累计为 277 亿新元（约合 1 380 亿元人民币）。其中，2010 年 11 月份签账额高达 28.72 亿新元，创单月最高签账额纪录。但随着信用卡签账额不断攀升，逾期未还的累积信用卡账也在持续增长，截至 2010 年 11 月底已经超过 40 亿新元。

以下将重点介绍国外的银行卡市场发展现状、发展程度以及和我国的异同点。

2.1 国外银行卡产业发展概况

2.1.1 美洲地区（美国、巴西）

2.1.1.1 美国

美国是全球银行卡产业发源地。20 世纪 50 年代，大莱俱乐部发行了第一张普通信用卡，揭开了银行信用卡业务发展的序幕；60 年代两大银行卡组织 VISA 和万事达相继在美国成立，使得信用卡业务在全美迅速普及；70 年代，借记卡业务随着 ATM 联网应运而生。历经 80 多年的发展之后，美国银行卡市场已成为全球交易规模最大、发展最成熟的市场之一。

（1）银行卡正逐渐取代现金和支票，成为消费领域最重要的支付工具

美国个人支付工具体系包括 12 种支付工具，其中四种为卡基支付，包

括信用卡、借记卡、储值卡和电子福利转账卡①（EBT）；六种为纸质支付工具，包括现金、支票、汇票、旅行支票、官方支票和食品券（Food Stamps）；两种为直接账户支付工具②，即通过 ACH 网络进行支付，包括远程支付（Remote Payment）和预授权支付③（Preauthorized Payments）。随着 IT 技术和互联网的发展，以银行卡为代表的卡基支付方式，凭借安全、高效、便利等特点，在消费支付领域受到广泛欢迎，并逐渐取代支票和现金，成为一种重要的支付工具。

根据美国商务部经济统计分析局（the U. S. Department of Commerce's Bureau of Economic Analysis）的统计和预测，2007 年美国个人购买性消费支出④为 7.58 万亿美元，其中通过银行卡完成的消费交易总金额达到 3.37 万亿美元，占比 47.1%，在银行卡支付中信用卡支付达到 26.75%，成为美国最主要的个人支付方式⑤。

表 2-1　　　　　2012 年美国各种支付工具交易金额（预测）

支付工具	交易量（亿美元）	市场份额（%）	交易笔数（亿笔）	市场份额（%）	笔均消费金额（美元/笔）
纸质支付	26 752.4	29.33	610.8	38.45	44
卡基支付	48 847.4	53.55	844.8	53.19	58
信用卡	26 875.6	29.46	316.0	19.89	85
借记卡	19 658.7	21.55	461.3	29.04	43

① EBT 卡主要是基于持卡人在联邦政府处的福利资金账户，当消费者用 EBT 卡在 POS 终端消费时，系统将从其福利资金账户中扣除相应的金额，和借记卡十分相似

② 直接账户支付，支付方或收款方直接从自己的银行账户发出支付指令，通过自动清算所系统（Automated Clearing House，简称 ACH）网络完成支付交易。

③ 预授权支付也称为直接支付，付款方或收款方会定期自动从自己或对方账户中划出相关交易金额，主要应用于公共事业费支付、保险费支付、信用卡账单支付等领域。

④ 美国个人消费支出（Personal Consumption Expenditure，PCE）可以分为购买性支出和非购买性支出。购买性支出指用于商品和服务消费的支出，不仅包括居民消费部分，还包含了由航空、租车、餐饮和其他行业所统计的一些商务性支出；非购买性支出指交易过程中没有发生消费购买的支出，包括信用卡还款以及企业向员工提供的食品和食宿等。据美国商务部经济分析局的统计数据，2007 年美国个人消费支出总金额达到 9.712 万亿美元。

⑤ 资料来源：《尼尔森报告》（The Nilson Report），2008 年 11 月，第 915 期。其他主要支付方式的份额依次为：支票 22.43%、现金 20.39%、借记卡 15.43%。

表2−1(续)

支付工具	交易量 （亿美元）	市场份额 （%）	交易笔数 （亿笔）	市场份额 （%）	笔均消费金额 （美元/笔）
预付卡	1 900.3	2.08	52.8	3.32	36
EBT 卡	412.8	0.45	14.8	0.93	28
电子支付	15 612.3	17.12	132.8	8.36	118
预授权支付	5 807.3	6.37	46.9	2.95	124
远程支付	9 805.0	10.75	85.9	5.41	114
总计	91 212.0	100	1 588.4	100	57

资料来源：《尼尔森报告》（The Nilson Report），2008 年 11 月，第 915 期。

（2）美国银行卡市场份额位列全球第一，但增速逐年放缓

2008 年，美国银行卡总交易金额为 3.5 万亿美元，交易笔数为 580 亿笔[1]，在全球银行卡市场的规模排名中名列第一。

2007 年以前，美国信用卡与借记卡的购买性消费交易量均保持两位数的增长。但从 2008 年开始，由于全球金融危机的影响，美国银行卡市场首次出现了个位数的增长，2008 年商户交易量增长只有 7.3%。据尼尔森的预测，2008—2012 年，美国信用卡和借记卡的交易量增长率只有 45.6%[2]。尽管美国一直是全球银行卡支付市场的领先者，但从 2000 年开始，美国在全球银行卡产业中的份额开始下降[3]。

（3）借记卡发展迅猛，已经成为仅次于信用卡的第二大个人支付工具

与信用卡相比，借记卡在美国的起步较晚[4]。由于借记卡相对于信用卡具有更明显的成本优势和更可靠的安全性，再加上借记卡可以与个人账户相关联，因此，借记卡对传统的现金和支票具有很强的替代性。

从交易笔数的变化来看，2000 年美国借记卡的交易量只占银行卡支付的 34.3%，2005 年借记卡交易量首次超过信用卡，占比达到 52.1%；2007

---

[1] 资料来源：《尼尔森报告》（The Nilson Report），2008 年 11 月，第 914 期。

[2] 2002—2007 年的交易量增长率为 77.7%。

[3] 虽然 2006 年 VISA 和万事达开通密码借记卡后，美国的市场份额有所上升，但整体上看美国市场的份额仍然呈下降趋势。

[4] 美国的借记卡出现于 20 世纪 70 年代中期，在 90 年代获得了迅速的发展。

年持续上升至56.2%，而2008年借记卡的占比达到58.2%（见表2-2）。

表2-2　2003—2013年美国信用卡和借记卡的交易金额与交易笔数

年份	交易金额					交易笔数				
	信用卡		借记卡			信用卡		借记卡		
	（亿美元）	增长幅度（%）	（亿美元）	增长幅度（%）	市场份额	（亿笔）	增长幅度（%）	（亿笔）	增长幅度（%）	市场份额
2003	14 497.5	6	5 889.0	22	28.9	177.6	3	162.2	21	47.7
2004	16 057.5	11	7 057.1	20	30.5	190.0	7	187.6	16	49.7
2005	17 689.6	10	8 706.4	23	330	204.5	8	222.6	19	52.1
2006	19 460.0	10	10 245.2	18	34.5	220.2	8	260.6	17	54.2
2007	21 237.5	9	11 858.6	16	35.8	236.6	7	303.1	16	56.2
2008	21 534.6	1	13 468.6	14	38.5	239.1	1	342.4	13	58.9
2009	19 236.8	-11	14 477.2	7	42.9	227.9	-5	382.8	12	62.7
2010	19 501.3	1	15 960.1	10	45.0	229.8	1	423.0	11	64.8
2011	20 444.4	5	17 503.3	10	46.1	238.1	4	463.7	10	66.1
2012	21 698.0	6	19 129.1	9	46.9	249.8	5	504.3	9	66.9
2013	23 061.5	6	20 913.1	9	47.6	262.5	5	548.6	9	67.6

资料来源：尼尔森报告（The Nilson Report），2009年12月，第938期。

（4）经济形势不明朗对美国信用卡业务的影响

2007年中期，美国爆发了"次贷"危机，并于2008年下半年演变为全球性的金融危机。随着危机的加剧以及经济复苏的不明朗性，美国的信用卡业务也受到了一定的负面影响，主要表现为：

商业银行信用卡贷款拖欠率上升，坏账逐渐增加。针对这种情况，商业银行不断增加信用卡坏账计提准备：美国商业银行整体信用卡贷款的坏账计提比率从2007年第二季度的3.85%上升至2008年第三季度的5.62%。2008年，美国信用卡坏账计提费用共计620亿美元，到2012年，坏账计提费用将累计达到4 000亿美元左右。

信用卡资产证券化产品发行量下降。"次贷"危机爆发以来，美国信用卡资产证券的发行量不断下降，后金融危机时代的"去杠杆化"将长期影响美国信用卡资产证券的发行，进而提高发卡机构的融资成本。

信用卡发行机构盈利情况堪忧。交易增长放缓、坏账率上升及融资成本提高给美国信用卡发卡机构的盈利空间带来了很大的挑战。信用卡发行机构美国运通在盈利大幅度下降的情况下，不得不向美国政府申请35亿美元的救助。与此同时，美国商业银行整体业绩也不乐观。伴随着坏账上升和融资成本提高，盈利滑坡甚至亏损接踵而至。

（5）银行卡欺诈损失增幅逐年下降

美国是一个信用管理体系比较成熟的国家，加上发卡机构、收单机构在银行卡风险控制方面的丰富经验，最近五年来，美国的银行卡欺诈损失增幅在逐年下降，2008年美国银行卡欺诈损失约为13亿美元。由于EMV迁移①成本超出欺诈损失②，美国发卡机构和收单机构对EMV迁移反应冷淡。与此同时，由于美国法律对银行卡持卡人的充分保护，消费者对芯片卡提供的安全性也无太大兴趣。因此，EMV迁移在美国银行卡市场进展缓慢。

2.1.1.2 巴西

巴西的银行卡产业起步于20世纪50年代。1956年，两家国内银行合作发行了第一张银行卡，当时的银行卡仅用于消费支付，没有信用功能。1968年，巴西布拉德斯科银行（Banco Bradesco）发行了第一张有信用功能的银行卡，命名为Elo。1971年起，与美州银行有关联的23家银行开始共同发行Elo卡。1977年，这种共同发卡模式被打破，各个银行开始发行各自的信用卡。巴西银行卡市场的区域发展差别较大，受理终端集中分布在东南部发达城市，从竞争格局来看，无论是发卡市场还是收单市场，集中度都很高。在转接领域，VISA和万事达则是主导者。

（1）银行卡在消费支付中的地位不断上升

虽然巴西的银行卡业务诞生于20世纪50年代，但是直到20世纪末，支票仍然是最主要的非现金支付工具。1999年，支票在整个非现金支付工具交易笔数中的占比为63%，信用卡和借记卡交易仅占16%。21世纪以后，卡基支付快速发展，信用卡和借记卡在巴西私人消费中的比例不断上升，并

---

① EMV迁移是银行卡由磁条卡向集成电路（IC）卡转移，利用安全性更高的智能IC卡来代替磁条卡，以有效防范诸如制作和使用假信用卡、信用卡欺诈、跨国金融诈骗等各种高科技手段的金融犯罪。

② 预计美国EMV迁移成本为130亿美元。

逐渐取代支票成为巴西主要的非现金支付工具。根据巴西中央银行公布的数据，2007 年巴西借记卡在整个非现金支付交易笔数中占比上升到 22%，信用卡的占比上升到 28%，两者合计达 50%，而同期支票在非现金支付中的占比却下降到为 19%。

2003—2008 年，巴西的银行卡产业发展迅速，银行卡交易笔数从 40.8 亿笔提高到 89.7 亿笔，增幅 120%；交易金额从 3 946 亿雷亚尔提高到 9 101 亿雷亚尔，增幅 130%。2008 年，银行卡交易金额占巴西消费者支付总额的比重已经从 2003 年的 14% 上升到 26%。

（2）银行卡消费支付十分普及

从银行卡交易金额的渠道结构来看，2008 年，巴西 ATM 取款转账的金额约占 57%，POS 消费交易金额占 43%；从交易笔数来看，巴西 ATM 交易笔数仅占 13%，POS 消费交易笔数占 87%。ATM 笔均交易金额约 170 雷亚尔，而 POS 笔均交易金额仅为 19 雷亚尔，由此可见巴西银行卡主要是用于小额消费支付。另外，2008 年的交易数据还表明，90% 以上的银行卡交易发生在巴西境内，其中借记卡境内交易占比 98.7%，信用卡境内交易占比 96.3%。

在巴西，银行卡用于非现场支付的比例相对较高，2008 年巴西赊账卡非现场支付的比例为 27.6%，信用卡非现场支付的比例为 11%，而借记卡非现场支付的比例仅有 0.2%。

（3）信用卡交易规模显著高于借记卡，但借记卡增速更快

2008 年，巴西借记卡交易笔数约为 19.5 亿笔，交易金额达 1 037 亿雷亚尔，分别较 2003 年增加 195% 和 25 126 亿雷亚尔，年均增长率分别为 32.5% 和 41.8%。在巴西，借记卡快速发展成为替代现金的小额支付工具，消费者支付总额的 26% 通过借记卡支付。

和借记卡相比，信用卡交易规模更大，但增速略低。2008 年，巴西信用卡交易笔数为 31.9 亿笔，交易金额为 2 223 亿雷亚尔。2003—2008 年，信用卡交易笔数增加了 161%，交易金额增长了 171%，年复合增长率分别为 21% 和 22%。2008 年，巴西经济虽然受到国际金融危机的负面影响，但消费信贷和银行交易并未受到严重影响，信用卡交易增长势头仍然不变。

表2-3　　　2003—2008 年巴西借记卡和信用卡的消费交易金额

		2003 年	2004 年	2005 年	2006 年	2007 年	2008 年	年复合增长率(%)
借记卡	交易笔数（亿笔）	6.62	9.13	11.60	13.57	15.61	19.54	24.2
	交易金额（亿雷亚尔）	295.34	423.45	546.92	651.84	826.53	1 037.30	28.6
	笔均交易金额（亿笔）	45	46	47	48	53	53	3.3
信用卡	交易笔数（亿笔）	12.21	14.82	18.45	22.10	26.38	31.89	21.2
	交易金额（亿雷亚尔）	819.32	993.95	1 192.10	1 497.89	1 811.02	2 222.87	22.1
	笔均交易金额（雷亚尔）	67	67	65	68	69	70	0.8

注：此处交易量仅指 POS 消费，不含 ATM 转账取现交易。

资料来源：http://www.euromonitor.com.

（4）银行卡欺诈率逐年下降

从 2004 年以来，巴西的银行卡欺诈损失呈现下降趋势，银行卡欺诈损失总金额由 2004 年的 3.2 亿雷亚尔下降到 2008 年的 2.2 亿雷亚尔，降幅为 31%。从银行卡欺诈损失构成来看，2008 年伪卡损失占全部欺诈损失的比例约为 32%，次之是非现场欺诈和丢失被盗欺诈，占比约为 27% 和 23%，身份冒用欺诈损失占 8%，未达卡欺诈损失占比为 3%。

借记卡是巴西遭受欺诈损失最大的卡种。为减少此类欺诈，发卡机构正采取措施向芯片借记卡迁移。2008 年万事达在巴西建立芯片卡授权项目，实行磁条卡、芯片卡分开授权以提高安全级别（见表2-4）。

表2-4　　　　　2004—2008 年巴西银行卡欺诈损失金额　　　单位：亿雷亚尔

	2004 年	2005 年	2006 年	2007 年	2008 年
伪卡欺诈	1.06	0.97	0.88	0.75	0.7
丢失被盗欺诈	0.73	0.67	0.61	0.53	0.50
非现场欺诈	0.87	0.86	0.77	0.65	0.58
未达卡欺诈	0.064	0.06	0.056	0.055	0.05

表2-4(续)

	2004 年	2005 年	2006 年	2007 年	2008 年
身份冒用欺诈	0.27	0.25	0.23	0.2	0.18
其他	0.21	0.20	0.19	0.18	0.17
合计	3.21	3.00	2.73	2.37	2.18

2.1.2 欧洲地区（法国、德国）

2.1.2.1 法国

在欧洲国家中，法国银行卡市场相当成熟。2008 年，法国银行卡交易金额占欧盟银行卡交易总金额的 19.71%，居欧洲第二。在法国，借记卡和延迟借记卡是重要的银行卡产品，在消费支付中占主导地位。由于历史原因，商户发行的私标卡也具备了消费支付甚至信贷功能，在法国银行卡市场占有重要地位。法国信用卡受理市场近年来趋于饱和，增长日渐缓慢。CB 卡组织作为法国国内唯一的银行卡组织，负责转接境内银行卡跨行交易，法国银行卡境外交易的转接则由 VISA 和万事达代理。

（1）银行卡是法国最主要的非现金支付工具

2003 年，法国银行卡交易笔数达到 43.6 亿笔，首次超过支票的交易笔数，成为法国最主要的非现金支付工具。2008 年，法国各种非现金支付工

表 2-5　　　2003—2008 年法国各种非现金支付工具的交易笔数

单位：亿笔

	2003 年	2004 年	2005 年	2006 年	2007 年	2008 年
银行卡	43.60	46.66	52.61	56.35	61.71	65.76
支票	42.62	41.34	39.16	38.27	36.50	34.87
贷记转账	25.88	25.99	24.08	26.17	26.14	26.97
直接借记	23.53	25.43	25.13	27.37	29.10	30.24
其他	1.29	1.29	1.26	1.20	1.14	1.10
总计	136.92	140.71	142.24	149.36	154.60	158.94

注：银行卡交易笔数包括电子货币交易笔数。

资料来源：http://www.euromonitor.com。

具的总交易笔数为 155 亿笔，其中，银行卡支付占 42%，支票占 22%，贷记转账（Credit transfer）占 17%，直接借记（Direct debit）占 19%（见表 2 - 5）。

从增长趋势来源，2003—2008 年，银行卡交易笔数增长了 51%，贷记转账交易笔数和直接借记交易笔数分别增长了 4% 和 29%，同期支票的交易笔数则下降了 19%。

2008 年，法国银行卡总交易金额 3 318 亿欧元，比 2004 年增长 51%；法国银行卡总交易笔数 65 亿笔，比 2004 年增长 41%。其中，2005 年是交易笔数增长最快的一年，同比增速达到 13%，其余各年的交易笔数的同比增长率维持在 6% ~ 10% 的水平。

从交易渠道来看，POS 交易的增长速度快于 ATM 取现交易。2003—2008 年，法国 POS 交易金额及笔数分别增长了 64.8%，而 ATM 取现交易金额和笔数分别增长了 48.4% 和 33.7%（见表 2 - 6、表 2 - 7）。

表 2 - 6   2003—2008 年法国银行卡在各受理终端的交易金额   单位：亿欧元

	2003 年	2004 年	2005 年	2006 年	2007 年	2008 年
ATM 取现	810.00	852.0	1 024.9	1 051.0	1 121.6	1 202.4
POS 消费	2 040.0	2 196.0	2 651.2	2 886.6	3 164.5	3 353.3
电子货币交易	0.8	0.0	0.5	0.5	0.6	0.8
总计	2 850.80	3 048.00	4 136.30	4 096.10	4 472.30	4 556.4

资料来源：《国际清算银行红皮书 2009》。

表 2 - 7   2003—2008 年法国银行卡在各受理终端交易笔数   单位：亿笔

	2003 年	2004 年	2005 年	2006 年	2007 年	2008 年
ATM 取现	12.45	12.60	14.59	14.87	15.62	16.64
POS 消费	43.42	46.50	52.60	56.51	61.70	67.22
电子货币交易	0.028	0.02	0.021	0.021	0.029	0.037
总计	55.89	59.12	68.81	73.23	79.39	83.90

资料来源：《国际清算银行红皮书 2009》。

（2）银行卡欺诈率较低

法国是欧洲最早推行 IC 卡的国家，1986 年就开始推行 IC 卡。到 1992 年，法国所有银行卡已全部迁移为 IC 卡。但是，当时法国银行 IC 使用的是本国国家标准 B0'。此后，法国银行 IC 卡开始采用国际 EMV 标准。截至 2009 年 4 月，法国所有的银行卡、所有的 ATM 以及 99.5% 的 POS 终端都完成了从本国标准向 EMV 标准的迁移。由于 IC 卡的安全性强于磁条卡，因此法国银行卡的欺诈率较低。2008 年，法国境内卡境内交易的欺诈率仅为 0.031%，远低于境内卡境外交易 0.594% 的欺诈率水平。

表 2-8　　　　　　　2003—2008 年法国银行卡的欺诈率

	2003	2004	2005	2006	2007	2008
按卡种分：						
· 银行发行卡的欺诈率（%）	0.086	0.069	0.064	0.065	0.063	0.070
· 商户发行的私标卡的欺诈率（%）	0.082	0.082	0.067	0.052	0.052	0.054
按地点分：						
· 境内卡境内交易的欺诈率（%）	0.031	0.033	0.029	0.031	0.02	0.031
· 境内卡境外交易的欺诈率（%）	0.690	0.463	0.458	0.453	0.476	0.594
· 境外卡境内交易的欺诈率（%）	0.620	0.391	0.373	0.295	0.288	0.291
总欺诈率（%）	0.086	0.070	0.064	0.064	0.062	0.069

注：私标卡的统计口径包括以下机构发行的卡：Banque Accord、Cetelem、Finaref、Franfinance、S2P、Sofinco、美国运通和大莱。

资料来源：《欧洲卡支付年度报告 2009—2010》。

2.1.2.2　德国

德国是欧洲最大的经济体，但银行卡产业不甚发达，零售支付工具仍以现金为主，在非现金支付工具中，银行卡尤其是信用卡的比例比较低。德国银行卡市场发展平稳，在传统消费习惯影响下，银行卡产品以借记卡为主。德国的反垄断监管比较严格，因此银行卡市场的集中度相对较低，市场参与主体众多、规模较小，发卡机构、收单机构、第三方专业化服务机构之间竞争激烈。

（1）银行卡支付在支付体系中的份额较小

2008 年，德国银行卡交易金额 4 460 亿欧元，其中 POS 消费交易笔数为

22 亿笔，消费金额为 1 380 亿欧元；ATM 取现交易笔数为 2 亿笔，交易金额为 3 080 亿欧元。从增长速度来看，从 2003 年到 2008 年，银行卡交易总额才增长了 0.5%（见表 2-9）。

表 2-9　　　　　　　2003—2008 年德国银行卡交易量　　　　　单位：亿欧元

	2003 年	2004 年	2005 年	2006 年	2007 年	2008 年
ATM 取现	3 040	3 400	3 820	3 810	2 930	3 080
POS 消费	1 400	1 500	1 590	1 630	1 270	1 380
总交易金额	4 440	4 900	5 410	5 440	4 200	4 460

注：德国信用卡取现交易非常少，基本可以忽略。因此取现交易仅统计了借记卡。

资料来源：PaySys GmbH、Eurohandelsinstitut e. V、ZKA.

在德国的零售支付市场上，目前现金仍占主要地位[①]。2008 年，现金支付占德国总零售营业额的 60.4%，借记卡支付（包括离线和连线）占 30.1%，信用卡支付仅占 5.2%。即使在城市百货商店，信用卡支付也只占营业额的 10%（见表 2-10）。

表 2-10　　　2006—2008 年德国零售营业额中各种支付方式的占比　　　单位:%

	2006 年	2007 年	2008 年
现金	62.4	61.4	60.4
离线借记卡	14.2	12.7	12.0
连线借记卡	13.9	16.4	18.1
信用卡	5.0	5.1	5.2
私标卡	1.0	0.9	0.8
支票	3.0	3.0	3.0
其他	0.5	0.5	0.5

注：①零售不包括汽车、石油、药品、邮购；②2008 年德国零售营业额为 3 600 亿欧元；③离线借记卡包括 2008 年的 POZ（占比 1.7%，POZ 网络于 2006 年 11 月退出市场）；④边线借记卡包括 Maestro（占比 1.2%）。

资料来源：EHI。

---

① 资料来源：欧洲流通联盟零售业研究院（EHI Retail Institute）（其前身为欧洲贸易委员会）。

在德国非现金支付中，银行卡支付所占的比例也很低，2008 年，德国银行卡的交易笔数占所有非现金支付工具交易笔数的比例仅有 14.6%，远低于欧盟的平均水平（37.57%），且近五年来几乎一直没有提高。

（2）借记卡在德国银行卡市场占主导地位

德国借记卡交易占据主导地位，2008 年，德国借记卡消费交易笔数为 18.62 亿笔，消费交易额为 1 179.5 亿欧元，而信用卡消费交易笔数仅有 3.7 亿笔，消费交易额为 340.8 亿欧元。从人均交易来看，无论是借记卡还是信用卡，人均交易金额均呈现稳步增长趋势，但 2007 年之后有所回落（见表 2 - 11）。

表 2 - 11　　　　　　　　2002—2008 年德国人均银行卡交易量

		2002 年	2003 年	2004 年	2005 年	2006 年	2007 年	2008 年
借记卡	交易笔数（笔）	18.65	20.2	22.7	24.0	24.6	20.0	22.7
	交易金额（欧元）	1 249	1 321	1 406	1 467	1 504	1 311	1 437
信用卡	交易笔数（笔）	4.0	4.2	4.5	4.7	5.0	4.4	4.7
	交易金额（欧元）	364	35	412	448	477	386	415
总计	交易笔数（笔）	22.6	24.4	27.1	28.8	29.6	24.4	27.4
	交易金额（欧元）	1 613	1 697	1 818	1 915	1 981	1 697	1 852

资料来源：《欧洲支付年度报告 2009—2010》。

（3）电子钱包系统较为发达

GeldKarte 电子钱包诞生于 1996 年 10 月，由德国中央银行协会中央信用委员会（Zentraler Kreditausschuss，ZKA）开发。2001 年后，经 ZKA 授权，由 EURO Kartensysteme 负责管理 GeldKarte 的市场营销活动。GeldKarte 电子钱包目前的发卡量约为 8 100 万张，2008 年交易总笔数达 4 880 万笔，交易总金额为 1.7 亿欧元，GeldKarte 电子钱包主要应用于停车收费、公共交通、邮票贩卖、香烟贩卖等小额支付领域。近年来，为限制未成年人通过自动贩卖机购买香烟，德国法律强制要求在芯片卡中植入持卡人的出生日期，这对 GeldKarte 电子钱包发展起到了较大的推动作用。目前，GeldKarte 电子钱包系统已经成为欧洲最大的电子钱包系统。

GeldKarte 电子钱包卡的限额为 200 欧元，有两种形式：账户关联卡（Account - Linked Card）和白卡（White Card）。账户关联卡与指定的银行卡账户相关联，一般集成在银行借记卡上，圈存和圈提较为方便，白卡不与任何银行卡账户绑定（见表 2 - 12）。

表 2 - 12　　　　2002—2008 年 GeldKarte 电子钱包发展规模

	2002 年	2003 年	2004 年	2005 年	2006 年	2007 年	2008 年
发卡量（百万张）	62.6	62.8	63.4	64.0	69.5	77.0	81.0
受理终端（台）	98 492	120 905	142 339	172 107	224 647	334 274	316 656
支付笔数（百万笔）	35.9	37.4	38.3	37.8	42.3	48.9	48.8
交易金额（亿欧元）	0.80	0.80	0.80	0.90	1.00	1.60	1.70
充值交易笔数(百万笔)	4.4	4.2	4.2	4.5	5.0	8.3	8.0
充值终端（台）	35 800	32 398	30 000	30 000	32 943	35 800	38 762

资料来源：欧洲中央银行。

（4）EMV 迁移

根据德国 EMV 迁移的相关规定，"Girocard" 网络的借记卡加载了芯片，而借记卡在 ELV 离线借记网络中的使用仍然采用磁条模式[1]。受理终端的更新由各网络服务提供商[2]负责。根据欧盟支付委员会数据，截至 2008 年 3 月，德国 68% 的卡片与 65% 的 ATM 已经进行了 EMV 改造，POS 机具则只有 5% 实现了 EMV 的迁移。

2.1.3　亚太地区（日本、韩国）

2.1.3.1　日本

日本银行卡产业起步于 20 世纪 70 年代，由于国民对现金的偏好以及保守的消费观，日本银行卡市场发展较为缓慢，人均银行卡交易量只有美国的 1/3。信用卡在日本银行卡市场占据主导地位，借记卡市场尚不成熟。由于金融业和通信业可以混业经营，日本手机支付发展水平处于世界前列，这种便捷的支付方式有力地推动了日本银行卡产业的发展。

（1）信用卡在银行卡市场占主导地位

日本信用卡产业起步于 20 世纪 70 年代[3]。随着信用卡行业对银行的开

---

① Girocard 和 ELV 是德国两大借记卡转接网络。

② 网络服务提供商的主要职能是收单处理和其他收单专业化服务。

③ 借记卡直到 2000 年才开始发行。

放以及受理市场的逐渐成熟，越来越多的消费者选择持卡消费，2008 年，日本银行卡总交易笔数达到 42 亿元；总交易金额达到 1 280 万笔；交易金额 0.77 万亿日元。信用卡在日本银行卡市场占据主导地位，无论交易笔数还是交易金额，信用卡均远远超过借记卡。

2003—2008 年，日本信用卡的交易笔数和交易金额分别增长了 66.45%、59.4%，年均复合增长率分别为 10.7% 和 9.8%，而同期借记卡的交易笔数和交易金额分别增长了 34.9% 和 45.4%，年均复合增长率分别为 6.2% 和 7.8%。尤其在 2005 年，借记卡交易金额较上年增长 13%，主要是因为 J－debit 借记卡的商户受理面在 2005 年有了很大改善。随着借记卡受理环境的不断改善，更多的持卡人开始使用借记卡进行消费支付。2006 年日本颁布的《放贷业修正案》对信贷额度和利率进行了限制，直接导致信用卡公司利润大幅削减，信用卡产业陷入低迷。为走出困境，2007 年信用卡公司开始大规模的并购重组，并寻求新的盈利方式，日本信用卡产业由此步入一个新的发展阶段，在日本所有消费支付交易中，信用卡的交易笔数占比达到 2/3，信用卡已经成为日本最主要的消费支付工具（见表 2－13）。

表 2－13　　　　2003—2008 年日本信用卡和借记卡交易规模

		2003 年	2004 年	2005 年	2006 年	2007 年	2008 年
借记卡	交易笔数（亿笔）	0.095	0.11	0.12	0.11	0.12	0.13
	交易金额（亿日元）	5 309	7 087	8 014	7 851	7 687	7 721
信用卡	交易笔数（亿笔）	24.50	26.88	30.09	33.71	37.20	40.76
	交易金额（亿日元）	260 372	285 627	311 797	335 406	363 156	414 906

资料来源：Euromonitor.

在日本，借记卡往往用于金额较大的消费领域，比如家电行业。2007 年，借记卡笔均交易金额为 66 000 日元，约为卡基电子货币的 100 倍，而信用卡笔均交易金额为 10 000 日元。

（2）个人信用卡交易规模增长迅速，商务信用卡仍待发展

个人信用卡日本比较普及，2003—2008 年，个人信用卡交易金额始终保持着 10% 以上的年增长速度，2008 年交易金额已经超过 40 万亿日元。相对而言，商务信用卡在日本较少使用，2008 年商务信用卡交易金额不到 2 万亿日元。

尽管商务信用卡可以给企业带来很多便利，但只有规模较大的企业能够使用，中小型企业很难申请到商务信用卡。从 2007 年开始，一些信用卡公司开始面向中小企业发行商务信用卡，例如，三井住友信用卡公司发行了商务联盟卡，索尼财务国际有限公司发行了免年费的商务信用卡。商务信用卡没有积分，每两个月发卡机构会向企业返还一定的现金，返回比例约为消费交易金额的 0.3%。商务信用卡不具有取现功能，信贷利率约为 12%，低于日本的平均年利率（15%）。商务信用卡的收入主要来源于信贷利息收入而非手续费收入（见表 2 - 14、表 2 - 15）。

表 2 - 14　　　　　　　2003—2008 年日本个人信用卡交易规模

	2003 年	2004 年	2005 年	2006 年	2007 年	2008 年
交易笔数（亿笔）	23.77	26.07	29.20	32.73	36.10	39.51
交易金额（亿日元）	248 306	272 427	297 316	319 476	345 702	395 720

资料来源：http://www.euromonitor.com.

表 2 - 15　　　　　　　2003—2008 年日本商务信用卡交易规模

	2003 年	2004 年	2005 年	2006 年	2007 年	2008 年
交易笔数（亿笔）	0.74	0.81	0.89	0.98	1.10	1.25
交易金额（亿日元）	12 067	13 201	14 481	15 929	17 454	19 186

资料来源：http://www.euromonitor.com.

（3）EMV 迁移降低了欺诈率

2001 年，日本伪卡欺诈交易金额达 146 亿日元，较 1997 年增长了 12 倍。为降低欺诈率，日本开始推行芯片卡。2001 年 12 月，日本信用卡组织 JCB 发行芯片卡。日本零售商 Mycal 公司则使用 Multos 多应用平台，使磁条卡批量转化成芯片卡成为可能，并在芯片卡上设置了忠诚卡计划。随着银行卡产业内竞争的加剧，日本各发卡机构都试图通过发行芯片卡来吸引客户，提高市场份额，借助银行卡的芯片化实现多应用。

非接触式卡产品的推出也加剧了芯片卡支付领域的竞争。BitWallet 公司在 2001 年推出预付电子现金非接触式方案 Edy。截至 2007 年，BitWallet 公司已拥有 2 100 万注册用户和 4 万受理点。此外，NTTDoCoMo 的 iD 非接触式信用卡已拥有 5 万个受理点。铁路客运公司 JR EAST 提供的交通卡 Suica

拥有 1 750 万用户，还可在 8 300 个受理点使用。JCB 的非接触式方案 Quic-Pay 拥有 7 万用户和 1 万个受理点。2006 年 9 月底，这四家公司宣布实现读卡设备互相通用，以推进芯片卡在 POS 消费和手机支付方面的应用。

（4）手机支付业务发展迅速

日本手机支付起步较早，发展迅速。日本人口约 1.27 亿，手机用户普及率超过 90%，从而为手机支付市场奠定了广大的用户基础。金融与通信领域的混业发展则是日本手机支付业务快速成长的关键点。

2006 年，日本最大的移动运营商 NTT DOCOMO 与索尼共同推出了"i-mode Felica"移动钱包业务，拉开了日本手机支付业务的序幕。移动钱包主要应用于购物、交通、票务、公司卡、身份识别、移动金融等领域，主要合作伙伴包括连锁便利店、全日空、东日本铁路公司、票务公司 PIA 等。此后，NTT DOCOMO 收购了日本第三大银行三井住友金融集团信用卡公司的股份。通过将"移动钱包"与信用卡进行绑定，新的手机支付应用不需要通过现金或网络方式进行账户充值而直接发起信用卡支付。此后，NTT DOCOMO 开始发行 ID 信用卡，其受理点已超过 5 万个。除 NTT DOCOMO 外，日本另外两大移动运营商 KDDI 与 Vodafone 也加入 Felica 阵营，开展手机支付业务。

2.1.3.2 韩国

韩国银行卡市场起步于 20 世纪 80 年代后期，以信用卡为主导，在政府的大力扶持下，韩国信用卡产业在亚洲金融风暴之后快速成长，经历 1999—2002 年过度膨胀之后，由于监管制度的缺陷，韩国信用卡业务出现风险失控，信用卡危机由此爆发。危机促使政府和发卡机构都逐渐重视信用卡业务风险控制。随着信用卡相关各项法律法规的完善，韩国信用卡产业正在步入稳健发展的阶段。

（1）银行卡已经取代现金成为最重要的消费支付工具

由于政府的大力支持，银行卡在韩国已经较为普及，截至 2008 年年底，韩国银行卡总量为 1.85 亿张，当年交易总金额为 250 万亿韩元。2003—2008 年，交易规模累计增 61%

在韩国，银行卡已取代现金在支付中的主导地位，成为最常用、最普及的支付工具。2008 年，韩国银行卡支付在整个支付体系交易金额中的占比达到 61%，比 2003 年提高了 14 个百分点，而同期的现金支付占比则从

47%下降到33%。

（2）信用卡在银行卡市场占主导地位，但借记卡增长速度较快

2008年，韩国信用卡交易笔数为36万笔，交易金额为34.6万亿韩元，同期借记卡交易笔数为7亿笔，交易金额为2.5万亿韩元。信用卡交易笔数和交易金额在整个银行交易中分别占83%和93%，居主导地位。

但从最近五年的增长速度看，借记卡则是后来居上。2003—2008年，借记卡交易笔数、交易金额的年均复合增长率分别是69%和54%，远远高于信用卡同期增长率（信用卡交易笔数、交易金额的年均复合增长率是12%和8%）。在2008年的金融风暴之后，韩国居民的消费日趋理性，为更有效地控制支出，越来越多的持卡人开始选择借记卡进行消费支付。由于签名借记卡使用了信用卡网络，签名借记卡受理环境得到较快改善，同时签名借记卡的交易验证方式也更符合持卡人的使用习惯，因此签名借记卡在韩国正在迅速普及。与之相比，密码借记卡的发卡量则由于受理环境没有得到有效发展而逐渐减少。

尽管韩国物价持续上涨，但在2003—2008年间韩国信用卡与借记卡的交易笔数增长速度均超过交易金额增长速度。这反映出韩国银行卡在日常支付领域的渗透率不断提高（见表2-16）。

表2-16　　　　2003—2008年韩国信用卡与借记卡的交易规模

		2003年	2004年	2005年	2006年	2007年	2008年
借记卡	交易笔数（亿笔）	0.52	0.64	2.02	3.31	5.13	7.08
	交易金额（万亿韩元）	2.86	3.24	8.03	12.45	18.94	25.01
信用卡	交易笔数（亿笔）	19.98	20.15	23.86	28.50	32.80	36.47
	交易金额（万亿韩元）	227.14	230.43	254.92	277.15	315.09	346.49

资料来源：http://www.euromonitor.com。

（3）信用卡取现占比与逾期未缴率逐年下降

在2003年以前，韩国各发卡机构都很少对信用卡信贷进行审慎的控制，消费者很容易申领到新信用卡，因此通过新信用卡透支现金成为归还已有信用卡欠债的"捷径"，从而导致韩国信用卡现金透支在总交易额中的比重（2000年时高达65%）和逾期未缴率过高，最终直接引发了信用卡债务危机。

　　自从信用卡危机发生后，韩国银行卡监管机构开始出台一系列措施以降低信用卡风险，例如要求发卡机构增加坏账准备、减少现金透支规模、对新客户的信用进行更严格的审查等。2004—2008 年，韩国信用卡取现交易金额在信用卡总交易中的占比从 38% 逐年下降至 23%，消费交易金额占比则逐年上升。信用卡逾期未缴率也由 2005 年的 10.06% 下降到 2008 年的 3.43%。

　　（4）手机支付业务在全球居领先地位

　　韩国是世界手机支付领域的领跑者，手机支付在韩国已成为主要的支付手段之一。韩国手机支付主要由运营商主导，或采用运营商、银行及其他发卡机构多方合作的模式。早在 2001 年，韩国 SK 电讯（简称SKT）联系五家发卡机构（KORAM Bank、Sumsung Card、LG Card、Korea Exchange Card、Hang Card）共同发行摩托罗拉（MONETA）移动卡。摩托罗拉移动卡支持多种应用，包括符合 EMV 标准的信用卡、VISA 电子钱包、SKT 会员卡和SKT OK 忠诚现金包等应用。起初，摩托罗拉移动卡内含有一个独立的非接触芯卡，所有的摩托罗拉信用卡持卡人都拥有特定的手机，该手机留有摩托罗拉移动卡大小的插槽。此后，为了全面推动包括移动商务在内的移动数据业务的发展，SKT 将摩托罗拉移动卡制作成 SIM 卡大小的芯片插入手机中。2006 年 6 月，SKT 与 VISA、飞利浦公司合作，在首尔进行大规模的 NFC 试验。2007 年 4 月，SKT 和 VISA 合作，通过采用 VISA 移动支付平台，在全球率先推出基于 USIM 卡（金融卡和 SIM 卡合而为一）的非接触支付应用，支持空中下载（Over the air）功能的定制。SKT 凭借其在移动运营市场的地位，成为推动韩国手机支付发展的主导力量。K－merce 是韩国另一移动运营商 KTF 推出的手机支付品牌，可以应用于移动证券、移动银行、票据、彩票、购物、拍卖、赠券等领域。摩托罗拉和 K－merce 两大手机支付品牌在手机支付市场各占半壁江山。

　　韩国手机支付发展离不开金融机构的积极配合。金融机构的积极加盟，不仅为移动运营商顺利开展手机业务提供便利，同时让移动运营商充分利用了商业银行等金融机构的客户资源和银行网点等营销渠道实现业务推广。

2.2 中国银行卡产业发展概况

2.2.1 大陆地区

1985 年，自中国银行珠海分行发行我国第一张银行卡——珠江卡以来，中国的银行卡产业发展迅猛，国家也不断出台政策大力支持银行卡产业。1993 年 3 月 1 日，《银行卡业务管理办法》正式实施；1993 年 6 月，国家实施以电子货币应用为重点的各类卡基应用系统工程——"金卡工程"；1994—1997 年，中国人民银行会同各商业银行建设城市银行卡交换中心；1998 年 12 月，中国人民银行在北京成立银行卡信息交换总中心，开展异地跨行联网；2001 年 12 月，中国人民银行正式提出银行卡联网通用工作"314"计划，"314"工程已于 2002 年底顺利实现；2002 年 3 月 26 日，在合并"金卡工程"下建立的全国银行卡信息交换中心和各城市银行卡中心的基础上，由国内 80 多家金融机构共同发起设立银联股份有限公司；从银联成立以后，我国银行卡产业的发展进入了飞速发展时代。

2.2.1.1 银行卡市场发展概述

2011 年，我国银行卡产业继续保持快速、健康发展的良好势头。产业规模扩大，市场主体扩容，支付创新活跃，行业自律得到加强，产业地位提升，对经济社会发展的促进作用越来越大。截至 2011 年年底，银行卡发卡量累计超过 29.49 亿张，同比增长 22.1%。银行卡跨行交易全年超过 16 万亿元、104 亿笔，同比分别增长 44%、24%。其中，POS 跨行交易 13.4 万亿元，同比增长 47%；ATM 跨行交易 2.3 万亿元，同比增长 37%。刷卡消费额超过 16 万亿元，同比增长超过 50%，占社会消费品零售总额的比重预计超过 40%，比 2010 年提高约 6 个百分点（见图 2 - 1）。

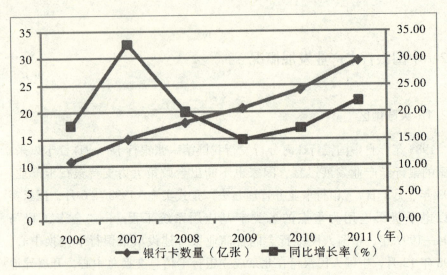

图 2 - 1 2006—2011 年我国银行卡发卡量及增长率①

银行卡消费也呈逐年上升态势。2011 年银行卡消费 64.12 亿笔，金额 15.20 万亿元，同比分别增长 32.23% 和 45.77%；卡均消费金额和笔均消费金额分别为 5 529 元和 2 373 元，与 2010 年相比分别增长 28.0% 和 10.3%。全年银行卡渗透率达到 38.6%，比 2010 年提高 3.5 个百分点（见图 2 - 2）。

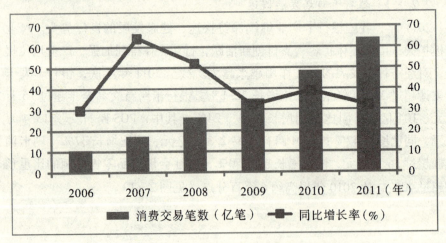

图 2 - 2 2006—2011 年银行卡消费交易笔数和增长率②

---

① 数据来源：《2011 年第三方支付发展报告》。
② 数据来源：《2011 年第三方支付发展报告》。

2.2.1.2 非金融收单业务快速发展

随着银行卡产业的发展及政策法规的不断完善，我国非金融机构银行卡收单业务也取得了迅速发展。2010 年度全国非金融机构银行卡收单业务总量达 13.04 亿笔，金额达 2.74 亿元，分别占当年银行卡业务总量的 5% 和 1.11%。2011 年度中国非金融机构银行卡收单业务总量达 16.14 亿笔，金额达到 3.31 万亿元，同比分别增长 23.76% 和 20.63%。其中已获许可机构银行卡收单总量达 15.05 亿笔，2.951 万亿元，同比分别增长 21.14% 和 30.99%；已受理尚未获许可机构银行卡收单业务总量达到 1.09 亿笔，同比分别增长 76.38%，金额 0.36 万亿元，同比下降 27.09%。

2.2.1.3 自主品牌建设成绩突出，国际化进程加快

中国的银行卡组织——银联从成立以来一直都在打造自主品牌。所谓中国自主银行卡品牌，就是银联品牌，即卡面带有"银联"标识，其卡号前六位采用银联国际标准 6 字头 BIN 码的银行卡。该卡符合我国统一的银行卡业务规范和技术标准，是我国具有自主知识产权的高品质、国际化自主品牌的银行卡。截至 2011 年年底，银联全球发卡量超过 28 亿张，并在境外 22 个国家和地区发行了超过 1 200 万张银联卡。

2.2.1.4 银行卡发卡的覆盖面不广

我国现有的银行卡持有人大多数在城市，由于农村信息基础设施薄弱，商户、银行网点很少，ATM、POS 只有零星布放，导致大多数农民使用银行卡困难，即使宣传再到位，没有设施支持，农民的办卡积极性还是调动不起来，从而造成农村银行卡市场被搁置，使银行卡在农村的发行量较低。

2.2.2 中国香港地区

香港银行卡市场发展相对成熟，银行卡交易量、发卡量、受理终端数量均稳定增长，欺诈风险和信用卡风险均控制在较低水平。在香港，银行卡发卡和收单市场均呈现寡头垄断局面。EPS 和 JETCO 分别是香港本地借记卡和 ATM 的转接机构，信用卡由国际卡组织转接。

2.2.2.1 银行卡交易量增长速度逐年放缓

截至 2008 年年底，香港银行卡总量为 2 944 万张，其中信用卡和借记卡各占半壁江山。从发卡深度来看，香港人平均每人拥有 2.1 张借记卡和 2.0 张信用卡。从受理环境来看，香港地区目前拥有 2 800 多台 ATM、5 万多家

银行卡受理商户。2008 年，香港地区银行卡交易总笔数为 7.6 亿笔，其中信用卡交易笔数为 4.3 亿笔，借记卡交易笔数为 1.9 亿笔，分别占银行卡总交易总笔数的 56.6% 和 25.0%。银行卡交易总金额为 6 123 亿港元，其中信用卡消费交易金额为 3 330 亿港元，借记卡交易金额为 1 859 亿港元，分别占银行卡总交易金额的 54.4% 和 30.4%。目前，香港的银行卡市场已经相当成熟，信用卡和借记卡的交易量虽然还在继续增长，但增速均逐年放缓。香港地区借记卡消费交易金额的年增长率由 2004 年的 14% 下降到 2008 年的 7%，同期，信用卡交易消费金额年增长率由 23% 下降到 4%。

在香港银行卡市场，签账卡交易也较为活跃，2008 年其交易金额为 162 亿港元，交易笔数为 1 550 万笔。

2.2.2.2 储值卡的发展在一定程度上挤占了银行卡在小额支付市场的空间

中国香港地区的储值卡市场相当发达，其中最有市场影响力的储值卡为八达通卡（Octopus）。八达通卡是八达通公司发行一种非接触式的芯片卡，最初用于巴士、铁路等公共运输工具上，后来陆续扩展至商店、餐馆、停车场、游泳池、体育馆、电影院、公用电话等，许多自动售卖机也接受八达通卡付款，如收费电话亭、自动证件相机，图书馆里缴纳延期罚款、自助复印机也都可以使用八达通卡。八达通卡已经成为名副其实的"电子钱包"。

2008 年，香港八达通的累计发卡量超过 1 700 万张，每天平均处理 1 000 万笔以上交易，交易金额超过 8 500 万港元，可以受理八达通卡的商户超过 2 000 家，八达通卡的受理终端（包括收费器和读写器）超过 5 万台。95% 以上的香港市民拥有一张以上的八达通卡。八达通卡已经渗透到香港人生活的各个角落，它的迅速发展对银行卡特别是借记卡形成了一定的竞争。

2.2.2.3 银行卡业务风险较低

香港银行卡市场的成熟还表现在其较强的风险控制能力。首先，从欺诈损失来看，香港地区的银行卡欺诈率相对较低。2008 年，伪卡损失 4 000 万港元，比 2003 年增长 19%，远远低于同期交易金额 74% 的增速。

从信用风险控制来看，近年来，香港地区信用卡的风险指标始终较为稳定，2005—2008 年，信用卡延滞率基本稳定在 0.37% ~ 0.38%，信用卡坏账损失率只是从 2.72% 上升至 3.09%，2008 年的金融危机对香港信用卡业务影响甚微（见表 2 - 17、表 2 - 18）。

表 2 - 17　　　　2003—2008 年中国香港地区银行卡欺诈风险损失　　单位：万港元

欺诈类型	2003 年	2004 年	2005 年	2006 年	2007 年	2008 年
伪卡	230	150	160	330	270	250
丢卡被盗卡	2 060	2 170	1 700	2 220	2 230	2 250
非现场欺诈	590	680	700	800	1 010	900
未达卡欺诈	—	—	—	—	—	—
身份冒用	480	450	520	500	580	600
欺诈总金额	3 360	3 450	3 080	3 850	4 090	4 000

资料来源：http://www.euromonitor.com.

表 2 - 18　　　　2005—2008 年末中国香港地区信用卡风险指标

	2005 年	2006 年	2007 年	2008 年
转期金额（亿港元）	245.76	250.35	246.38	287.72
延滞账户余额（亿港元）	2.50	2.69	2.69	2.63
损失账户余额（亿港元）	4.33	5.35	5.04	5.84
转期比率（%）	36	35	32	31
延滞率（%）	0.37	0.37	0.35	0.38
损失率（%）	2.72	3.13	2.73	3.09

资料来源：香港金融管理局。

2.2.3　中国台湾地区

台湾地区银行卡以信用卡为主导，市场集中度较高，发卡品牌以 VISA 和万事达为主。台湾财金资讯股份有限公司（FISC）和财团法人联合信用卡处理中心（MCCC）分别运营岛内的 ATM 和 POS 跨行交易网络。由于台湾伪卡现象严重，台湾在推动 IC 卡业务方面不遗余力。

2.2.3.1　"卡债"危机使得台湾银行卡业务增速放缓

2003—2005 年，中国台湾地区发行的银行卡交易笔数和交易金额年均增长速度均为 16% 左右；在 2005 年"卡债"风暴后，台湾银行卡交易增速相对放缓。2006—2008 年，台湾地区银行卡交易笔数增长 13%，年均增长率只有 4% 左右，交易金额增长 8%，年平均增长率只有 2.7%。

从消费交易的增长率来看，中国台湾地区借记卡和信用卡的消费交易金额增长均明显放缓。2003—2006 年，中国台湾地区借记卡交易总额从 28.6 亿新台币增加到 95 亿新台币，年增速均保持在 28% 以上，但 2007 年和 2008 年的年增速仅为 1% 和 2%，较往年大幅下降。2003—2005 年，台湾地区的信用卡交易总额从 0.97 万亿新台币增加到 1.39 万亿新台币，2006 年却出现了负增长，直到 2008 年，信用卡消费交易仍维持在 1.40 万亿新台币的水平，年增幅较 2005 年高峰期前下降很多。

2.2.3.2　信用卡在消费交易中占主导地位

从消费交易量来看，中国台湾地区银行卡交易中信用卡占据绝对主导地位。2008 年，中国台湾地区借记卡消费交易笔数为 1 000 万笔、信用卡消费交易笔数为 4.4 亿笔，占比分别为 2% 和 97%；同年，中国台湾地区借记卡交易金额为 98 亿新台币、信用卡交易金额为 1.4 万亿新台币，占比分别为 0.7% 和 98%。

2.2.3.3　EMV 迁移后银行卡欺诈风险显著下降

2001 年之前，中国台湾地区伪卡盛行，欺诈损失居亚洲之首。1997—2000 年，中国台湾地区伪卡欺诈损失金额分别为 2.2 亿、3.7 亿、6.9 亿、30 亿新台币。尤其是盗录磁条的欺诈风险，堪称全球之最，每年给发卡机构带来巨大损失。虽然各家银行采取了许多防范风险的措施，仍然难以从根本上解决问题。为此，台湾各银行决定引入基于 EMV 标准的芯片卡，从磁条卡向 EMV 芯片卡过渡。这样不仅可以减少欺诈损失，而且可以充分利用 EMV 芯片卡的多功能、多应用等特点，以增加银行卡的使用领域。

2002 年 3 月，台湾同业公会正式决定台湾银行全面向 EMV 芯片卡过渡。台湾的发卡银行、转接机构和国际信用卡公司联合成立了"项目管理组织"（PMO），专门负责银行卡 IC 卡化的组织、策划、管理、监督及实施。为鼓励收单行积极对终端进行改造，台湾地区还调整了发卡行与收单行的回佣分成比例，发卡行承担了全部 POS 终端改造成本。台湾地区 EMV 迁移速度较快，截至 2006 年年末，发卡端 IC 卡化的比重约为 30%，受理端可以支持银行 IC 卡的比重约为 97%。

随着台湾银行卡逐步向 EMV 过渡，中国台湾地区银行伪卡欺诈损失开始下降，欺诈金额从 2001 年的 8.8 亿新台币下降至 2008 年的 1.4 亿新台币，特别是伪卡欺诈损失下降幅度尤其明显，从 2001 年的 7 亿新台币下降至 2008 年的 0.4 亿新台币（见表 2 - 19）。

表 2 - 19　　　　2001—2008 年中国台湾地区欺诈损失金额　　单位：亿新台币

欺诈类型	2001 年	2002 年	2003 年	2004 年	2005 年	2006 年	2007 年	2008 年
伪卡欺诈	7.13	2.10	0.74	0.90	0.59	0.46	0.45	0.42
丢失被盗卡	1.12	0.88	1.16	1.07	1.52	1.45	0.63	0.55
非现场欺诈	0.08	0.09	0.11	0.25	0.46	0.49	0.40	0.38
未达卡欺诈	0.14	0.08	0.07	0.07	0.09	0.05	0.037	0.03
身份冒用	0.09	0.10	0.16	0.23	0.21	0.18	0.027	0.025
其他	0.27	0.22	0.18	0.33	0.37	0.40	0.017	0.03
欺诈损失总金额	8.84	3.46	2.40	2.85	3.24	3.03	1.56	1.44

【思考与练习】

1. 比较美国和巴西银行卡产业发展的不同点。

2. 论述法国银行卡产业发展特点。

3. 比较法国和德国银行卡产业发展的异同点。

4. 为什么我国的借记卡市场会比信用卡市场发展快得多？试论述我国信用卡市场的发展与发达国家的不同点。

5. 提出你认为合理的银行卡产业发展未来布局。

【案例分析】

我国内地银行卡市场的特点①
中国人民银行支付结算司前司长　欧阳卫民

经过 20 多年的发展，我国银行卡产业从无到有，从小到大，取得了举世瞩目的成绩，并形成了鲜明的中国特色。如今，银行卡已成为我国居民个人使用最频繁的非现金支付工具，成为商业银行中间业务的重要载体和个人金融业务综合平台，成为中国支付工具体系占比越来越大的部分。总结我国银行卡市场特点，查找并解决存在的问题，对我国银行卡市场的未来发展至关重要。

_____

① 资料来源：《中国金融》，2009 - 10 - 19。

(1) 历史短，发展快。一些发达国家和地区的银行卡经历了 50 多年的发展历程，而我国的银行卡在短短 24 年里，实现了跨越式发展。一是发卡总量已近 19 亿张，居全球第一位。二是银行卡渗透率从零升至 27.7%，对现金在零售消费市场的主导地位形成有力替代。按银行卡消费交易在社会消费品零售总额中的比重年均增长 4 个百分点计算，预计在 2015 年前后，银行卡将取代现金成为居民个人最主要的零售支付工具。三是交易额增长了 4 800 倍，年均增速 68%，2002 年中国银联成立后，交易额年均增速达 140%。四是实现了全国范围的"联网通用"，促进全国统一的银行卡市场的形成，并进一步实现了"出境"和"下乡"。五是打造了银行卡自主品牌。目前"银联"卡已成为现代中国人的名片和时尚钱包，成为知名民族品牌和国际品牌。六是银行卡产业发展促进经济增长的作用日益显现。研究显示，银行卡支付成本仅相当于现金支付成本的 38%，2006 年至 2009 年第一季度，我国银行卡消费总量累计超过 10 万亿元，比用现金支付节约社会成本 1 090 亿元。

(2) 借记卡占比高，信用卡潜力大。借记卡 17.4 亿张，在总发卡量中占比 92%，信用卡 1.5 亿张，在总发卡量中占比 8%。2009 年第一季度，借记卡和信用卡交易金额分别为 25.7 万亿元和 8.34 万亿元，在整个银行卡交易金额中占比 75.5% 和 24.5%，显示借记卡占有主体地位。

(3) 信用卡虽然占比较低，但发展迅速。发卡量年均增速达 50% 左右，高于借记卡 15% 左右的增速，且未来潜力巨大。一是从发卡主体看，国有商业银行和股份制商业银行在发卡量中占比 97%，显示信用卡发卡市场向其他中小银行延伸的空间很大。二是从人均拥有量看，我国为 0.11 张，只相当于美国的 1/40，巴西的 1/10。三是从受理市场看，我国为 118 万家受理商户，只相当于美国的 1/7。四是从银行卡渗透率看，我国为 27.7%，而美国在 60% 以上。五是从信用卡活跃率（即 6 个月至少主动发生一次消费、预借现金交易的信用卡）看，我国为 36%，而美国为 80% 以上。六是从信用卡应偿信贷总额看，2009 年第一季度，我国为 1 658 亿元，而美国为 8 500 亿美元，我国不及美国的 3%。就我国 GDP 总量与美国对比看，我国是美国的 1/3，而上述有关信用卡指标的对比与这一比例极不相称。

(4) 存、取款占比高，消费交易增速快。我国银行卡从交易功能上划分，可分为存款、取款、转账和消费交易四类，其中存取现金是银行卡的主要功能，银行卡呈现"电子存折"的特点。2009 年第一季度，银行卡存现金为 8.6 亿笔、8.1 万亿元，取现金为 20.6 亿笔、8.58 万亿元，消费交易为 7.47 亿笔、1.22 万亿元，存、取现金业务占比高，笔数和金额在整个银行卡中分别占 68% 和 49%。消费交易占比 17.4% 和 3.6%，虽然不高，但增速很快，同比增速达 35% 和 48%，远高于同期银行卡总业务笔数 19% 和金额 10% 的增速。

（5）笔数多，金额小。从银行卡在整个非现金支付工具占比看，2009 年第一季度，全国使用票据、银行卡、汇兑、委托收款和托收承付等非现金支付工具或方式办理支付业务量约 46.68 万亿笔、155.5 万亿元。其中银行卡支付业务 42.8 亿笔、34.02 万亿元，在整个非现金支付工具中占比 92% 和 21%，而同期票据和汇兑业务笔数和金额在整个非现金支付工具中占比 8%、79%。银行卡显示出笔数多、金额小、交易频繁的特点，具有明显的零售支付工具特征。从银行卡跨行支付与人民银行大额支付系统业务量对比看，2009 年第一季度银行卡跨行交易为 10.05 万亿笔、1.44 万亿元，日均跨行交易 1 117 万笔、金额 160 亿元，而同期大额支付业务 5 139.85 万笔、162.5 万亿元，日均跨行交易 84 万笔、金额 2.7 万亿元，银行卡跨行笔数和日均笔数分别是大额支付系统的 38 倍和 13 倍，而跨行金额和日均跨行金额分别是大额支付系统的 0.89% 0.59%。

（6）区域发展不平衡。从发卡市场看，发卡量 70% 分布在发达地区，30% 分布在欠发达地区。从人均持卡量来看，深圳、北京、上海位居前列，人均持卡量在 4.5 张以上，远高于全国 1.42 张的平均水平。而青海、西藏、海南等欠发达地区位居后 3 位，人均持卡量不足 1 张。从受理市场看，全国特约商户、受理终端有 65% 分布在发达地区，欠发达地区占 35%。发达地区特约商户覆盖率达到 40% 以上，高于全国 15% 的平均水平，而欠发达地区特约商户覆盖率不足 7%。从各地每万人对应 ATM 数量来看，深圳、北京、上海等发达城市居前 3 位，数量在 5.13 台以上，远高于全国 1.3 台的平均水平。而居后 3 位的为安徽、贵州、海南，每万人对应 ATM 不足 1 台。

阅读上述案例，试论述以下问题：
（1）根据我国银行卡市场的特点总结其发展的不足。
（2）试查找产生这些不足的原因。
（3）试论述今后的努力方向并提出你的建议。

3 银行卡理论

【本章导引】

现代银行卡产业作为金融业务与信息技术有机结合的新兴金融服务产业，顺应了网络经济发展的潮流，带来了人类支付方式的重要变革。作为金融经济领域的重要支柱产业，银行卡产业受到了理论界的广泛关注。本章分别从一般经济理论与网络经济新理论两个角度对银行卡产业进行了阐述与分析，具体包括成本与收益理论、博弈理论、双边市场理论、网络外部性以及长尾理论，在对理论简述的基础上，还对银行卡产业的理论应用情况作了分析。

【重要术语】

银行卡理论、网络经济、博弈、双边市场、网络外部性、成本收益。

【知识架构】

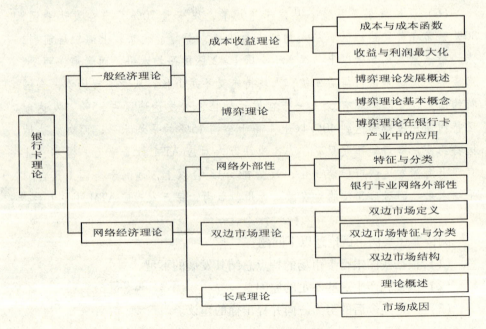

【导入案例】

诺贝尔奖得主马斯金：银行外部性是金融危机主因①

金融危机爆发以来，对其成因的解读可谓众说纷纭，但大都集中在恐慌、贪婪等层面。在 2011 年 4 月 23 日由清华大学经济管理学院举办的 EMBA、EDP 百年校庆校友返校高端论坛上，诺贝尔奖得主马斯金教授做了关于金融危机的成因和对策的演讲。他认为，恐慌和贪婪不是金融危机爆发的重要原因，银行的外部性没有内生化才是危机爆发的根本原因。

马斯金教授在 2007 年因"奠定了机制设计理论的基础"而获得诺贝尔经济学奖，被誉为当今国际上最受尊敬的经济学大师之一。

他认为，引发此次金融危机的主要因素是银行的外部性和道德影响，政府对银行救助的时候会增加银行冒风险的动机。

马斯金以"金融危机的成因与对策"为主题，阐述了三方面的内容：一是为什么信用市场重复出现危机，而不是其他的市场；二是为什么信用市场出现危机之后要求我们的政府介入，而其他的市场危机可能并不需要；三是如何在信用市场上提前预测以及避免金融危机的发生。

马斯金认为信用市场比其他市场更容易出现危机，是因为信用市场的基本特点。第一，信用市场相当于整个经济的血液，它和所有其他市场相关联；第二，信用市场小的扰动会被放大；第三，信用市场缺少自我纠错的能力。

信贷市场具有外部性，银行并没有把这个外部性内生化。如果一个市场有过高的外部性的话，一般来说，这个市场不存在自我纠正的机制，也就是说它需要政府的干预。一般来说需要两种手段来对信用市场进行介入，第一种手段是在危机爆发之后，政府"亡羊补牢"；另外一种是在危机前防患于未然。

---

① 资料来源：证券日报［N］. 2011－04－25.

3.1 一般经济理论

3.1.1 成本与收益理论

人类的一切行为都蕴含着效用最大化的经济动机,都可以运用经济学的成本—收益分析方法进行研究和说明。"当代行为科学已用大量事实证明,决定人的道德行为选择的最根本的动因是人们对其行为结果的预期,这种预期是建立在人们对行为结果的酬赏——代价分析的基础之上。并且,在这种行为结果的预期中,经济利益上的考虑通常起着最重要的作用。"成本—收益分析是指以货币单位为基础对投入与产出进行估算和衡量的方法。在市场经济条件下,任何一个企业在进行经济活动时,都要考虑具体经济行为在经济价值上的得失,以便对投入与产出关系有一个尽可能科学的估计。经济学的成本—收益分析方法是一个普遍的方法。经济学可以用它来研究各种条件下的行为与效果的关系,探究如何以最小的成本取得最大的收益,其他社会科学也可运用它来分析人的行为。

金融是现代经济的核心,银行卡业务作为金融领域的重要组成部分越来越受到各参与方的高度重视。我国银行卡核心业务主要涉及 5 个参与者:银行卡组织、银行、持卡人、商户与政府。随着我国经济体制的完善以及银行卡市场的逐步壮大,5 个参与者之间的相互联系与影响也越来越大,银行卡业务正是各参与方在总成本一定的情况下,争取最大化收益的过程中不断发展的。各参与方应该有合理的成本支出和合理的收益预期。作为银行卡业务发展的推动者,银行和银联应该在其中发挥主导作用,保障业务的持续发展;政府作为监督和管理者,即便和其他几个以效益最大化为最终目标的参与方不同,但它基于实现宏观管理目标,保障该业务健康发展,仍然可以利用成本(监管成本、实施优惠政策的成本)与收益(就业的增加、拉动内需、减少现金投放成本、加强税务监管等)分析方法指导其政策的实施。

3.1.1.1 成本与收益理论概述

(1) 成本与成本函数

随着商品经济的不断发展,经济学中关于成本概念的内涵和外延都处于不断地变化发展之中。一般来说,所谓成本,是指厂商为生产一定量的某种产品或服务所实际花费的代价。换句话说，厂商的生产成本是企业购买生产要素的货币支出，如工资、利息、地租等。成本来源、成本属性以及成本大小是实际分析时的关键，为了深入理解成本理论，以下介绍几种重要的成本概念：

① 私人成本与社会成本：私人成本（Private Cost）是从厂商私人角度来看的成本，社会成本（Social Cost）是与私人成本相对的概念，等于产品生产的私人成本和生产的外部性给社会带来的额外成本之和，是一种从整个社会的角度来看的机会成本。

② 机会成本与会计成本：所谓机会成本，是指银行或企业或个人为了得到某种东西而所要放弃另一些东西的最大价值。会计成本又称为历史成本，是指企业在经营过程中所实际发生的一切成本。

经济学家分析成本问题时所指成本一定是机会成本。但与会计成本不同，它不是一种支出或费用，而是失去的收益，这种收益不是实际发生的，而是潜在的，故在会计记录中不作任何反映。例如有一间空房屋，如用于出租可收入年租金 1 万元，但若用于开店可获得年收入 3 万元，选择了开店而放弃了出租，那么年租金 1 万元就是开店的机会成本。再如买股票的机会成本，就是购买国库券或存款可能得到的利息。总之，机会成本与会计成本是两个区别很大的概念，在具体分析时要视分析目标的不同而灵活选择。

与会计成本相比，机会成本的核算在银行的经营决策中同样至关重要。可以说机会成本在银行业务中无处不在，无论是存贷款还是银行结算，都存在机会成本问题。我们知道，从资产盈利性的角度来讲，银行的资产可以分为生息资产与非生息资产，生息资产主要表现为贷款与投资，非生息资产指没有利息收入的资产，如库存现金。显然，非生息资产的机会成本即生息资产所带来的收入。从盈利的目标来讲，毫无疑问银行愿意选择最大限度的提高生息资产所在比重，力求减少库存现金。然而，如果银行将非生息资产控制得太低，一旦宏观经济形势变化，客户高频率大额度提款，银行则很有可能面临挤兑风险，损害自身信誉。因此，银行在具体决策时，需要理论联系实际。

③ 沉没成本：经济学中另一个重要的成本叫做沉没成本，即已经发生而无法收回的成本。假如你花 50 元买了一张电影票，看了半小时后，你发觉影片糟透了，简直浪费时间。此时，你可以选择离开去做更有意义的事，

当然也可以继续留下来。而经济学家的观点则是在进行面向未来的决策时，应不考虑沉没成本，因为它的机会成本等于零，它已经无法收回，再也没有其他用途。就像例子里所说，你应当忽视那 50 元。它是沉没成本，无论你离开影院与否，钱都不会再收回。

"沉没成本"的问题在银行业中非常突出，并且经常引起极为严重的后果。例如，当一个贷款企业陷入困境时，前批款项的信贷员通常会不顾该企业在利用信贷过程中存在的问题，而为该企业继续提供信贷资金，以期望它能够获得喘息的机会，重新恢复生机，但往往事与愿违——企业再次失败。更为可怕的是"沉没成本"问题经常会引起恶性循环：银行继续信贷，企业继续失败，以致最后企业宣布破产，银行巨额资金回收无望。再如，我国银行存在较大的发卡沉没成本。大量的"睡眠卡"构成了银行卡业务中沉没成本的重要组成部分。减少沉没成本，成为解决银行卡成本问题的重点所在。

此外，按照时间的长短，企业的成本还可分为短期成本与长期成本；按照标的物的不同，又可分为固定成本与变动成本。在成本函数的考量以及企业决策中，边际成本是最重要的因素之一。边际成本（通常用 MC 表示）是指厂商每增加一单位产量所引起的总成本增量：

$$MC = \frac{\Delta TC(Q)}{\Delta Q}$$

其中，$TC(Q)$ 表示产量为 Q 时的总成本，Δ 表示增量。（见图 3-1）

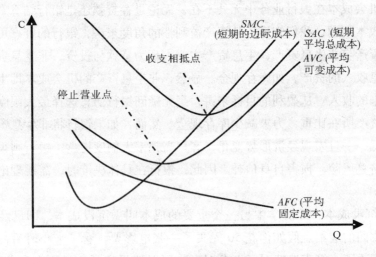

图 3-1 短期成本曲线

图 3-1 是企业短期的成本曲线图。一般情况下，在短期，资本投入产生固定成本，劳动投入产生可变成本，总成本＝固定成本＋可变成本。在边际报酬递减规律作用下，平均可变成本 AVC 曲线、短期平均总成本 SAC 曲线和短期边际成本 SMC 曲线都是先递减，达到最小值以后再递增，呈现出 U 形的特征。并且，SMC 曲线必定分别经过 AVC、SAC 曲线的最低点。

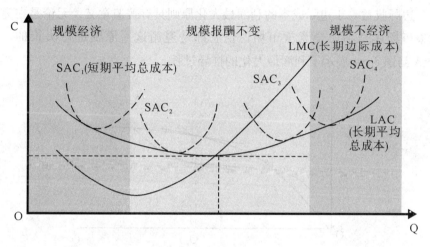

图 3-2 长期成本曲线

图 3-2 是企业长期的成本曲线图。从长期来看，成本函数的特征受到规模报酬特征的约束。如果规模报酬始终不变，那么长期边际成本曲线是一条水平曲线。如果规模报酬呈现先递增最终递减的过程（大多数情况如此），那么长期边际成本曲线呈现 U 型，在企业生产扩张的开始阶段，厂商由于扩大生产规模而使经济效益得到提高（规模经济）；当生产扩张到一定的规模以后，厂商继续扩大生产规模，会使经济效益下降（规模不经济）。

（2）收益与利润最大化

收益是指厂商销售所得的全部收入，即价格与销售量的乘积。它既包括了成本，又包括了利润。即：

$$\pi = TR - TC$$

收益可以分为总收益、平均收益和边际收益：

总收益（TR）：销售一定量产品所得到的全部收入；

平均收益（AR）：销售每一单位产品平均所得到的收入；

边际收益（MR）：每增加销售一单位产品所增加的收入。

我们经常讲，企业生产经营的目标是利润最大化。但利润最大化的标准是什么呢？利润最大化就是总收益超出总成本的差距最大。这就转化为求 π 的极大值问题。当总收益函数和总成本函数都是连续可导时，得到利润最大化的必要条件：

$$MR = MC$$

边际收益等于边际成本的利润最大化原则具有普遍意义，无论是在完全竞争市场还是不完全竞争市场，企业都是遵循这一原则进行决策的，图3-3与图3-4展示了利润最大化的推导过程。

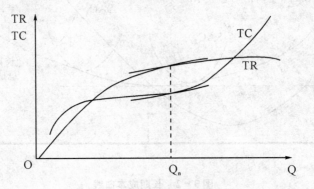

图3-3　总收益与总成本曲线

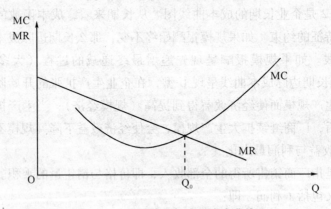

图3-4　边际收益与边际成本曲线

3.1.1.2　成本与收益理论在银行卡产业的应用

企业的多数决策离不开成本—收益分析，作为一种经济决策方法，将成本—收益分析法运用于企业或政府的计划决策之中，以寻求在投资决策上如何以最小的成本获得最大的收益。其在银行业中的运用也尤为突出。无论是新产品的开发、新渠道的拓展与管理还是银行业的监管,成本与收益理论都贯穿其中。下面举例说明。

2001 年,我国加入 WTO 给银行业带来了很多机遇,也同时带来了挑战。为了提高服务的质量和效率,银行开始大力发展渠道管理,并凭借多渠道竞争优势打造了集电话银行、柜台服务、网上银行、手机银行、自助银行等为一体的现代金融服务体系。业务的拓展,必然少不了成本—收益的分析,无论对于银行本身利润空间的保障,还是客户关系的管理这都有着重要的意义与实施的必要性。

渠道经营的成本是银行在研发、销售与后期服务的过程中产生的各种价值量的总和,也就是银行在渠道管理全过程中所耗费的各种资源的总和。电话银行、柜台服务、网上银行、手机银行、自助银行的成本都可以分为开发成本、营销成本、人力成本、IT 运营成本等。其中开发成本主要指各种产品设计与开发、软件开发以及业务开发等;营销成本主要指客户关系管理的成本,包含咨询费、广告费、招待费等;人力成本包括员工的工资、福利、培训成本等,通过各渠道的人均成本与渠道人员计算而得。IT 运营成本由软硬件成本、IT 设备固定资产折旧以及维护成本等构成。

持卡人在使用银行产品的过程中支付的各项有偿费用是银行业务收入的主要组成部分。因业务不同,卡种类不同,各种费用收取机制差异较大,总的来说,可以有利息收入、年费收入以及各种手续费收入。明确了成本与收益的大小后,收益成本比指标常用来衡量一个渠道的盈利情况,其比值越大,渠道利润越高,可拓展性越强。同时,银行的管理层会针对时间的长短制定相应的策略方案,平衡短期盈利与长期盈利。

3.1.2　博弈理论

博弈论作为当代经济理论中的一门重要学科,近年来已被广泛地应用在商业经营的决策中。银行业是一个时时、处处充满着博弈的行业,中国的银行业是一个垄断性很强,但又是产品同质化程度很高,竞争性很强的行业,具有少数企业垄断的市场模式的特征,尤其需要引入博弈论的经营策略。

3.1.2.1　博弈论的发展与概述

博弈论是博弈双方在平等的对局中各自利用对方的策略变换自己的对抗策略,达到取胜的目的。博弈论思想在我国战国时代就已存在,战国军事理论家孙子的《孙子兵法》不仅是一部军事著作，而且是最早的一部博弈论著作。博弈论最初主要研究象棋、桥牌、赌博中的胜负问题，人们对博弈局势的把握只停留在经验上，没有向理论化发展。近代对于博弈论的研究，开始于策墨洛（Zermelo）、波雷尔（Borel）、纳什及冯·诺伊曼（Von Neumann）。

1928 年，冯·诺依曼证明了博弈论的基本原理，从而宣告了博弈论的正式诞生。他和摩根斯坦共著的划时代巨著《博弈论与经济行为》将二人博弈推广到 n 人博弈结构，并将博弈论应用于经济领域，从而奠定了这一学科的基础和理论体系。

1950 年，纳什发表了论文《n 人博弈的均衡点》以及《非合作博弈》等，给出了纳什均衡的概念和均衡存在定理。

1951 年，约翰·福布斯·纳什（John Forbes Nash Jr）利用不动点定理证明了均衡点的存在，为博弈论的一般化奠定了坚实的策墨洛（Zermelo）基础。

21 世纪，博弈论已发展成为一门较完善的学科。

3.1.2.2 博弈论基本概念

（1）决策人：在博弈中率先作出决策的一方，这一方往往依据自身的感受、经验和表面状态优先采取一种有方向性的行动。

（2）对抗者：在博弈二人对局中行动滞后的那个人，与决策人要作出基本反面的决定，并且他的动作是滞后的、默认的、被动的，但最终占优。他的策略可能依赖于决策人劣势的策略选择，占去空间特性，因此对抗是唯一占优的方式，实为领导人的阶段性终结行为。

（3）局中人（Players）：在一场竞赛或博弈中，每一个有决策权的参与者称为一个局中人。只有两个局中人的博弈现象称为"两人博弈"，而多于两个局中人的博弈称为"多人博弈"。

（4）策略（Strategies）：一局博弈中，每个局中人都可以选择实际可行的完整的行动方案，即方案不是某阶段的行动方案，而是指导整个行动的一个方案，一个局中人的一个可行的自始至终全局筹划的一个行动方案，称为这个局中人的一个策略。如果在一个博弈中局中人都只有有限个策略，则称为"有限博弈"，否则称为"无限博弈"。

（5）得失（Payoffs）：一局博弈结局时的结果称为得失。每个局中人在一局博弈结束时的得失，不仅与该局中人自身所选择的策略有关，而且与全体局中人所取定的一组策略有关。所以，一局博弈结束时每个局中人的"得失"是全体局中人所取定的一组策略的函数，通常称为支付（Payoff）函数。

（6）次序（Orders）：各博弈方的决策有先后之分，且一个博弈方要作不止一次的决策选择，就出现了次序问题；其他要素相同而次序不同，博弈就不同。

（7）均衡：均衡是平衡的意思，在经济学中，均衡意思为相关量处于稳定值。在供求关系中，某一商品如果在某一市场价格下，想以此价格买此商品的人均能买到，而想卖的人均能卖出，此时我们就说，该商品的供求达到了均衡。例如纳什均衡，它是一稳定的博弈结果。

以上是博弈论中涉及的基本概念。博弈论中有一个著名的例子叫"囚徒困境"，讲的是两个嫌疑犯（A 和 B）作案后被警察抓住，隔离审讯；警方的政策是"坦白从宽，抗拒从严"，如果两人都坦白则各判 8 年；如果一人坦白另一人不坦白，坦白的放出去，不坦白的判 10 年；如果都不坦白则因证据不足各判 1 年。博弈矩阵如表 3-1 所示：

表 3-1　　　　　　　　　　　　　　　　　**囚徒困境**

囚徒 A

		坦白	抵赖
囚徒 B	坦白	-8, -8	0, -10
	抵赖	-10, 0	-1, -1

从参与人 A 的角度来看，如果参与人 B 拒不承认，那么，A 选择坦白一定会使他的情况更好一些。同样，如果参与人 B 坦白，那么，A 坦白也会使他的情况更好一些，因为这样做，他的刑期就是 8 年而不是 10 年。因此，不论 B 怎样选择，坦白都是 A 较好的选择。同样的情形也适用于参与人 B。因此，在这个博弈里的均衡就是两个参与人都坦白。

博弈可以分为合作博弈与非合作博弈。两者之间的区别主要在于人们的行为相互作用时，当事人能否达成一个具有约束力的协议，如果参与者从自己的利益出发与其他参与者谈判达成协议或形成联盟，其结果对联盟方均有利，则为合作博弈，若参与者在行动选择时无法达成约束性的协议则是非合作博弈。现在经济学家谈论到博弈论，一般指的是非合作博弈，很少指合作博弈。

从参与人行动的先后顺序角度来看，博弈有静态博弈和动态博弈之分。静态博弈是指参与人同时选择行动或非同时行动但后行动者并不知道前行动者采取了什么具体行动；动态博弈指参与人行动有先后顺序，且后行动者能够观察先行动者选择的行动。例如"囚徒困境"就是同时决策的，属于静态博弈；而棋牌类游戏等决策或行动有先后次序的，属于动态博弈。

3.1.2.3 博弈理论在银行卡产业的应用

博弈就是对未来预期的结果，作出你现在的决策。博弈论的出发点在于，假设你的对手在研究你的策略并追求自己最大利益行动的时候，你如何选择最有效的策略。银行业是一个时时处处都充满着博弈的行业，贷款业务——银行与借款人的博弈；货币政策——商业银行与中央银行的博弈；资金拆借——拆出方与拆入方的博弈；债券投资——投资者对利率的博弈；外汇交易——买卖双方对远期汇率的博弈；业务创新——商业银行之间的博弈；金融衍生产品更是建立在博弈论的基础上。以下举例说明博弈理论在银行卡产业中的应用。

（1）银行卡收费问题博弈

银行卡业涉及受众客户数量较广、收费项目较多，包含年费、转账手续费、挂失费、办卡费、投资利率、商户结算手续费等众多费用。从经营策略上来讲，银行卡收费一方面能够弥补银行维护成本，另一方面有利于清理"睡眠卡"，节约资源。但另一方面，可能导致银行的客户流失，如果银行利用其垄断地位制造各种霸王条款，还会损害消费者的利益，更不利于客户关系的维护。银行"收费"与"不收费"，具体收费多少，正是一个博弈的过程，而且是多方博弈的过程。

银行与客户的博弈：博弈中，银行的策略集合包括"收费"与"不收费"，客户可以选择的策略包括"办卡"与"不办卡"。客户的行为选择在银行决策之后，因此，这种博弈属于动态博弈，如图3-5所示：

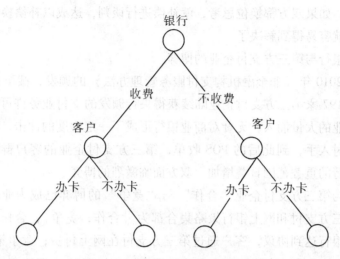

图3-5 收费博弈中银行与客户的博弈

银行与银行的博弈：银行间的博弈属于典型的"智猪博弈"，如各城市商业银行、股份制银行与国有商业银行关于"柜面通"业务的博弈：在柜面通业务中，所有银行都加入是最优策略。中小银行在推广柜面通业务中积极性高，诸多中小银行互相结盟开展此业务，形成了网点共享。但是四大国有银行却不愿把自己丰富的网点资源以低价向竞争对手提供便利。借鉴"智猪博弈"的决策论，处于"大猪"角色的四大国有商业银行看到，自己的加入，虽然能给本行的客户带来方便，但是四大国有银行网点多，贡献的网点资源将大大超过了其他中小银行，被其他银行占了更多的便宜。因此拥有庞大的网点优势与未能获取相对应的利益之间的失衡，便是四大国有银行对柜面通业务无动于衷的博弈结果。

银行与商家的博弈：银行与商家之间的博弈属于典型的"斗鸡博弈"。从商家的角度来看，结算费率过高，难以承受，且随着刷卡消费逐年增多，商户的经营压力也越来越大，但是，缺了银行卡，又将影响自己的营业额。从银行的角度来看，银行在建设和改善银行卡受理环境方面投入很大，目前的刷卡手续费率水平和刷卡消费总量，难以弥补这些支出，若降低手续费率，银行卡产业的健康发展将会更加困难。但是，如果没有商家的支持，银行卡就形同废卡，对银行也是一大损失。这就是斗鸡博弈：两只公鸡面对面争斗，若继续斗下去，则将两败俱伤。一方退却便意味着认输，双方都不愿退，也知道对方不愿退。斗鸡博弈强调的是，如何在博弈中采用妥协的方式取得利益。如果双方都换位思考，就补偿进行谈判，达成以补偿换退让的协议，问题就容易得到解决了。

（2）银行与第三方支付企业的博弈

随着 2010 年《非金融机构支付服务管理办法》的颁发，截至 2012 年 8 月，已有 197 家第三方支付企业陆续获得央行颁发的支付业务许可证。第三方支付企业的大量涌入，无疑对商业银行形成了一定程度的冲击，从最初的互联网支付入手，到此后的 POS 收单，第三方支付企业的客户群、业务类型，与银行的重叠范围日益增加，双方面临激烈的博弈。

银行与第三方支付企业"合作"与"竞争"的博弈已成为业界关注的焦点。第三方支付和网上银行策略集合都为 ｛合作，竞争｝，合作策略下为第三方与银行达到协议，客户通过第三方支付在网上付费；竞争策略下为，银行与第三方支付为客户而展开争夺。博弈矩阵如表 3 - 2 所示：

表 3 - 2 　　　　　　　　银行与第三方支付企业的博弈

第三方支付企业		网上银行	
		合作（y）	竞争（1-y）
	合作（x）	$\omega_1 + a\Delta\omega,\ \omega_2 + (1-a)\Delta\omega$	$\omega_1 + c,\ \omega_2 + \omega^2 - c$
	竞争（1-x）	$\omega_1 + \omega^1 - c,\ \omega_2 + c$	$\omega_1,\ \omega_2$

其中，ω_1、ω_2 分别表示第三方支付与网上银行展开竞争下的收益，且 ω_1，$\omega_2 > 0$；$\Delta\omega$ 为双方合作带来的新的收益，a 为双方之间的分配系数，即第三方支付新增收益为 $a\Delta\omega$；网上银行新增收益为 $(1-a)\Delta\omega$；设违约金为 c，$c > 0$，即一方违约向另一方赔偿为 c；ω^1 表示第三方违约寻找新的合作伙伴得到的收益，ω^2 表示网上银行违约寻找新的合作伙伴得到的收益；且 ω^1，$\omega^2 > c$，这符合现实情况。第三方支付采取"合作"策略的概率为 x，则采取"竞争"策略的概率为 $(1-x)$；网上银行相应策略的概率分别为 y 和 $(1-y)$；x 和 y 满足标准的 $[0, 1]$ 分布。

博弈论是一种系统性的思想，它有利于对竞争发展的理解，竞争形式的发展是走向竞争和合作相结合，商业银行可以从价值链的角度把供应链整体策略与银行内部的竞争策略相结合，以在竞争中取得理想的地位，以使自己发展壮大。

3.2 网络经济理论

21世纪被称为网络经济时代。网络经济的迅猛发展，无论是从实践层面还是理论层面，都对传统经济提出了有力的挑战。本节主要讲述网络经济理论中的网络外部性、双边市场理论和长尾理论。

3.2.1 网络外部性

3.2.1.1 网络外部性概述

（1）外部性

外部性是指一个市场参与者（个人、家庭、企业或其他经济主体）的行为影响到了其他人或者公共的利益，而行为人却没有因该行为做出赔偿或得到补偿。

由于市场参与者的行为决策依据的是私人成本与私人收益，而非社会成本与社会收益。因此外部性导致了私人决策时不会考虑他们的行为对其他人或公共利益的影响，从而导致了价格系统对资源的错误配置。也就是说，当外部性存在时，一种商品的价格不一定反映它的社会价值，因此，厂商可能生产太多或太少，从而导致市场无效率。

传统经济学将外部性分为正的外部性和负的外部性（见表3-3）。

通过上面的分析，我们可以看出，无论是正外部性还是负外部性，两者都破坏了市场应有的效率，降低了社会总效用，扭曲了成本—效益原则。如果经济体中存在外部性，市场自发达到的均衡就不是帕累托（Pareto）最优，存在着改进的可能。

（2）网络外部性

① 梅特卡夫法则。梅特卡夫法则是以太网的发明者3com公司的创始人罗伯特·梅特卡夫的名字命名的，该法则的内容是：网络的价值将以其节点数量的平方速度增长，即 $V = n^2$（V 代表网络的总价值，n 代表网络的节点数）。

表 3 - 3　　　　　　　　　　　正外部性与负外部性比较分析

	典型例子	简要阐述	图示
正的外部性	产品研发	在正的外部性下，边际社会效益 > 边际私人效益，而均衡的产生点在于边际社会效益 = 边际成本，因此，有效的产出量 > 厂商实际的产出量，资源没有得到最有效的分配，市场失灵。	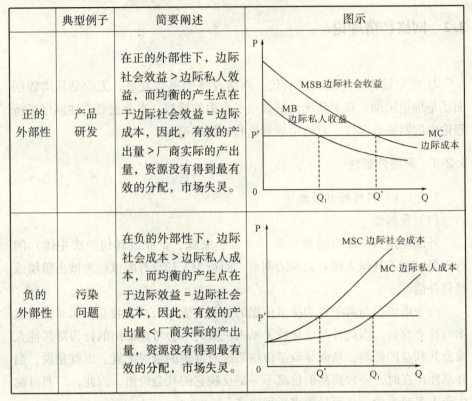
负的外部性	污染问题	在负的外部性下，边际社会成本 > 边际私人成本，而均衡的产生点在于边际效益 = 边际社会成本，因此，有效的产出量 < 厂商实际的产出量，资源没有得到最有效的分配，市场失灵。	

　　梅特卡夫法则可以归纳为数学选择问题。例如，当社会上只有 1 位电话用户数时，电话没有价值，但如果增加一位电话用户时，其价值便变为 1；再增加 2 位电话用户时，每位电话用户可以再打给另外两位，其价值骤升为 6（3×2）；当有 100 位电话用户时，每位电话用户可以打给另外 99 位，总价值则是 100×99；当有 N 位电话用户时，其总价值便可以达到 $n×(n-1)$，而当 N 趋于无穷大时，其总价值可以达到 n^2（见表 3 - 4）。

　　② 通过价值矩阵解释梅特卡夫法则：

　　由表 3 - 4 可以看出，对角元素价值全为 0，这是客户自己给自己带来的价值，不计入网络价值的估算中，矩阵中反映的是因其他客户加入网络给第一个客户带来的价值增值。一个客户加入网络所获得的价值可以表示为：$Vj = \sum_i bij$，其中 bij 是第 i 位客户带来的价值，表现为第 j 位客户的一种收益，这部分价值就是因网络经济的外部性产生的，这样，就可以得出整个网络的

表3-4　　　　　　　　　　　网络的价值矩阵

客户	1	2	3	…	n
1	0	b_{12}	b_{13}	…	b_{1n}
2	b_{21}	0	b_{23}	…	b_{2n}
3	b_{31}	b_{32}	0	…	b_{3n}
…	…	…	…	…	…
n	b_{n1}	b_{n2}	b_{n3}	…	0

价值，表示为：$V = \sum_i \sum_j bij$。

如果将 bij 假设为常数1，即各客户之间各自为他人带来的价值都一样，则模型就是典型的梅特卡夫法则。此时，某一客户 j 获得的价值为：$Vj = \sum_i bij = n-1$，而整个封闭网络获得的价值为：$V = \sum_i \sum_j bij = n \times (n-1)$。当网络规模不断扩大时，网络节点数也会不断增加。

通过梅特卡夫法则的描述，我们可以得出网络外部性的定义：

网络外部性是指当一种产品对用户的价值随着采用相同产品或可兼容产品的用户增加而增大时，就出现网络外部性。即由于用户数量的增加，在网络外部性的作用下，原有的用户免费得到了产品中所蕴涵的新增价值而无须为这一部分的价值提供相应的补偿。

③ 网络外部性的分类：使用外部性与成员外部性：根据外部性发生的事前与事后特质，罗切特和蒂罗尔（Rochet and Tirolc，2004）将组间网络外部性分为"使用外部性"和"成员外部性"。

使用外部性（Usage Externality）：是与交易量相关的外部性，网络中的交易量越大、使用频率越高，由于规模经济、范围经济等因素，实际的成本就越低，该网络就更具有吸引力。比如房地产市场，当购房者选择通过房地产中介市场买房时，房屋所有者需要支付给房地产中介佣金，但同时节约了寻找购房者的时间。当购房者仅仅通过朋友介绍买房时，房屋所有者可以省去房地产中介的佣金费用，但寻找购房者的时间成本大大增加。

成员外部性（Membership Externality）：是指平台拥有的一边用户的数量对另一边用户带来的潜在价值。它是一种事前外部性，消费者只需加入网络而不一定进一步消费就可对其他消费者和商家的预期和决策产生影响。成员外部性又分为直接外部性和间接外部性。

直接网络外部性（Direct Network Externality）：直接网络外部性对应于通常所谓的"通讯网络范式（Colnlnuoication Paradig）"，典型案例就是前面提到的电话，即电话的效用取决于电话的物理网络的大小。具体地说，由于消费某一产品的用户数量增加而导致的网络价值的增大就属于直接网络外部性。传真、E - mail 等也属于直接网络外部性的典型例子。

间接网络外部性（Indirect Network Externality）：间接外部性可对应于"硬件—软件范式（Hardware - Software Paradigm）"，此时，某种商品带给消费者的效用和使用这种商品的人数没有直接的关联，而是随着该产品使用者数量的增加，其互补品数量增多、价格降低而产生的价值。间接外部性的例子包括作为互补商品的计算机软硬件。当某种特定类型的计算机用户数量增加时，就会有更多的厂家生产该种计算机所使用的软件，这就导致这种计算机的用户可得到的相关软件数量增加、质量提高、价格下降，因而获得了额外的利益。

直接网络外部性与间接网络外部性有时是同时存在的。例如，互联网用户和网站的建设，连接到互联网的用户越多，互联网的价值越大，老用户得到的额外价值也越高，这是直接的网络外部性。同时，连接到互联网用户增加时，由于互联网价值的增大，会有更多的人到网上建设新的网站，提高网站的质量，降低使用的价格。这样，互联网用户在这个过程中实际上也得到了新的价值，这就是间接的网络外部性。在这里，互联网和网站都是互补商品。

正的外部性与负的外部性：迄今为止，在讨论网络外部性时，很容易给人造成一种错觉：网络外部性只有正的，而且它的存在很显然是有益的。事实上，这两个判断都是错误的。

积极（正）的网络外部性引起了人们极大的关注，而且它也是网络外部性的主要体现形式，但是，这并不意味着负的网络外部性就不存在。消极（负）的网络外部性也同样可能作为网络效应而出现。

以通信网络 E - mail 为例，如果使用它的人数增多，它的价值就增高，老用户就可以得到额外的收益，这时 E - mail 就体现出正的网络外部性。但是，如果大家都在大量使用这种通信方式，又有可能出现拥塞，使用者又有可能会因为速度太慢而苦恼，这时就出现了负的网络外部性。

（3）需求方规模经济

在传统的经济学中，需求曲线是向右下方倾斜的，消费者对某一商品的需求量随着价格下降而增加。网络外部性却强调了价格和数量的正相关性，使用的人越多价值越大，后来进入市场的购买者会给出更高的价格预期。

网络经济下的需求曲线中，左半边的需求曲线向下倾斜，随着需求量的增加，消费者的支付意愿降低，这时，边际效用递减效应大于网络效应，这一区间类似于传统产品。右半段需求曲线向上倾斜，这时，网络效应大于边际效用递减效应，随着网络规模的扩大，网络的价值增加，消费者的支付意愿也增加（见图3-6）。

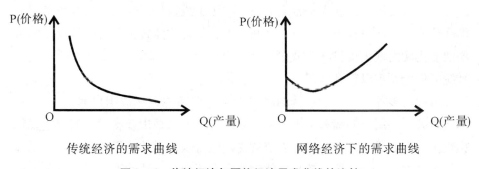

传统经济的需求曲线　　　　　　网络经济下的需求曲线

图3-6　传统经济与网络经济需求曲线的比较

网络外部性的存在往往意味着收益递增，从而导致需求方规模经济。需求方规模经济是指由于随着购买某一产品的消费者越多，产品的价值越大，消费者对该产品的预期也就越高，后进入市场的消费者也就越多，产品的销量随之增加，厂商的收益也就越多。与供给方规模经济不同，供给方规模经济是指随着大规模的生产，单位产品的成本逐渐下降而带给企业的收益增加。

3.2.1.2　银行卡的网络外部性特征

网络外部性对于银行卡产业而言在于持卡消费者的效用随着受理该卡的特约商户数量的增加而增加，特约商户的效用也随着接受该卡消费的持卡消费者数量的增加而不断增加。因此，只有促成双方市场都拥有足够的持卡消费者和特约商户，才能更好地促进银行卡支持系统的发展。

最简单地概括就是：消费者选择使用银行卡一方面在于自己的需求，另一方面在于受理环境，即特约商户的数量；而商户是否选择接受银行卡，一方面在于其他商户的选择行为，另一方面则在于是否有很多消费者愿意进行刷卡消费，并且商户不能对现金消费和刷卡消费进行歧视定价。

（1）银行卡产业的网络外部性特征

① 银行卡产业的成员外部性：银行卡产业具有显著的成员外部性。受理银行卡的商家越多，持卡人可以越方便地持卡消费，使用银行卡给持卡人带来的价值也因此增加；反过来，持卡人越多，受理银行卡为商家带来的价值越大。这种外部性能够带来正收益，因此也称为正外部性。

② 银行卡产业的使用外部性：使用外部性是由双边市场两端对银行卡的使用而引起的。无论网络发展初期还是成熟期都涉及网络的有效使用问题，所以使用外部性通常也被称为银行卡经济学中的基本外部性。

当双边市场用户加入平台之后，便产生了成员外部性以及潜在价值，而潜在价值的增加只有当最终用户之间发生交易时才能转化为实际价值。如果消费者仍使用现金支付（在我国，现金支付被普遍采用），那么银行卡支付系统的价值就难以得到体现。

当存在多种支付手段选择的时候，支付市场的每一端用户的选择决策，都会对另一端用户的福利产生影响。如果持卡人选择现金支付，商家就要承担现金管理的成本，但同时可以节省受理银行卡支付的费用；同样，如果商家拒绝受理银行卡，那么就会迫使消费者使用现金，从而不能得到刷卡消费带来的某些收益。

总之，在使用外部性存在的情况下，持卡人和商家是否基于平台发生交易，取决于平台的收费标准。因此，银行卡组织不断吸引消费者和商家加入平台最关键的环节在于如何设计有效的银行卡交易定价机制，使市场达到临界交易规模，发挥网络效应。

（2）网络外部性对银行卡产业的影响

① 网络外部性与银行卡产业的技术采用，可以先看看下面的故事：

▶ "QWERTY" 故事的引入[①]

1985 年，保罗·戴维（Paul David）在《美国经济评论》发表了一篇著名的文章 "Clio and the Economics of QWERTY"，这篇文章中虽然没有一个数学公式，但是充满了敏锐的直觉。世界上第一台为商业目的而生产出来的

① 资料来源：王学斌. 网络经济学视角的银行卡市场研究 ［M］. 北京：经济管理出版社，2009.

打字机是美国发明家肖尔斯于 1873 年制造的，最初的键盘完全是按照英文字母的顺序排列的。制造出打字机后，他发现，若是以太快的速度击键，这些键就会发生故障。为了解决这个难题，他就把那些英语字母中最常用的连在一块的字母分开，然后杂乱无章地排列，这就是 QWERTY 键盘，这样击键的速度就会稍稍减慢，也就避免了故障的发生。他觉得告诉公众这样一个事实会有些尴尬，于是他耍了一个花招，说打字机键盘上字母顺序这样排列是最为科学的，可以加快打字速度。肖尔斯打字机的推广使得 QWERTY 键盘成为一种事实上的标准，现在世界上几乎所有的电脑键盘都采取了这种奇怪的、没有任何科学依据的字母排列顺序。已有研究表明，QWERTY 键盘能够提高打字速度、减少手指移动距离的说法，是彻头彻尾的谎言，对字母的任何一种随机性的安排，都会比现在这种安排合理。QWERTY 毫无疑问是一种劣等的技术，科学家们早就研发出了键盘真正合理的字母布局，如 DVORAK 布局等。但是这些好技术都未能取代劣技术，其根本的原因就在于现在的电脑使用者都已经习惯了这种劣等的技术。在制度经济学中这被称作"路径依赖"，在网络经济学中，我们说劣技术已经有了很大的安装基础。

从"QWERTY"故事我们可以看出，一个首先被采用的技术或产品，随着使用人数的增多，我们就说这个技术拥有很大的安装基础（Installed Base），即使这个技术是劣等技术，新技术也很难取代它。新技术只有足够好，以至于可以摧毁其安装基础时，好技术才能取代劣技术，这也是 IC 卡迟迟不能取代磁条卡的原因。

我们知道，现行银行卡从介质的角度讲，可分为磁条卡与 IC 卡。磁条卡的使用已经有很长的历史了。其产生大约在 20 世纪 70 年代，由于磁条卡成本低廉，易于使用，便于管理，且具有一定的安全特性，因此它的发展得到了很多世界知名公司，特别各国政府部门几十年的鼎力支持，使得磁条卡的应用非常普及，遍布国民生活的方方面面，具有极强的安装基础。但随着近年来伪卡欺诈率的增加、用户交易时间成本的增加和银行卡跨行业应用的增多，磁条卡的不足之处愈益显现。银行 IC 卡开始引起了商业银行和商户的极大兴趣。与磁条卡相比，芯片卡安全性高，不易被复制，且卡片容量大，可以存储密钥、数字证书、指纹等信息。不仅具有普通磁条银行卡的所有金融功能，还能够提供脱机交易、非接触式交易、会员管理和积分管理等智能化功能。显而易见，IC 卡在多方面优于磁条卡。但迄今为止，除了法国的银行卡实现了 IC 化，其他多数国家和地区包括我国的银行卡基本上还处于磁条卡阶段。

2011 年 3 月 15 日，中国人民银行发布《中国人民银行关于推进金融 IC 卡应用工作的意见》（下称《意见》），决定在全国范围内正式启动银行卡芯片迁移工作。要求 2011 年 6 月底前工商银行、农业银行、中国银行、建设银行、交通银行和招商银行、邮储银行开始发行金融 IC 卡，2013 年 1 月 1 日起全国性商业银行均应开始发行金融 IC 卡。虽然央行大力推行金融智能卡应用，但就目前的实施情况来看，步伐仍较为缓慢，推行工作阻力重重。其主要原因在于原有磁条卡形成的安装基础的限制。虽然 IC 卡推行工作会有周折，但可以肯定的是，在不远的将来，随着相关部门推行力度的加强，IC 卡定会凭借其自身优势占据银行卡市场的主导地位。

② 网络外部性与银行卡的兼容进程：网络经济中的兼容性是指把两个网络的互联互通或者两种产品的联合使用。运用在银行卡产业的典型例子就是银行卡的联网通用。我们知道，最初各个银行的 ATM 和 POS 网络都是不兼容的，工商银行、农业银行、建设银行等都独立拥有各自的 ATM 和 POS 网络。直到 1993 年，人民银行牵头"金卡工程"，协调各方利益，才得以实现银行卡网络的兼容。已有众多学者通过理论模型与实证研究证明，在具有网络外部性特征的市场中，在市场进入即将发生的情况下，选择相互兼容对在位企业来讲是最佳战略。正因为银行卡产业具有明显的网络外部性特征，联网通用最终成为了其必然选择。

③ 网络外部性与银行卡的定价：从外部性的理论分析，进入厂商为了抢占份额，获得一个具有网络外部性的产品的安装基础，会在发展初期制定一个较低的推荐价格，当用户的安装基础变得足够大后，再制定一个较高的价格，这被称为渗透定价。银行卡市场的发展也符合该理论特性。在我国，银行卡最初是不收费的，那时 ATM 和 POS 终端较少，对于持卡人而言，银行卡所带来的效用不足，所以银行通过免收年费的方式对其产品进行推介。而随着市场的逐渐扩大，现在我国的很多大型银行的银行卡已经开始收取年费（即便年费较低），这正是因为现在 ATM 和 POS 的数量已经较多，银行卡对持卡人的效用大大提高。而从目前正逐步兴起的城市商业银行来看，以成都银行为例，仍处于发展初期的它之所以目前对持卡人不收任何的费用，包

括办卡费、年费、跨行取款费、异地取款费，其目的就是为了建立其安装基础。

3.2.2 双边市场理论

随着社会分工的更加细化、服务技术的提高和网络技术的发展，市场对平台企业的需求越来越高。双边市场理论就在这种情况下，伴随着平台交易的完成应运而生了。而学者们也逐步开始从传统的单边市场理论转向双边市场理论研究。

3.2.2.1 双边市场理论概述

（1）双边市场的定义

现实经济中，交易双方通常是直接交易，这类市场可以被称为"单边市场"。与之相对应，还有一类市场，其交易双方并非直接交易，而是需要一个平台来帮助完成，该平台成为交易双方的中介，连接了两个最终交易主体，促成交易实现，这类市场被称为"双边市场"。随着社会经济的发展，具有双边市场特征的产业已经越来越多，电信网络、婚姻中介、新闻媒体、计算机操作系统等都在此之列。

罗切特和蒂罗尔（2004）从平台定价的角度给出了双边市场的定义：在有平台参与的市场上，假设平台向参与方 A 收取价格 P_A，向参与方 B 收取价格 P_B，那么，平台向需求双方收取的价格总水平为 $P = P_A + P_B$，若当平台的价格总水平 P 保持不变时，平台所实现的交易总量 Q 随着双边各边用户价格的变化而变化时，则可把有平台参与的市场称之为双边市场。由此，我们可以看出，当平台向双边用户收取的总的价格水平 P 保持不变时，在双边各个价格 P_A 和 P_B 上的微小改变，都将会影响到双边市场两方对平台的需求，从而也会影响两方参与平台的程度，平台的交易总量也会受到冲击。因此，在双边市场中，价格结构在影响双边市场平台参与程度和双边用户的需求方面变得非常重要。

双边市场结构是一种"哑铃"形结构，如图 3 7 所示：

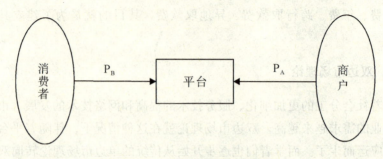

图3-7 双边市场简化示意图

（2）双边市场的特征与分类

总结有关双边市场的文献，我们可以发现双边市场一般具有以下几个基本特征：

①有两个不同的客户群体，即存在双边，这是双边市场的最基本特征。

②市场平台的两个不同客户群之间有外部性，这是本质特征。

③存在一个可以把两个用户群之间的外部性进行内部化的中间平台。该平台实际是一个交易的场所或空间，可以存在于现实世界，也可以存在于虚拟空间，建立了有助于双方客户群体交易的规则和基础架构。首先，平台产品具有规模经济的特征，可以降低交易成本，扩大交易对象的选择范围。其次，平台具有协调双边客户群需求的作用，尤其在交易成本与信息不对称的情况下，用户难以进行自身协调。最后，平台可对交易的质量进行监控和保证。

④平台企业定价时存在着价格结构非中性。即价格总水平与价格结构同时对双边市场的交易量产生影响，在这种情况下，平台常采用多产品定价方式对双边市场同时定价。

在现实生活中，许多产业都具有明显的双边市场特征。传统产业如中介业、媒体、银行卡产业都属于典型的双边市场。随着现在信息技术的发展与广泛应用，很多新兴双边市场应运而生，如网游产业、门户网站、B2B、B2C等。

以游戏平台为例，游戏平台供应商需要借助游戏玩家的使用来说服游戏软件开发商基于其平台进行软件开发；同时还需要借助软件开发商基于其平台开发的游戏软件，吸引更多的游戏玩家。又如房地产中介行业，房屋中介商需要锁定大量的购房者或租房者，才能吸引到更多的卖家提供房源；而更多的房源又能够拓展房屋买方市场规模（见表 3 - 5）。

表 3 - 5 双边市场实例

产业	案例	平台	边1(供给者)	边2(消费者)	Evans 分类
信息传输、软件和信息技术服务业	计算机操作系统	Windows操作系统	软件开发商	Windows消费者	需求协调型
批发和零售业	超市	沃尔玛、家乐福等	供货方	购物者	市场创造型
金融业	支付系统	银行卡组织	商家	持卡人	需求协调型
	证券业	证券交易所	上市公司	股民	市场创造型
房地产业		房屋中介	卖方或出租房屋的人	购房者或租房者	市场创造型
租赁和商业服务业	电子商务	电子商务平台（淘宝、易趣等）	商品提供方	网上购物者	
文化、体育和娱乐业	媒体	报纸和杂志	广告商	读者	受众创造型
		网络电视		观众	
		门户网站		上网者	
		广播		听众	
居民服务或其他服务	婚姻中介	婚介所	男/女	女/男	市场创造型

关于双边市场的分类问题，从目前国内外研究文献看，大部分文献都把埃文斯（Evans，2003b）的分类方法作为主要理论来源。在他的文章中，从实证的角度将双边市场分为三种类型：

①市场创造型（Market - Makers）：指那些匹配买者和卖者的企业，即使得双边的消费者交易方便，中介平台增加了买卖双方搜索成功的可能性并且减少了寻找合适交易对象的时间，典型的例子包括易趣网和超市等。

②受众创造型（Audience - Makers）：指将广告发布商与受众匹配起来的企业。主要是媒体产业，例如电视、报纸、杂志、网站等会尽可能多地吸引读者或者上网消费者，这样企业才会愿意到该媒体上做广告。

③需求协调型（Demand - Coordinators）：既不制造市场也不带来受众，而是协调互补品的供应。如操作系统、银行卡平台、通信数据业务平台。

Evans 基于平台的角度对双边市场做了上述分类。基于市场的角度，依据市场参与者的数量与复杂程度，双边市场又可以分为简单双边市场与复杂双边市场，前者只涵盖三类参与者：买方、卖方与平台服务提供者，如报纸、广播等。后者如电信网络、信用卡系统等，往往由更多的参与者组成；

从收入来源的角度，双边市场可分为对称双边市场与不对称双边市场，对称双边市场平台向双边客户均收取一定费用，而在不对称双边市场中，平台采用差异化策略，只向市场一边收费，而对市场另一边免除费用，甚至支付费用（补贴），以使双边市场能够搭建成功，并吸取更多的客户。但该市场划分方法存在多变性，随着市场条件的变化，对称双边市场与不对称双边市场可以互相转化，因此该类方法的划分存在动态性。

不同划分方法的存在，说明双边市场具有多重属性，因此，在我们运用双边市场理论做具体分析时，应从多视角出发、深度与广度并用，全面甄别、认识研究对象。

（3）常用的双边市场结构

①基本双边市场结构。基本的双边市场结构是最常见也最简单的结构，如图3-8所示：

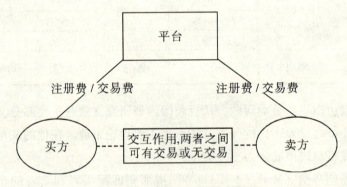

图3-8　双边市场基本结构

关于外部性的分类，我们可以看出，依据消费者加入网络产生外部效应的时间特征，网络外部性可以分为"使用外部性"与"成员外部性"。运用在双边市场中，双边市场的中间平台可以对双边客户收取一定的注册费，作为平台接入费用（与"成员外部性"对应）；也可以收取与交易量有关的费用，一般称为"交易费"（与"使用外部性"对应）。由于消费者加入平台并不一定会进一步消费，因此，双边客户之间并不一定有交易关系的产生。例如，银行卡产业中的持卡人，当他不进行持卡消费时，仅需缴纳卡费[①]（类似于"注册费"），买卖双方无金钱关系，持卡人仅产生成员外部性，不

[①]　注：部分银行不收取卡费。

产生使用外部性。

该类双边市场结构的典型代表如网络招聘平台、电子商务平台等。

②存在中间服务提供商的结构。不同于前一市场结构，即平台直接连接市场两边客户，存在中间服务提供商的双边市场是一种典型的复杂双边市场，电信、银行卡和因特网均属该类形态。其特性主要体现在：a. 最终用户可能通过"中间服务提供商"与平台发生关系；b. 买卖双方可能在单边的"中间服务提供商"处形成闭环，即用户只连接一个服务提供商，而不必与其他服务提供商发生联系（见图3-9、图3-10）。

图3-9　存在中间服务提供商的双边市场结构

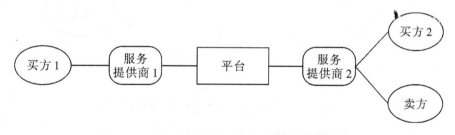

图3-10　两边在中间服务提供商处形成闭环的结构

③存在多平台的结构。在多数情况下，消费者往往希望连接多个中间平台，以接触更多的交易对象，寻求最佳交易方和消费物品，即消费者多归属形态。这种结构又可分为两种：平台独立与平台互联。这个时候，市场极易出现多重注册现象。

②、③两种市场结构属于复杂双边市场的简单分类，当然，两者可以综合考虑，构成多平台、多服务提供商的混合形态（见图3-11、图3-12）。

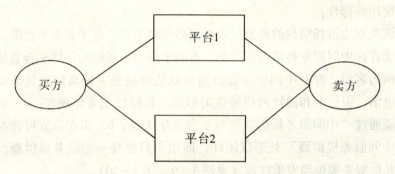

图 3 - 11 多平台且独立的双边市场结构

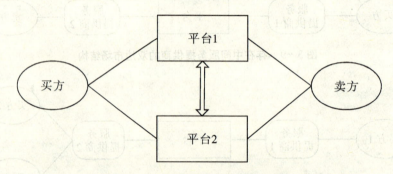

图 3 - 12 多平台且互联的双边市场结构

3.2.2.2 银行卡的双边市场特性

银行卡产业是典型的具有双边市场特征的产业。银行卡产品在银行卡组织提供的平台上，由发卡机构和收单行共同提供，有持卡人和商户两类客户，两个市场则是由发卡机构与持卡人构成的发卡市场以及由收单机构和商户构成的收单市场（见图 3 - 13）。

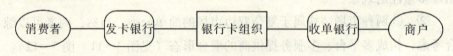

图 3 - 13 银行卡产业双边市场示意图

由图 3 - 13 可以看出，发卡机构和消费者构成了图的左边部分即发卡市场。发卡机构通过提供多样化的服务参与发行市场的竞争，在成本—收益的基础上决定银行卡发行的数量和发行对象，并通过提供各类相关的银行卡服务向消费者收取一定费用。图 3 - 13 的中心部分是银行卡组织，银行卡组织的关键职能在于建立、维护和扩大跨行信息交换网络，通过建立公共信息网络和统一的操作平台，向成员机构提供信息交换、清算和结算、统一授权、品牌营销、协助成员机构进行风险控制及反欺诈等服务。图 3-13 的右边部分，收单机构和特约商户构成了收单市场。收单机构和商户通过 POS 协议（电子收款协议）形成战略关系：商户受理消费者刷卡消费，收单机构向商户提供有关设备，负责设备维护及承诺付款，并承担一定的资金清算风险。

可见，银行卡市场是一个典型的复杂双边市场。从双边市场理论的分析可知，对银行卡产品的需求实际上是为持卡人和特约商户提供支付便利的综合反映，银行卡带给持卡人的效用随着受理银行卡商户数量的增加而上升，商户受理银行卡获得的效用也随着持卡人刷卡消费的增加而上升。因此，只有当消费者和商户对银行卡的需求获得某种平衡时，持卡人和商户才能从中受益。

而作为平台运营者的银行卡组织，如银联、VISA、MasterCard 等，它们促使最终使用者之间发生相互关系，并试图通过向双边市场合理收费来吸引使用者采用其平台。也就是说，银行卡组织一方面需要向消费者宣传支付品牌，促进消费者使用该品牌银行卡；另一方面又要不断地拓展商户，使得商户受理该品牌银行卡，从而促使交易发生，促进该品牌卡交易量增加。然而，最终决定该双边市场大小的因素在于卡组织的收费标准。银行卡组织收取的费用将影响平台用户在该平台上的交易量与其获得的净剩余，因此，银行卡组织需要精心设计收费结构，以尽可能多地促进交易的发生。

3.2.3 长尾理论

3.2.3.1 长尾理论概述

（1）长尾理论的概念

长尾理论（The Long Tail）是网络时代兴起的一种新理论，由美国人克里斯·安德森（Chris Anderson）提出。长尾理论认为，由于成本和效率的因素，当商品储存流通展示的场地和渠道足够宽广，商品生产成本急剧下降以至于个人都可以进行生产，并且商品的销售成本急剧降低时，几乎任何以前看似需求极低的产品，只要有卖，就会有人买。这些需求和销量不高的产品所占据的共同市场份额，和主流产品的市场份额相比甚至更大。它颠覆了传统的2/8定律，即20%的人群带来了80%的价值，而长尾理论则强调在后面的那些被认为不能带来盈利的"尾巴"里寻找盈利点。

亚马逊是一个运用长尾理论的典型企业，一个前亚马逊公司员工精辟地概述了公司的"长尾"本质：现在我们所卖的那些过去根本卖不动的书比我们现在所卖的那些过去可以卖得动的书多得多。举例来说，一家大型书店通常可摆放 10 万本书，但亚马逊网络书店的图书销售额中，有四分之一来自排名 10 万本以后的书籍。这些"冷门"书籍的销售比例正以高速成长，预估未来可占整个书市的一半。这意味着消费者在面对无限的选择时，真正想要的东西和想要取得的渠道都出现了重大的变化，一套崭新的商业模式也跟着崛起。简而言之，长尾所涉及的冷门产品涵盖了几乎更多人的需求，当有了需求后，会有更多的人意识到这种需求，从而使冷门不再冷门（见图 3 - 14）。

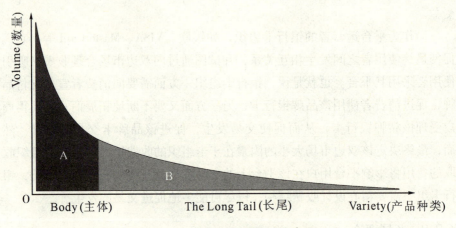

图 3 - 14　亚马逊长尾理论示意图

按照传统的二八定律，图 3 - 14 的 A 部分，被认为是能带给企业 80% 收益的 20% 的品种和客户，企业重点应该注意该部分，其余部分应忽视。而长尾理论认为，B 部分形成的长尾，可以积少成多，积累将足够大甚至超过 A 部分的盈利。

长尾理论已经成为了一种新的经济模式，被成功应用于网络经济的多个领域。从上述的亚马逊到淘宝，从 iTune 到 Netflix 网站，再到最近正火热的"云计算"，都有着长尾理论的影子。Google 也是一个成功运用长尾理论而受益的企业，其互联网广告服务改变了传统的网络广告投放方式，使得无数中小企业都能自如投放网络广告，而传统的网络广告投放只是大企业才能涉足的领域。其 Google Adsense 广告又使得大批中小网站都能自动获得广告商投放广告。数以百计的中小企业代表了一个巨大的长尾广告市场，而这些市场几乎占据了 Google 广告市场的一半份额，这就是长尾的力量。

（2）长尾市场的成因

长尾市场是新经济力量和传统经济力量竞争的关键所在，其形成主要有三方面的原因。

一是普及生产：通过降低生产难度，降低准入门槛，普及生产工具，扩大生产人员规模，从而成倍地增加产品供给。

二是降低消费成本：利用互联网等廉价的传播工具，使更多的用户能够接触市场内容，提供市场的流动性，从而抬高长尾销售曲线，扩大长尾下的面积，如易趣（eBay）。

三是精准推销：将新产品推荐给潜在的消费者，或者让消费者能够精确定位到所需要的产品，实现供给和需求的有效对接，推动需求从热门商品向利基商品的转换，从而推动需求从曲线前段走向长尾。

3.2.3.2 长尾理论在银行卡产业中的应用

在传统的银行经营管理中，"二八定律"起着重要的引领作用。大多数银行认为小客户不能够为银行带来多大的利润，以至于忽视了那条"长长的尾巴"，正是因为银行的忽视，才造就了目前众多第三方支付企业的诞生与蓬勃发展。对银行而言，随着网络社会的发展，信息不对称及成本的大大降低，电子银行的崛起成为了银行不得不直面的现实。金融网络化的不断深入，银行今后的发展将更多地依赖于电子银行的成长。为此，即便"二八定律"仍起着一定的现实作用，但银行应更多地关注未被服务好的 80% 的"长尾"。

惯于引领创新潮流的招商银行在零售领域一贯的优秀表现与之对长尾理论的运用有莫大关系。它成功的不同之处在于将客户个人化，而不是群体化，努力挖掘每个客户的需求，聚集零散群体为巨大的长尾市场。早在"一卡通"时代，招商银行就在国内银行业首开先河，上街摆摊设点、销售产品以及开展立体式的市场活动，这些意识和能力直到现在仍是一些商业银行所不具备的。而招商银行销售文化的形成过程，事实上也是国内商业银行摸索零售银行业务发展经验的缩影（谢凯，《长尾理论在商业银行零售业务中的应用》，2012）。

进入 2006 年，中国的银行业纷纷把零售银行作为主要战略方向之一提到议事日程上，工行（中国工商银行）提出打造"中国第一零售银行"，农行（中国农业银行）把零售作为战略转型的重点，中行（中国银行）牵手苏格兰皇家银行主攻私人银行和理财业务，建行（中国建设银行）以加强中小企业贷款为契机，加大向零售银行转型的力度……银行的这些举措表明零售银行的战略地位突显，并如雨后春笋般迅速地发展壮大起来，在银行业务里的比重也越来越大。各商业银行向零售业务的转移，预示着"长长的被忽视的尾巴"必将在很大程度上支撑国内银行业未来的发展空间。

张华（2012）称：网络时代是关注"长尾"、发挥"长尾"效益的时代[①]。他通过对某商业银行分行 2011 年 10 月末客户结构和账户结构的具体分析得出结论：充分利用好 80% 的"长尾"客户资源，与强化对高端客户的营销维护是并行不悖的。引入长尾理论，做好中低端客户的营销和维护，具有重要的现实意义。他建议：银行一方面应大规模布放自助机具，在成本控制前提下，为长尾客户提供方便快捷的交易渠道；另一方面银行应优化网络交易环境，并在产品设计上有针对性地增加和推出低成本、低门槛的产品，通过集聚效应产生效益。

由此可见，现实与学术理论的分析都说明，国内银行多年来重视大客户而忽视小客户的策略应适当转变，要重视"长尾"，发挥"长尾"效益。

【思考与练习】

1. 什么是博弈，它有哪些类别？试举出生活中存在的博弈实例并判断它属于哪种博弈。

2. 什么是双边市场？试分析银行卡产业的双边市场特征。

3. 谈谈你对网络外部性的理解，并分析网络外部性对银行卡产业带来了怎样的影响。

4. 长尾理论的内涵是什么？推动长尾市场形成的动力有哪些？

5. 就当前我国银行业的发展状况来看，你认为我国商业银行应如何利用长尾理论发展零售银行业务？

---

① 张华. 长尾理论在商业银行客户关系管理中的应用探讨 [J]. 海南金融，2012（3）.

【案例分析】

银行业与第三方支付的博弈困境[①]

易立行（化名）是国内一家商业银行零售部门的负责人，目前却与十几家其他大型银行零售部门的主管一样，陷入了一场看似充满悖论的困境：当初大力支持银行与支付宝、财付通等第三方支付平台合作，如今随着第三方支付的交易规模急剧扩大，却发觉"合作越深入，自己的危机越大"。

作为 19 家银行的代表之一，易立行向本刊记者算了这样一笔账：以支付宝为例，目前消费者 50% 以上的消费是用信用卡支付，有些如招商银行、交通银行的用户 70% 以上用信用卡支付，有些银行用户在淘宝上的消费甚至 90% 是刷信用卡。从买家刷卡到最后资金到达卖家账户，资金一般会在第三方支付机构沉淀一周。"当你刷信用卡里的钱，你实际上用的是银行给你的钱，网上支付占用了银行大量资金，使得银行无偿垫付资金。根据各行反馈的数据，支付宝网上支付每天占用银行资金达 1.6 亿元，按照现费标准和日息计算，相当于银行每天损失取现手续费、日息达 163.8 万元，每年损失近 6 亿元。"

回想当初与第三方支付机构争先恐后的签约，各家银行大力推广网上银行等电子支付手段和吸引更多的零售业务客户，是促成合作的一个大背景。借助阿里巴巴公司的支付宝、腾讯公司的财付通等支付平台，各大银行的网上支付业务发展非常迅速。光大银行电子银行部总经理李坚曾提到："从 2008 年与支付宝开展合作，我们公共事业缴费 99% 的增长额都来自支付宝。"

易立行认为，支付宝等企业非常聪明地与银行不同部门谈判，银行的各个业务部门是条线分开的，"零售部门看中的是立马激增的网上银行业务，第三方支付公司许诺将数额巨大的沉淀资金，存到该银行的对公业务部门。当初对于银行领导来说，看中的是数额巨大的存款。某些银行的对公业务部门因为第三方存款得到收益，可是从银行的整个运作来说，从零售部门垫付的资金，变成巨额沉淀资金存到了对公业务部门。第三方支付公司不仅不付给银行任何垫付资金的成本或者交易手续费，反而从银行领取存款利息，天底下哪有这样好的无本买卖？"

---

① 资料来源：吴琪. 银行业与第三方支付的博弈困境［J］. 三联生活周刊，2010，09（03）.

单从交易费用来说，第三方支付让银行的零售部门承受的损失，最近一两年才明确显现出来。支付宝公司也因为占据了第三方支付53.29%的市场份额，成为银行业的第一谈判对象。据新浪记者消息，从2010年3月份开始，受19家银行委托的中国银行业协会银行卡专业委员会开始了与支付宝的艰难谈判。

银行业担心第三方支付巨额沉淀资金的安全问题，以及信用卡套现等屡禁不绝的现象。易立行说，根据他所在银行的统计数据，淘宝网上该银行20%的交易涉嫌信用卡套现。银行能监控到的证据有：持卡人有套现记录；交易额通常是整数；最大限度地利用该信用卡的额度；循环套现。银行的信用卡业务利润主要来自三方面：一是信用卡年费，此项业务的收入比重非常小；二是消费回扣，比如向餐饮业收取2%的消费回扣，向百货业收取1%的回扣；三是占比最大的利息收入。"但是与支付宝、财付通等第三方支付机构合作时，绝大部分的交易是没有任何消费回扣的。"另外，银行担心第三方支付模式对银行的汇兑业务也不利，"银行的跨区、跨行交易是要收费的，而若有人通过第三方支付虚拟交易，这种汇兑是没有成本的。对邮政储蓄的汇款业务打击更大"。银行单方面的叫苦，第三方支付公司并不会完全买账。记者获得的支付宝公司给中国银行业协会的答复里提到：支付宝与各银行的合作模式符合支付行业的国际惯例；支付宝与各银行的合作模式符合各银行的根本利益。

问题：结合案例，试分析我国商业银行与第三方支付企业博弈的困境在哪里。你如何看待银行与第三方支付企业的竞合关系？并谈谈你对我国商业银行发展零售业务的看法和建议。

4 银行卡产业链

【本章导引】

银行卡产业是传统金融业务与现代信息技术有机结合的新兴产业，是以现代电子信息技术为基础，融传统金融产品与金融创新于一体，由制卡、发卡、收单、专业化服务等众多企业组成，通过为社会提供电子支付产品和消费信贷产品而营利的企业群体。银行卡在国际上已经发展成为一个庞大的产业体系，根据各种业务形成专业化的市场分工，并且仍然保持着较快的增长速度。

【重要术语】

发卡市场、收单市场、转接清算组织、专业服务机构。

【知识架构】

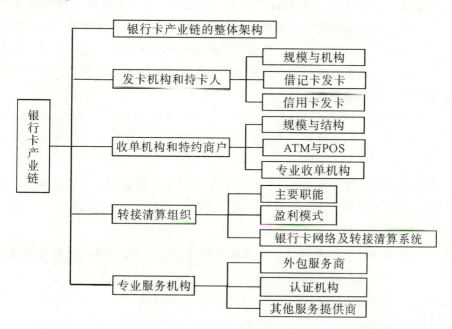

【导入案例】

银保合作　共筑银行卡产业链[①]

保险业向银行卡产业链的渗透正日益深入。美国东部时间2008年3月19日，VISA公司在纽约证券交易所上市。中国人寿也因斥资3亿美元成功获得"打新股"的超额收益，账面盈利约1.38亿美元。"我们非常看好金融支付和消费金融领域"，"电子支付取代现金和支票支付已成为一种趋势，业务增长很快"。中国人寿首席投资官刘乐飞道出了其中的缘由。

如果把中国人寿参股VISA主要视为一种投资的话，那么，在2008年年初之时，在中国银联第二轮增资扩股中，中国人寿取得中国银联5 000万股股权，达到单一投资者认购数量的上限便可视为是中国人寿实实在在地向国内银行卡产业链的渗透了。

2008年1月，中国人寿与中国银联签署的《全面合作框架协议》表明，双方的合作领域将集中在为中国人寿提供基于银行卡的各项支付服务，主要包括：银联标准卡保险资金结算、银联标准卡业务创新、保险联名卡等方面。中国银联将根据中国人寿现有业务和渠道特点，为中国人寿量身打造包括保费交缴、资金收付、现金管理、银联标准联名卡业务等在内的综合金融服务方案，推动中国人寿实施"零现金工程"。双方还将积极探索在互联网、手机、电话支付等新兴支付领域开展业务合作，实现保户足不出户即可购买保险和缴付保费。此外，中国人寿还将和中国银联通过银联标准联名卡的形式，叠加缴费打折、VIP服务、积分兑换等一系列增值产品，为客户提供多元化、全方位的服务。

而中国人寿拥有数以亿计的客户群体及相应的资源优势，将使中国银联在除银行卡之外的互联网、手机、电话支付等新兴支付领域有了更多的延展空间。

中国银联总裁许罗德表示，中国银联将积极推动银行卡向保险等领域的延伸。中国人寿刘乐飞也表示，中国人寿拥有强大的客户资源和网点，这都将成为未来启动银行卡业务的既有优势。

可以看出，中国人寿之所以先后参股中国银联和VISA，所看重的就是它们的发展速度和品牌效应。

---

① 资料来源：郑申. 银保合作　共筑银行卡产业链［N］. 金融时报，2008 - 04 - 02.

中国银联公布的数据显示，中国银联 2007 年新增银联标准卡数量为 3 亿张，银联卡内涵也在不断丰富，中国银联会同商业银行不断细分市场，推出的联名卡、主题卡、认同卡深受市场欢迎，在公务卡中也得到了广泛应用。

据了解，2007 年，中国银联发展进入第二个五年计划，中国银联在国内外积极拓展业务，尤其是受理网络极速扩张。目前，银联卡在境外 26 个国家和地区的重点城市、重点商户开通了银行卡受理，中国银联卡覆盖了全国的银行卡跨行交易网络 73 万家商户、118 万台 POS 机、12 万台 ATM。2007 年中国银联已在西藏、黑龙江、香港等地开设了分公司，目前在内地共开设了 31 家分公司。

目前银联境外受理商户达到 12.5 万户、POS 机 17.4 万台、ATM 36.5 万台，交易数量迅速扩大。不仅如此，境外机构也开始发行银联卡，2007 年 12 月日本三井住友公司正式推出银联标准信用卡，影响日渐广泛。

许罗德表示，中国银联将顺应中国经济社会发展的需要，顺应经济全球化的趋势，不仅要成为服务于中国的银行卡品牌，而且也将成为服务于越来越多的国家和地区的国际性银行卡品牌。AC 尼尔森公司的调研报告显示，银联品牌在中国国内认知度已高达 96%。

对于中国人寿参股 VISA 和中国银联，有人分析这两笔银行卡领域股权投资，亦可视为中国人寿在为未来进军银行卡领域铺路。此前中国人寿总裁万峰曾表示，保险机构进入银行卡领域将是未来的趋势，中国人寿亦会与时俱进。

中国人寿不仅在银行卡产业链的基础设施领域有所涉猎，在与银行发行银行卡方面也是早有准备。

早在 2004 年，中国人寿与中国建设银行在双方签订《保险合作协议》的基础上重新签订《全面业务合作协议》。根据新协议精神，双方将在银行卡业务、银保通系统、代理保险业务、代理收取保险费、代理支付保险金等方面开展全面合作。

2007 年，中国人寿保险与广东发展银行在北京签署《全面长期战略合作协议》。根据战略合作协议，双方将在银行卡业务、资金合作、电子商务等广泛而互利的领域进行合作。

2008 年年初，中国人寿与招商银行签署战略合作协议，双方签约推出首个银保联名信用卡。据了解，双方还将合作开发集合企业年金计划，捆绑进行企业年金市场拓展，合作开发兼具银行、保险与财富管理功能的金融产品等。

其实，看好银行卡领域的保险公司不只是中国人寿一家。

中国平安在2007年入股深圳商业银行时有关负责人就曾表示，入股深圳商业银行的目的之一即是借此牌照启动银行卡业务。中国平安推出国内首张最具有综合保障功能的联名信用卡"万里通"，首次对基于银行卡领域的银保资源和平台进行整合。

平安集团董事长兼首席执行官马明哲也曾表示，将保险业务与银行业务"无缝对接"，是平安集团切入银行业务时的最初构想。

2008年年初，信诚人寿宣布与中信银行携手，启动包括发行信用卡在内的全面银保合作。首先，双方将定期举办理财系列讲座，派出双方的理财"高手"，帮助客户进行投资理财分析；其次，双方将为客户提供集保障与投资于一身的投资连结保险计划，以及重大疾病保险、意外保障等多种理财工具。

中央财经大学教授郝演苏在深圳披露其关于寿险凭证"准信用卡化"的创新做法时说："信用卡不只是一个渠道，保险公司可以在此领域有所作为。"包括凭卡优惠消费、借助银行支付渠道、透支保单现金价值等，已被业界关注。

"作为真正实现保险和银行功能结合的服务平台，保险系列信用卡将给持卡人和投保人带来极大的综合理财服务体验。"谈及保险系信用卡的未来，保险业人士充满期待。

而早前征求意见的《中国保险业发展"十一五"规划纲要（讨论稿）》，保险资金投资信用卡也赫然在目。

中国银联的数据显示，仅2007年上半年国内共发放标准信用卡1 363万张，这其中有1/4的信用卡都附赠了各种保险产品。信用卡保险之所以会大行其道，其实是银行为推广其信用卡的营销手段和保险公司业务销售的结合。

随着保险公司向银行卡产业链的全面渗透也预示着我国银行卡产业正朝又好又快的方向不断迈进。

最近几年，银行卡产业发展迅速，业务范围更是越来越大。银行卡产业链到底包括哪些实体？它们各自在整个产业链中起着怎样的作用？本章将为大家解除疑惑。

4.1 银行卡产业链的整体架构

随着银行卡功能的丰富及应用领域的延伸，银行卡业务范围持续扩大，开展各类银行卡业务的机构迅速增加，一个围绕银行卡提供各类服务的产业也随之形成。银行卡产业从无到有，产业规模持续扩大，产业链条不断延伸。

银行卡产业链主要包括4类参与主体（如图4-1所示）：一是整个产业的消费方，包括持卡人和特约商户；二是整个产业的供给方，包括发卡机构、收单机构和银行卡转接清算组织，它们是整个产业链最核心的参与主

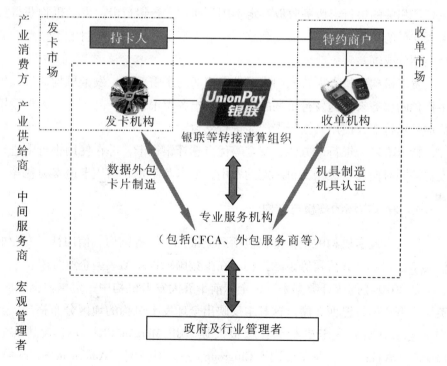

图4-1 银行卡产业链图

体，也是产业发展最重要的推动力量。其中发卡机构可以是银行，也可以是一些非银行机构，如信用卡公司以及一些其他行业的企业，如旅行社、电信、石油、保险等公司；三是专业服务机构，包括外包服务商、认证机构、机具、芯片生产厂商、系统供应和维护商及各类第三方服务机构；四是整个产业的宏观管理者，包括政府及相关职能部门，作为政策制定者及产业监管者，其行为对银行卡市场秩序的维护和市场的发展产生重要的影响。

本章将从第二节开始，一一为大家介绍这些参与主体，包括发卡机构、收单机构、转接清算组织、专业服务机构和政府部门。

4.2 发卡机构和持卡人

发卡机构是指发行银行卡，维护与卡关联的账户，与持卡人在这两方面具有协议关系的机构。它的主要职能是向持卡人发行各种银行卡，并通过提供各类相关的银行卡服务收取一定费用。通过发行银行卡，发卡机构获得持卡人支付的信用卡年费、透支利息、持卡人享受各种服务支付的手续费、商户回佣分成等。

发卡机构和持卡人共同构成了发卡市场的供需双方。发卡机构通过提供多样化的服务来参与发行市场的竞争，推出各类银行卡产品，通过各种营销活动鼓励持卡人使用其银行卡产品进行支付。

持卡人基于银行卡方便、安全等优点选择银行卡，并在使用银行卡进行支付的同时向发卡机构支付一定的费用，如卡片年费、信用卡透支利息等。

4.2.1 发卡市场的规模与结构

银行卡发卡机构的主体不仅包括商业银行、储蓄机构、信用社、专业的信用卡公司、财务公司等金融机构，在少数国家也包括大型企业集团。

从 2010 年的统计数据来看，全球前十五大发卡机构中，美国占据 9 席，英国占有 3 席，巴西 2 席。这基本反映出全球发卡机构的地区分布格局。其中，全球前四大发卡机构为：摩根大通（JP Morgan Chase）、美国银行（Bank of America）、花旗集团（Citigroup）、美国运通（American Express）。在 2010 年，这五家发卡机构的银行卡消费金额均超过 1 000 亿美元（见

表4－1）。

表4－1　　　　2010年境外信用卡发卡机构未偿余额排名

排名	发卡机构	所在国家	未偿余额 （十亿美元）	交易金额 （十亿美元）	发卡量 （百万张）
1	摩根大通	美国	132.56	331.13	89.0
2	美国银行	美国	122.28	237.51	59.9
3	花旗银行	美国	94.91	192.48	111.7
4	美国运通	美国	80.25	460.69	42.6
5	第一资本	美国	52.85	98.34	35.9
6	发现卡	美国	45.16	92.47	44.5
7	富国银行	美国	32.57	49.10	16.3
8	三井住友	日本	32.24	73.37	35.5
9	美利坚合众银行	美国	22.47	73.57	14.3
10	巴西伊塔屋商业银行	巴西	19.77	50.73	49.3
11	巴克莱银行	英国	19.70	37.22	11.2
12	汇丰银行	英国	19.28	30.64	29.0
13	劳埃德银行	英国	18.28	24.87	11.3
14	美信银行	英国	16.88	15.87	6.0
15	巴西布拉德斯科银行	巴西	16.60	50.73	31.4

　　从全球发卡机构的演进趋势来看，商业银行在发卡主体中的主导地位日益巩固。在激烈的市场竞争中，独立的发卡公司往往呈现出规模和运营机制上的劣势，从而面临被大银行兼并的风险。譬如，2004年，巴西Pedicure公司控股股东巴西联合银行收购了本地信用卡品牌希佩（Hipper Card）公司的全部股权。2005年6月30日，美国银行以350亿美元收购了当时世界最大的独立信用卡发行商——美信银行（MBNA）。该项交易使美国银行成为美国最大的信用卡发行机构。

　　与此同时，发卡机构之间并购频繁，一些国家的发卡机构排名出现较大变化。以美国为例，由于富国银行收购了美联银行（Wachovia），大通银行收购了华盛顿互惠银行，PNC收购了国民城市银行，美国银行收购了La-Salle银行，2008年前三者在美国借记卡市场的排名分别上升到第二位、第三位和第五位，美国银行也得以保持第一的位置。在英国，2008年劳埃德银行（Lloyds TSB）银行完成对哈里法克斯银行（HBOS）的收购，成为英国第一大发卡机构。

就国内发卡机构的发展情况而言，目前国内银行卡发卡机构仅限于商业银行以及按照商业银行管理、经过银监会批准的金融机构。截至 2008 年年末，国内银行卡发卡机构已经达到 195 家，包括四大国有商业银行、其他全国性商业银行、地方性商业银行与外资法人银行等各类机构。其中，已经发行人民币银行卡的外资法人银行有 4 家，分别为东亚银行、汇丰银行、花旗银行和渣打银行。

4.2.2　借记卡发卡

随着银行电子化程度的不断提高和借记卡使用的普及，借记卡已经在很大程度上取代了存折和支票。由于目前银行个人账户几乎都与借记卡相关联，借记卡已经成为银行个人金融服务的重要载体。

4.2.2.1　借记卡业务的主要内容

借记卡带来的主要变化是使银行原有的个人账户服务功能得以延伸，在原有的存取款、转账、结算、理财等基本服务基础上增加了新的服务功能，包括 ATM 取款、在商户刷卡支付等。

借记卡的起源和特点决定了借记卡的发卡机构一般为银行类机构，借记卡发卡业务也主要体现为原有个人银行业务的扩展。

为了开展借记卡发卡业务，发卡机构需要在原有个人业务基础上增加相关业务，主要包括卡片制作、发放、更换、密码设定等一系列与发卡直接相关联的工作，并需要处理持卡人在借记卡使用中可能遇到的各种问题，包括卡片挂失、ATM 吞卡后续处理、修改密码、卡片在 ATM 和商户使用过程中的差错处理等；同时，发卡机构还需要围绕借记卡的使用安全来开展内部风险防范和客户风险教育等相关工作。

为了实现借记卡的相关功能，发卡机构需要在原个人业务处理系统上增加新的功能模块，主要包括：一是提供 7×24 小时的实时交易授权，根据授权判断条件批准或拒绝授权请求；二是进行各种扣账和入账操作，对实时交易进行金额扣减、手续费记账，并进行利息计算、差错调整等；三是对客户和账户基本资料信息进行管理，并提供发卡、卡片激活、补卡、换卡以及挂失销卡等管理。

4.2.2.2　借记卡业务的盈利模式

借记卡的出现使传统的个人银行业务得到延伸，这些由借记卡延伸出来的业务功能，也为发卡机构带来了相应的成本与收益。发卡机构最初发展借记卡的出发点，主要是通过自助取款服务来节约网点和人员成本。随着借记卡功能的增加，借记卡业务不仅可以让发卡机构在开展个人业务时节约网点成本和人员投入，还可以使发卡机构享有持卡人在商户用卡时所带来的交换费收入。当然，发卡机构在开展借记卡发卡业务时也需要相应的投入。除卡片成本外，发卡业务的其他主要成本包括 ATM 等自助设备的投入、业务处理系统功能增加以及防范相关风险所带来的成本。由于借记卡已经成为个人业务的载体和综合服务平台，发卡机构一般把借记卡的特有功能作为个人金融业务的一个组成部分，综合考虑其成本与收益。发卡机构通常更看重借记卡在降低个人金融业务成本和提高服务水平方面所带来的收益，随着借记卡特约商户的扩大及借记卡在消费支付领域的广泛使用，借记卡所带来的交换费收入也日益受到发卡机构的重视。

4.2.3　信用卡发卡

自 1985 年中国银行在珠海发行中国第一张信用卡开始，27 年间，中国信用卡行业取得了突飞猛进的发展。截至 2011 年年末，中国信用卡市场信用卡累计发卡量为 2.85 亿张，这意味着每 5 人当中就有人持有一张信用卡。但商业银行的"跑马圈地"进程并未就此结束，各大银行继续推出各种优惠措施提升发卡量，并针对不同人群推出个性化设计争夺细分市场。

随着信用卡市场的蓬勃发展，中国人的消费习惯也得到极大转变。在中国社会从储蓄文化向消费文化转变的过程中，信用卡起到了不容忽视的作用。27 年前，借债消费还是多数中国人不敢想象的疯狂之举，而如今，信用卡付款已成为多数家庭大额消费的首选方式，2011 年中国信用卡全年消费达到 4.1 万亿元，在全社会消费品零售额中的比重达到 22.6%，这意味着 2011 年中国人花出去的钱中，每 5 元钱就有 1 元是通过信用卡刷掉的，信用卡消费已经成为推动中国社会向消费型社会转变的重要推动力量。

4.2.3.1　信用卡业务的主要内容

信用卡最突出的特点是，持卡人在用信用卡进行消费支付或 ATM 取款时自动使用相应额度的授信。信用卡作为一种独特的个人消费信贷工具和支付工具，其业务运作与其他个人金融业务有很大不同，因此，信用卡发卡业务一般由专门的机构或在金融机构中成立专门的业务单元单独运作。

根据信用卡的特点，信用卡发卡机构的业务主要围绕产品开发、产品推广、信用审核及其他风险管理、业务处理、客户服务等方面展开。

在产品开发方面，发卡机构首先根据市场调研进行客户群体细分，然后按照自身市场定位进行产品规划，确定信用卡的产品体系，并在此基础上针对不同客户群开发不同的卡产品。在具体卡产品设计中，发卡机构会考虑目标客户群的特点和需求，为相应产品提供差异化的服务项目、积分计划、收费政策等；针对不同的卡产品，发卡机构可能采用不同的授信政策和利率政策等。发卡机构还经常根据市场开发的需要，选择不同的合作伙伴，开发各种联名卡，与合作伙伴一起为特定持卡人提供有特色的增值服务。

在产品推广方面，发卡机构一般会对不同产品制定差异化的营销策略，并根据目标人群选择针对性的营销传播方式和推广渠道。信用卡经过多年的发展，已经形成了多样化的营销推广模式，既包括利用广告、直邮等传统的传播手段进行品牌和产品信息的传播，也包括利用自身网点、客户服务热线、网站、直销队伍、合作伙伴渠道进行直接推广或接受办卡申请。此外，借助商业银行内部客户数据或者外部数据，通过数据分析等手段进行精准营销，也被越来越多的发卡机构所采用。

信用卡业务无抵押、无担保、一次授信循环使用的特点，决定了信用风险控制是信用卡业务中最为重要的内容。信用审核是控制信用风险的首要环节，也是信用卡风险控制最重要的手段之一。信用卡发卡机构在收到持卡人申请后，会通过多种手段对持卡人的信用状况进行评估，一般包括政策性排除、资料核实、征信、信用评分、审批等环节，并以此为基础批准或拒绝持卡人的申领，此外，还要为获批的信用卡确定可供循环使用的信用额度。

由于信贷业务是通过消费支付和预借现金来实现的，信用卡的风险控制不但体现在信用卡发放阶段，而且贯穿于业务运营的整个过程。信用卡业务面临的风险主要包括信用风险和欺诈风险。除发卡环节的风险控制外，发卡机构在业务运营过程中，还需要对交易授权进行风险控制，对可疑交易进行监控。此外，发卡机构需要对持卡人还款情况进行及时监控，对于逾期账款，发卡机构需要视逾期情况采取信函、短信、电话、上门及司法手段进行催收，并根据相关核销办法和政策法规进行坏账核销或不良资产转卖等。

在信用卡使用过程中，发卡机构将进行一系列业务处理，包括通过系统为持卡人提供实时的交易授权、账户结算，并为持卡人提供账单服务、差错处理、分期付款、消费积分累积等一系列服务。有些发卡机构会将其中部分业务外包，以提高其运作效率。

与其他个人银行业务相比，信用卡发卡业务对网点的依赖程度相对较低，客服热线和网站已经成为发卡机构为客户服务的主要渠道，在客户服务方面发挥着重要作用。持卡人激活卡片、挂失、账务查询等都可通过客服热线或网站完成，客服热线还可随时为持卡人日常用卡提供咨询服务并受理投诉，为持卡人解决用卡中存在的问题。

信用卡业务的开展不仅需要经验丰富的管理人员和业务操作人员，而且需要功能强大的发卡系统进行支持。信用卡发卡系统一般具有申请审核处理、交易授权、账务管理、客户及账户管理、消费积分、分期付款、信函处理、会计处理、催收处理等模块。因此，发卡系统既可以实现自动交易授权、账户结算、风险监控等功能，又可以对账户信息变动、信用额度、积分、分期付款等进行管理。由于信用卡发卡系统功能复杂，开发建设成本较高，有些发卡机构为了减少投入，将发卡系统的建设及相关业务处理外包给专业化公司。

4.2.3.2 信用卡业务的盈利模式

信用卡作为一种独特的金融业务，其盈利模式与其他金融业务有很大的不同。

信用卡发卡业务的收入主要来自三个方面：利息收入、交换费收入（在国内称为发卡方收益）、年费及手续费收入。持卡人在使用循环信贷进行消费支付时，发卡机构一般会提供一定的免息期，如果超过免息期持卡人未全额还款，发卡机构会按照资金使用额向持卡人收取利息；持卡人通过 ATM 取款也被称为预借现金，预借现金通常不享受免息期，持卡人需要为此支付利息；发卡机构从上述两个途径取得利息收入。当持卡人使用信用卡在商户刷卡消费时，发卡机构则可以从商户刷卡手续费中获得部分收入，即交换费收入。除此之外，发卡机构根据卡产品及提供的服务，向持卡人收取一定金额的年费和手续费，其中手续费包括预借现金手续费、分期付款手续费、超限费、卡片挂失费等。由于各发卡机构面向的客户群以及所采用的发卡策略有所不同，上述三部分收入的比例也会有很大差异，但对大多数较为成熟的发卡机构来讲，利息收入是最主要的收入来源，一般可以占到发卡机构总收入的70%以上。

信用卡业务的主要成本则来自于资金成本、营销投入、风险损失、系统建设及运营成本。其中，信用卡业务的风险损失既包括呆坏账损失，也包括由伪卡、互联网欺诈、虚假申请等导致的欺诈损失。

知识拓展：   层出不穷的还款方式

近几年，银联在传统银联卡受理领域取得了巨大成功，商户、POS、ATM和银行卡上随处可见代表银联的红蓝绿三色标识。面对金融业的全面信息化转型，银联再度发力其互联网业务综合商务门户——"银联在线"，并逐步加大推广力度，现已有诸多银联卡用户转为"银联在线"注册用户。而银联在线信用卡还款就是众多注册用户的主要业务之一。银联在线信用卡还款是一种全新的还款方式，流程简单，用户无须开通网银即可在线还款，免去了每月账单日在银行网点间奔波之苦，且不需支付跨行转账手续费，完成实名认证即可进行同名还款，更便捷更高效。其业务流程如下：

（1）登录银联在线支付网站。未注册用户用邮箱或手机号码注册。

（2）我的银行卡→借记卡绑定→绑定新借记卡→发卡行→卡号。

（3）我的银行卡→信用卡绑定→绑定新信用卡→发行卡→最后还款日。

（4）信用卡还款→转入信用卡号→转出借记卡号→还款金额，确认。

（5）输入借记卡ATM密码，按照页面提示，使用软键盘输入借记卡ATM密码，并输入图形验证码确认。

（6）完成还款业务。

图4-2　银联在线信用卡还款流程图

截至2012年10月底，银联在线信用卡还款业务已在很多银行开通。其中信用卡支持银行有：

实时到账

招商银行　　　Bank 光大银行

平安银行　　　兴业银行

中信银行　　　深发银行

宁波银行

一到三个工作日到账

中国银行(深圳)　　　民生银行

浦发银行　　　　　　上海银行

华夏银行　　　　　　广发银行

东亚银行

借记卡支持银行包括：

招商银行　　　Bank 光大银行　　　民生银行　　　中信银行

浦发银行　　　兴业银行　　　　　华夏银行　　　平安银行

深圳农商　　　深发银行　　　　　海南农信社　　湖南农信社

4.3　收单机构与特约商户

收单机构是指跨行交易中兑付现金或与商户签约进行跨行交易资金结算，并且直接或间接地使交易达成转接的银行或专业组织。它主要负责特约商户的开拓与管理、授权请求、账单结算等活动，其利益主要来源于商户回佣、商户支付的其他服务费（如 POS 终端租用费、月费等）及商户存款增加。大多数发卡银行都兼营收单业务，也有一些非银行专业服务机构经营收单业务。

收单机构和特约商户构成了收单市场的供需双方。收单机构向商户提供终端设备，并进行资金清算，承担一定的资金清算风险。

从资金流动看，持卡人刷卡消费后，发卡机构将扣除了手续费的交易资金支付给收单机构；收单机构将剩余交易资金支付给商户。银行卡特约商户需要支付 POS 交易刷卡手续费，其中包括发卡机构收费、银行卡组织跨行转接收费、收单机构收费。目前我国商户扣率一般在 0.5%～2% 之间，具体比例视商户业务性质而定。

4.3.1 收单市场的规模与结构

收单机构的主体既有商业银行，也有非银行类收单机构，还有非银行类机构和银行共同成立的收单联盟。

表 4－2 　　　　　　　　　　2010 年境外前 20 名收单机构排名

排名	收单机构	所在国家	交易笔数（百万笔）
1	美国银行	美国	9 260. 9
2	第一资讯	美国	5 885. 0
3	大通支付	美国	5 489. 8
4	花旗商户服务	美国	5 204. 7
5	WorldPay	英国	4 600. 0
6	五三银行	美国	4 238. 4
7	Cielo	巴西	4 063. 0
8	巴克莱银行	英国	2 716. 9
9	法国国民互助信贷	法国	2 350. 2
10	雷德卡公司	巴西	2 320. 3
11	伊万	美国	1 889. 6
12	中心公司	美国	1 799. 7
13	环迅公司	美国	1 762. 7
14	Paypal	美国	1 748. 0
15	瑞典银行	瑞典	1 350. 0
16	BC 卡公司	韩国	1 316. 3
17	法国农业信贷银行	法国	1 282. 2
18	富国银行	美国	1 202. 8
19	汇丰银行/环汇公司	英国	1 142. 6
20	法国大众储蓄银行	法国	972. 5

随着银行卡产业内的组织功能细分及业务外包趋势的发展，越来越多的收单机构将收单交易处理的收单专业化服务等非核心业务外包。不过，收单机构作为与商户签约和付款责任的主体，仍承担收单风险。从美国收单市场发展情况来看，从事狭义收单业务、收单交易处理业务和收单专业化服务业

务的主体，逐渐分化为收单机构、收单交易处理商和独立销售商。

除商户收单机构外，收单市场还存在着大量 ATM 收单机构。譬如在加拿大，除银行在市场上布放 ATM 外，其他非金融机构也可以经营 ATM 业务。在英国，跨行 ATM 交易的收单主体主要有银行、建筑合作社（Building Society）以及 ATM 独立运营商。

在中国，目前只有商业银行具备加钞资质，因此，ATM 收单机构都是商业银行。商户收单机构除了商业银行外，还有一些非银行类的专业化服务机构。不过，商业银行仍是主要的收单主体。随着收单机构的逐渐成熟和产业链的进一步细分，专业化收单机构将在受理市场上扮演越来越重要的角色。

4.3.2　ATM 收单与 POS 收单

要使银行卡能在特约商户、ATM、柜面网点等进行受理，就需要收单机构提供相应的服务。从受理渠道上分，银行卡收单可以分为 POS 收单、ATM 收单、柜面收单和互联网收单等。从业务类别分，收单业务可以分为 ATM 收单和 POS 收单两大类。

4.3.2.1　ATM 收单

随着 ATM 功能的不断完善，ATM 逐渐成为个人金融服务的一个重要渠道，同时，收单机构通过布放 ATM 也能在跨行交易中获取利润。ATM 收单业务包括 ATM 选址和安装、交易处理、ATM 维护（含加钞）、ATM 监控等业务。ATM 加钞机构、ATM 出机机构、ATM 交易处理商是 ATM 收单业务的主要参与方，一般来说，ATM 加钞机构作为直接清算的主体，是 ATM 业务的收单机构。

ATM 收单业务的主要利润来源是跨行费、附加费以及增值服务费。跨行费由发卡机构向 ATM 收单机构进行支付，而发卡机构通常向持卡人收取跨行交易手续费以弥补这一支出.附加费则由 ATM 收单机构直接向持卡人收取，而 ATM 也向持卡人提供公共事业缴费、自助购买商品等增值服务，由此 ATM 收单机构也作为服务的分销渠道方获取增值服务收益。ATM 收单的主要成本包含现金押运和装填成本、机具投放和维护费用以及 ATM 监控、客户服务等其他运营成本。

ATM 收单可以分为两类：一类为行内交易，即持卡人在发卡机构布放的 ATM 上取款/查询或在发卡机构收单的商户处刷卡消费产生的交易；另一类为跨行交易，即持卡人在非本行 ATM 上取款/查询或非本行收单的商户刷卡消费产生的交易。图 4-3 显示了行内交易与跨行交易的不同过程。

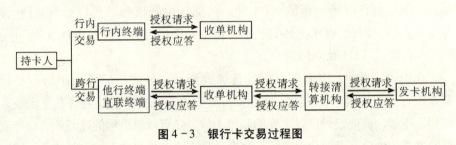

图 4-3　银行卡交易过程图

在行内交易中，发卡机构同时也是收单机构，持卡人的卡信息及交易请求通过终端机具直接上送到发卡系统，在得到发卡系统的自动授权后，交易即可完成；同时，发卡系统直接对持卡人账户进行相应的账务处理。所以，行内交易仅涉及发卡机构，流程相对简单。

随着银行卡的普及、发卡机构和收单机构的增多以及银行卡网络的不断扩大，持卡人使用银行卡时发生跨行交易的概率不断增加。与行内交易相比，跨行交易过程相对复杂。下面以跨行交易为例，详细描述持卡人一次简单取款或刷卡消费的完整交易过程。假设一个持卡人拿着 A 银行发行的银行卡到 B 银行的 ATM 上取款（见图 4-4）。

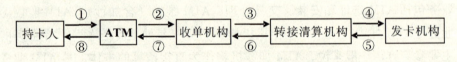

图 4-4　ATM 跨行取款处理过程图

第一步，持卡人看到 B 银行的 ATM 上贴有与其银行卡上同样的银行卡网络标识，由此确认 B 银行的 ATM 可以受理手中的卡片，将 A 银行的卡插入 B 银行的 ATM。

第二步，ATM 读取银行卡磁道信息，连同持卡人在 ATM 上输入的密码及取款金额等信息，组织交易信息发送至 B 银行的系统。

第三步，当 B 银行的系统判断出此卡不是本行卡时，将相关信息转送至与之相连的卡组织的转接清算系统，以获取交易授权。

第四步，转接清算系统根据银行卡号进行交易路由判断，在判断出此卡是 A 银行发行的卡片后，将相关信息送至 A 银行发卡系统以获取交易授权。

第五步，A 银行收到这些卡信息和交易请求后，系统自动核查该卡的密码和账户情况，并根据授权规则决定批准或拒绝交易请求。然后，A 银行向卡组织的转接清算系统发送授权应答，并为持卡人账户扣款（借记卡）或挂账（信用卡）。

第六步，接收到 A 银行的应答信息后，转接清算系统会将此应答信息转发给 B 银行。

第七步，B 银行的系统接到授权应答，向 ATM 发出授权指令或通知 ATM 拒绝交易。

第八步，若交易得到授权，ATM 按照取款金额吐钞，持卡人获取所需要的现金；若此交易请求被拒绝，ATM 显示拒绝交易的信息。

上述过程虽然较为复杂，但由于系统采用了电子化信息处理手段，整个流程一般在几秒内就能完成。

虽然持卡人取到了所需现金，但整个交易过程并未完成。在这一交易中，B 银行支付了现金给 A 银行的持卡人，但持卡人并未在 B 银行开立账户，同时 A 银行扣减了持卡人在该行的账户款项，因此 B 银行实际上为 A 银行垫付了持卡人所需要的现金。转接清算机构会将这笔取款交易与其他跨行交易一起在各入网机构之间进行批量的资金轧差清算，并完成资金的划转，此时 B 银行才得到这笔款项。

4.3.2.2 POS 收单

POS 收单业务分为以下几个部分：消费者在商户购买商品，刷卡消费，通过 POS 机将交易数据传送到收单机构，收单机构接收收据后，上传银联组织进行清算，银联将信息发送至发卡行，发卡行将对账单寄送给消费者进行核对，核对无误后将资金划转至商户账户中。

下面假设持卡人使用 A 银行的银行卡在 B 银行签约收单的特约商户通过刷卡支付货款（见图 4-5）。

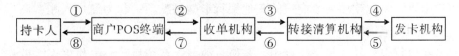

图 4-5 POS 跨行取款消费处理过程

在实际交易发生之前，B 银行已经完成了商户拓展工作：为了使持卡人能够在此商户使用银行卡，B 银行已与该商户签订收单协议，并为商户安装了 POS 终端、对收银员进行如何操作等相关培训，在店内张贴或摆放了银行卡网络的标识。

第一步，当持卡人看到与其银行卡上相同的银行卡网络标识时，就确认能够在此商户使用自己的银行卡，收银员在拿到银行卡时也会通过核查卡上的银行卡网络标识确认本店是否可以受理这张银行卡；在确认可受理后，收银员会在 POS 终端上刷卡并输入相关的交易信息，若发卡行要求密码交易，持卡人还须输入银行卡密码。

第二步，POS 终端通过与收单机构相连的通信线路将密码、卡片信息和请求授权的交易信息上送到 B 银行的收单系统，收单系统根据银行卡上的发卡行识别码（BIN）判别不是本行的银行卡后，会将相关信息送至卡组织的转接清算系统。

接下来的第三步～第七步，授权请求及授权应答在 A 银行、B 银行、卡组织系统之间的传递，以及 A 银行发卡系统对该卡的核查与账户操作与前述 ATM 使用中的情况基本相同。

第八步，POS 终端在收到允许交易的授权应答后，会自动打印签购单；收银员会要求持卡人在签购单上签字（有些凭密码的交易无须签字），并将该签字与银行卡背面签名条上持卡人预留的签名进行核对，核对无误后将签购单的其中一联交给持卡人留存；如果 POS 终端接到的授权应答显示为拒绝交易，则收银员会告知持卡人无法用此卡进行支付。如同 ATM 交易一样，从 POS 终端到收单系统、再到转接清算系统和发卡系统之间的交易授权请求和应答也是在瞬间完成的。

持卡人虽然在上述过程中完成用卡付款，但整个交易过程并未结束，因为商户并未真正收到货款。转接清算机构会在此交易批次结束时，将该款项与其他跨行交易款项一起在各入网机构之间进行轧差清算，B 银行得到该款项；同时，B 银行作为该商户的收单行也会与其对账，并在规定的时间内为商户结算，将此款项与该商户的其他银行卡交易款项一起为商户入账，商户由此得到该笔货款。

在银行卡交易的整个流程中，若机具故障、系统故障、操作失误、欺诈等原因导致交易参与方出现短款或形成损失，均可以通过事后的差错及争议处理解决。通过卡组织的差错处理机制，收单机构和发卡机构可对错账交易及疑问交易发起账务调整或单据调阅请求，而商户或持卡人对疑问交易也可委托收单机构或发卡机构代为进行差错处理。对无法通过正常差错处理流程解决的差错交易，收单机构和发卡机构可以按照卡组织的争议处理机制申请仲裁。

POS 业务的联网方式：

目前，我国各区域中心处理跨行 POS 业务的联网方式，主要有间联和直联两种模式。区域中心是指银联在各地所属的负责进行当地银行卡跨行交易清算的部门。

银行和商户签订 POS 协议的 POS 都是间联模式。POS 间联是指从 POS 终端机连接到收单机构（A）的主机系统，当持卡人持银行卡（发卡行 B）在 POS 上跨行消费时，信息先发送给收单机构 A，再发送给发卡银行 B。间联模式时，从商户出来的信息必须经过收单机构的审核环节，转给银联，由银联再转给发卡行，此模式下，收单机构可以检测到商户的交易情况。间联模式下，银行卡与 POS 为同一银行时无须经过银联进行跨行清算。目前，部分区域中心不再接受间联模式（如上海银联）。

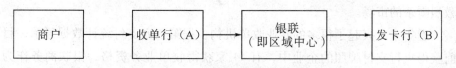

图 4-6　POS 间联模式示意图

商户和银联签订的 POS 协议一般是 POS 直联模式。POS 直联是指从 POS 终端机直接连接到银联主机，当持卡人持银行卡（发卡行 B）消费的时候，交易信息直接发送给发卡行 B，收单行 A 不会得到相应的信息。

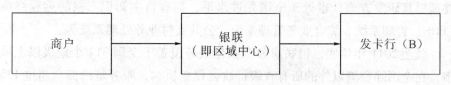

图 4-7　POS 直联模式示意图

直联 POS，是银联自己充当收单机构，数据直接到当地银联分公司，经跨行清算后再返回商业银行。直联模式在一定程度上可以避免银行通过压低扣率的方式抢占市场，但此种模式比较容易产生诸如信用卡套现一类的虚假违规交易，银联只收取收单行的收益，缺少控制银行卡收单风险的动力，也不承担套现、欺诈等风险。另外，直联模式有利于巩固银联在人民币银行卡跨行清算方面的专营地位。

间联 POS，是发卡行或收单行自己安装 POS，并维护商户的账务结算等基本银行服务，如果发卡行与收单行是同一家银行时，不向银联缴纳月租费，商户所缴纳的收单费用也是由布放 POS 的商业银行协商确定。如果发卡行和收单行不是同一家银行时，商户回佣收入在发卡行、收单行和转接清算组织之间目前按照 7∶2∶1 的比例分配。

间联 POS 是银行开展消费信贷和交叉销售的基本渠道，也是银行开展资金结算、公司金融服务的纽带，有利于银行开展一系列增值服务，如银行可以通过自己的间联 POS 为商户实现商户优惠折扣、信用卡积分、分期付款、交叉营销等增值服务。

4.3.3 专业收单机构

自 2011 年中国人民银行（文中简称央行）发放第三方支付牌照以来，银行卡收单业务由之前的商业银行主导变成了银联、商业银行、第三方支付激烈厮杀的市场。

近年来，兴起了很多的专业收单机构，据第三方支付统计数据显示，目前获得央行支付牌照的企业中，有 44 家获得收单业务资格，银联商务作为在 2011 年 5 月份首批获得中国人民银行颁发的第三方支付牌照的企业，是国内最大的银行卡收单专业化服务机构。银联商务是银联旗下专门从事银行卡受理市场建设和提供综合支付服务的机构，拥有一支经验丰富的技术开发队伍，在金融网络系统集成和应用开发方面，有着强劲的技术实力；在金融终端机具研发方面，也处于全国先进水平，拥有自主知识产权的远程终端（POS）管理系统、综合业务管理系统、公共支付业务处理系统等。

截至 2011 年年底，银联商务专业化服务覆盖了全国 314 个地级以上城市，在全国除台湾以外的所有省级行政区设立机构，服务特约商户超过 135 万家，维护 POS 终端近 190 万台，分别占银联联网商户和联网 POS 终端的 45.7%、44.7%。服务 ATM 及自助终端 9.5 万台，成为国内最大的银行卡收单专业化服务机构，处于行业领先地位。已经形成了银行卡专业化服务网络，可满足不同行业客户在全国范围的各种银行卡增值服务需求。同时，银联商务依托银联的资源，有较强的品牌竞争力。

银联商务凭借长期的应用经验和银联完善的支持内卡和外卡的跨行转接

平台，有较强的竞争力。我国正在加大力度，改善银行卡商户受理率，这意味着 POS 收单市场将呈现前景广阔的业务机遇。POS 收单业务也将面临一次新的跨越式发展。但随着获得牌照 POS 收单业务的企业不断增加，POS 收单市场的竞争也会更加激烈。同时，国家对第三方市场的监管力度加大和银联商务本身的国有化体制，这在一定程度上也给银联商务的发展带来了很大的挑战。

全民付是银联商务本着"服务社会，方便大众"的理念而推出的、面向广大公众的便利支付产品。它是利用公司遍布全国的 ATM、POS、自助终端等各种支付渠道，实现公众缴纳水、电、煤、通讯等公用事业费用以及信用卡还款、通信运营商充值、网上购物付款等需求。

全民付目前已开通的业务内容包括信用卡还款、手机话费直充、账单号支付、游戏/目录销售、余额查询、慈善捐款等。

知识拓展： **其他获牌的专业收单机构**

作为目前中国最大的线下支付公司，拉卡拉依托遍布全国的支付终端以信用卡跨行还款免费而小有名气，拉卡拉为用户提供安全、简单、方便、灵活的全方位便民金融服务。

截至 2011 年年底，拉卡拉家用机销售突破了 30 万台，而拉卡拉更完成了对全国便利店体系超 95% 的覆盖。2012 年每月超 2 000 万笔的刷卡支付业务量，让拉卡拉实现了月度的扭亏为盈（见图 4 - 8）。

图 4 - 8　拉卡拉商业运作流程图

1．拉卡拉商业运作流程

持卡人免除到银行、邮局排队麻烦，到就近的银行柜台、邮局柜台、一级便利店柜台的拉卡拉终端上刷卡办理日常生活中的金融业务，包括还款、缴费、充值；手机号汇款、账单号付款、公益捐款、账户充值；订阅报刊、购买票务、积分兑换，等等。

2．拉卡拉的盈利模式

拉卡拉的服务很少对普通用户收费，其盈利目前来自两方面：

手续费：通过在终端机上的交易对收款方收取一定手续费。

增值服务：是利用拉卡拉的渠道为商户提供其他增值服务，比如广告收入。更重要的是市场占有率，一旦拉卡拉在终端市场份额达到一定规模，便可以在这些网点上开发出各种各样的盈利模式。

4.4 转接清算组织

在银行卡发展初期，开展银行卡业务的机构一般会自己发卡、自己收单；随着银行卡业务的发展，为了实现资源共享，发卡机构之间开始通过联网共享商户和终端资源，这样，一个机构发行的银行卡可以在其他机构的收单商户或 ATM 上使用，从而产生跨行交易。跨行交易的实现需要有专门的机构来负责建设和维护银行卡跨行网络，并提供信息转接和资金清算服务，这个机构就是银行卡转接清算机构。根据业务领域的不同，银行卡转接清算机构可以分为借记卡转接机构、信用卡转接机构和 ATM 转接机构。

卡组织是银行卡转接清算机构的主要组织形式。如 3.3 节所述，根据收单机构的不同，银行卡组织分为封闭式卡组织和开放式卡组织，它们分别运营封闭式银行卡网络和开放式银行卡网络。

封闭式银行卡组织是指该银行卡组织本身既是发卡行，又做收单机构，将发卡和收单功能集于一身。属于这种类型的卡组织有美国的运通（American Express）、大莱（Dinners Club）、发现（Discover）和日本的 JCB 等。由于直接从事发卡和收单业务，所以在封闭式卡组织收入中，商户回佣和利息收入占比相对较高。例如，美国运通 2008 年信用卡业务的总收入中，商户回佣和利息净收入分别占 46% 和 23%。封闭式卡组织下的交易流程图如图 4-9 所示。

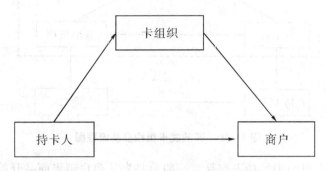

图 4-9 封闭式卡组织交易流程图

　　一笔持卡交易，一般是先从商户销售商品开始，然后持卡支付的消费者要通过刷卡支付商品价格和交易费，卡组织再从商品价格中扣除商户扣率，将剩余款项支付给商户。由此可见，在封闭式卡组织中，卡组织可以通过设定卡交易费和商户扣率，平衡市场两端的需求，最大化自身利润。

　　开放式银行卡组织是指发卡业务和收单业务分别由卡组织中不同的成员银行来承担的一种银行卡组织形式。属于这类卡组织的有维萨、万事达、银联等。开放式卡组织为收单市场和发卡市场的参与者提供了一个平台，使每个参与者都能连接到联网通用的庞大银行卡网络中，并与其成员机构之间制定统一的银行卡业务规范、技术标准、清算规则、成员机构业务成本收入分配及风险承担原则，以保证转接网络的信息交换和交易清算能有效进行。无论收单机构还是发卡机构，新参与者要想加入开放式卡组织，必须承诺遵守卡组织的各种规则，从而成为卡组织的成员机构。成员机构不但是银行卡组织的股东，也推举代表参与卡组织的董事会，因此，卡组织所有权和控制权掌握在成员机构手中，成员机构对卡组织的重大业务决策以及各项技术业务规则的制定具有直接的投票权。开放式卡组织下的交易流程图如图 4-10 所示。

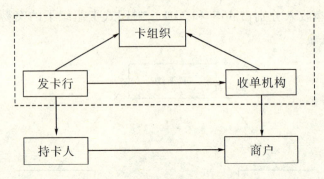

图4-10 开放式卡组织交易流程图

开放式卡组织中的持卡交易，一般也是先从商户销售商品开始，然后持卡支付的消费者要通过刷卡支付商品价格和卡费，发卡行从商品价格中扣除交换费，将剩余款项支付给收单机构，收单机构再从剩余款项中扣除服务成本，将余额支付给商户。与封闭式卡组织相比，首先是交易环节增加了，更重要的是在开放式卡组织下，对市场两端的定价只能间接进行。因为对开放式卡组织而言，卡费和商户扣率分别由发卡行和收单机构设定，组织本身只设定交换费水平。这就意味着交换费机制是开放式卡组织中唯一能够实现平衡市场两端需求的途径了。

目前，全球性卡组织包括维萨、万事达、运通、发现卡、吉士美和银联。其中，维萨和万事达在交易金额方面占领先地位，银联和维萨在发卡量方面较有优势。

4.4.1 银行卡转接清算机构的主要职能

为了给银行卡跨行交易提供信息转接及清算服务，银行卡转接清算机构首先需要建立一个跨行交易转接清算系统，并将该系统与发卡系统、收单系统实现连接，然后通过收单系统与 ATM、商户 POS 终端等连接，从而形成一个联结众多发卡机构、收单机构及各种终端的银行卡交易网络。通过这一网络，所有会员机构发行的银行卡可以在这一网络的任一商户及终端上使用，而跨行交易将通过银行卡转接清算机构把卡片及交易信息从收单机构转接给发卡机构，并由银行卡转接清算机构负责在发卡机构和收单机构之间进行所有跨行交易的资金清算。

为了使跨行交易得以实现，银行卡转接清算机构除了建立和运营跨行银行卡网络外，还需要与成员机构一起制定一套共同遵守的业务规则和技术标准。银行卡转接清算机构通常拥有一套完整的业务运作规章，包括成员机构管理规则、发卡、收单、特约商户管理、交易处理、代授权及转授权、资金清算、收费等规则，卡片、BIN 号、标识使用等规则，投诉、差错及争议处理规则，风险控制及安全管理规则等；随着新的卡片介质、支付渠道及业务类型的出现，还会不断增加与这些新业务有关的规则。与此同时，银行卡转接清算机构还会制定一系列与卡片、终端、系统相关的技术标准，通常包括磁条卡信息格式标准、IC 卡卡片及应用标准、各种类型终端技术标准、PIN输入设备安全标准以及信息转接清算过程中的交易信息处理、文件传输等标准。

只有所有入网机构及其特约商户都执行统一的业务规则和技术标准，才能保证各入网机构发行的银行卡都能在联网的商户和终端上使用；也才能保证交易中所需要的各种信息能够通过转接清算机构在不同的收单机构、发卡机构之间传递；并最终保证资金得以正常清算，系统能够稳定运行，差错、争议能够得到及时处理和解决。因此，银行卡转接清算机构利用各种方式推广这些规则标准，并保证这些规则和标准得到切实执行。

银行卡转接清算机构的核心业务是银行卡交易信息的转接和资金清算。基于上述网络与规则，银行卡转接清算机构可以将收单机构上送的卡片信息和交易请求转送给相关发卡机构，并将发卡机构的交易授权应答转发至收单机构，以使银行卡跨行交易能够顺利完成。银行卡转接清算机构还会按照清算批次对各机构之间的交易进行汇总、清分和清算，并根据轧差后的结果，于每批次固定时点，在各个机构之间进行资金清算。同时，银行卡转接清算机构还需要进行一系列与核心相关的其他业务处理，主要包括新入网机构的审查、差错处理、争议仲裁等。为了保证银行卡跨行交易的安全稳定运行，防范交易风险，银行卡转接清算机构也对收单、发卡和清算环节的技术手段和业务流程采取必要的风险管理措施。

此外，一些银行卡转接清算机构为了推动其银行卡网络的发展，把建立和经营银行卡品牌作为自身运作的一项重要内容。银行卡转接清算机构可以借助各种品牌营销的手段，不断提升其品牌影响力，吸引更多的机构加入其网络，引导更多的发卡机构发行其品牌的银行卡，推动更多的收单机构发展更广泛的特约商户和受理终端，吸引持卡人更多地选择使用自己品牌的银行卡。这不仅有利于扩大网络交易量、提高自身收益，而且有利于为入网机构、商户和持卡人带来更大价值。因此，通过品牌营销增强品牌竞争力成为银行卡转接清算机构的核心职能。与此同时，在当今支付技术不断创新的时代，一些银行卡转接清算机构也十分重视通过业务创新提升品牌竞争力，为成员机构创造更大的价值。它们利用自身在支付行业的影响力，联合相关各方研究新的支付技术，探索新的支付模式，并通过资金投入、制定相关标准和规则推广创新业务及产品。银行卡转接清算机构开展业务创新，可以解决各成员机构单独开展创新所带来的先行者的市场实践为后来者所利用却无须分摊相应成本的"搭便车"现象，从而避免成员机构在开展业务创新中可能受到的束缚和制约，有利于推动成员机构创新业务的开展并以此开拓更加广阔的市场空间。近几年，银行卡转接清算机构在 IC 卡应用、互联网支付、手机支付等新兴支付领域所做的探索以及不断推出的创新业务标准和规则，已经对成员机构发展创新业务产生了重要推动作用。在不同银行卡网络竞争日趋激烈的今天，品牌营销和业务创新已经成为银行卡转接清算机构之间品牌竞争的重要手段（见图 4-11）。

图 4-11　转接清算组织职能图

4.4.2　银行卡转接清算机构的盈利模式

银行卡转接清算机构的主要收入来源是转接费。该费用一般按照其系统实际处理的交易量向成员机构收取。除此之外，目前，一些全球性的银行卡组织还通过收取品牌服务费、授权许可费等方式直接获益。一般情况下，对于发卡机构发行的这些卡组织品牌的银行卡，不论卡交易是否经过这些卡组织处理，卡组织都会按照发卡量或交易量收取品牌服务费。品牌服务费通常会以卡片服务费、评估费等形式出现。

银行卡转接清算机构的主要成本来自于系统建设与更新维护成本、日常运营成本、营销成本。日常运营成本主要是指进行信息交换、数据处理、资金清分清算等业务处理而产生的运营成本。近年来，随着品牌竞争的不断加剧，转接清算机构在品牌营销方面的投入不断加大，营销成本已经成为转接清算机构的主要成本之一。

4.4.3 银行卡网络及银行卡转接清算系统

目前，绝大部分银行卡交易网络都以转接清算系统为核心，逐级向外扩展，所有入网机构的发卡系统或收单系统与之相联，ATM 及商户 POS 终端通过与收单系统的连接成为该网络的组成部分（见图 4 - 12）。

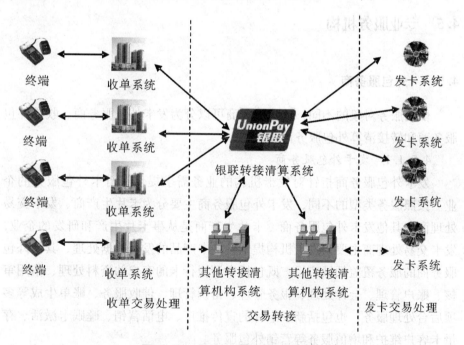

图 4 - 12　银行卡交易网络结构图

银行卡转接清算系统涵盖的主要业务功能包括交易转接、资金清分清算、差错业务处理、实时风险监控以及后台的数据分析处理。作为整个银行卡网络的核心处理节点，转接清算系统需要不间断处理大量的实时交易数据，并进行整个网络交易的批量清算处理，因此转接清算系统有高可靠性和高性能的技术要求。

信用卡业务开展初期并无电子化交易手段来支持交易处理过程，只能通过人工方式分别进行交易授权和资金请款，这种交易授权和资金请款分开的处理方式称为双信息处理方式。随着信息技术的发展，现代信用卡业务采取了电子化的交易处理手段，但大部分信用卡 POS 终端网络仍然沿袭了交易授权和资金请款流程分开的双信息业务处理模式；由于在交易过程中同样无须输入密码，签名借记卡 POS 终端网络一般复用信用卡网络，也采取双信息处理方式。授权信息和结算信息合一的单信息处理方式是伴随着借记卡取现业务的开展和信息技术的成熟而逐步产生的，国际上几乎所有 ATM 业务以及密码借记卡 POS 终端业务都采取单信息方式进行处理。

4.5 专业服务机构

4.5.1 外包服务商

依据服务对象的不同，外包服务商可以分为发卡外包服务商、收单外包服务商和转接清算外包服务商。

4.5.1.1 发卡外包服务商

发卡外包服务商指针对发卡机构的业务需求提供银行卡外包服务的企业。按照服务类型的不同，发卡外包服务商主要分为卡片生产商、发卡交易处理商和其他发卡外包服务商。卡片生产商是从事卡片生产和研发的企业；发卡交易处理商主要为发卡机构提供各种卡产品的发卡数据处理；其他外包服务商的服务覆盖领域广泛，既包括申请银行卡的客户的资料处理、信用审核、账户管理、会计处理、报务管理、密钥管理、催收服务、账单生成等多项后台处理服务，也包括新发卡片的宣传推广、电话营销、睡眠卡激活、存量卡客户维护和增值服务等营销外包服务。

4.5.1.2 收单外包服务商

收单外包服务商主要包括机具生产商、独立销售商和收单交易处理商。其中，机具生产商是指从事 ATM、POS 终端机具等电子支付系统终端产品研发、生产和销售的企业。独立销售商是从事商户拓展与培训、POS 终端布放与维护等业务的机构，它们专注于拓展商户和商户关系维护，为收单机构提供专业化外包服务。收单交易处理商主要对接收到的交易电子信息流进行技术处理。

随着交易处理业务对新技术依赖的日益增强，发卡交易处理功能均变得越来越复杂。对许多银行尤其是中小银行来说，建立并运营自有收单系统的成本显得越来越高昂。交易处理属于数据密集型业务，规模经济效应尤为明显。因此，在银行业竞争日益激烈的市场环境下，为了提高自身的核心竞争优势、充分利用外包服务商的规模经济效应以降低自身成本，越来越多的银行选择将收单交易处理外包给交易处理商。

4.5.1.3　转接清算外包服务商

与发卡外包服务商和收单外包服务不同，转接清算外包服务商主要是针对转接清算机构的系统进行外围维护和软件开发等工作。为发卡机构、收单机构和转接清算机构提供各类专业化服务的机构，习惯上被统称为第三方服务机构。第三方服务机构的业务已经覆盖到从发卡到收单的各个环节，并随着市场需求的不断扩展而延伸。

4.5.2　认证机构

4.5.2.1　证书管理机构（CA）

CA（Certificate Authority）是"数字证书认证中心"的简称，是指发放、管理、废除数字证书的机构。CA 的作用是检查证书持有者身份的合法性，并签发证书（在证书上签字），以防证书被伪造或篡改，以及对证书和密钥进行管理。

数字证书实际上是存于计算机上的一个记录，是由 CA 签发的一个声明，证明证书主体（"证书申请者"拥有了证书后即成为"证书主体"）与证书中所包含的公钥的唯一对应关系。证书包括证书申请者的名称及相关信息、申请者的公钥、签发证书的 CA 的数字签名及证书的有效期等内容。数字证书的作用是使网上交易的双方互相验证身份，保证电子商务的安全进行。

一个典型的 CA 系统包括安全服务器、注册机构 RA、CA 服务器、LDAP 目录服务器和数据库服务器等。其结构如图 4-13 所示：

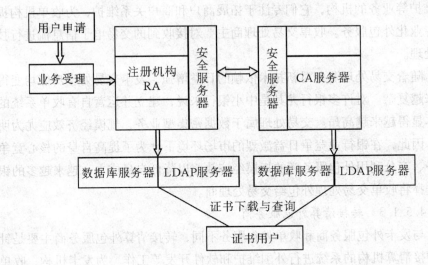

图 4 - 13　典型 CA 系统结构模型图

安全服务器面向普通用户，用于提供证书申请、浏览、证书撤销列表以及证书下载等安全服务。安全服务器与用户的通信采取安全信道方式（如 SSL 的方式，不需要对用户进行身份认证），用户与服务器之间的所有通信，包括用户填写的申请信息以及浏览器生成的公钥均以安全服务器的密钥进行加密传输，只有安全服务器利用自己的私钥解密才能得到明文，这样可以防止其他人通过窃听得到明文，从而保证了证书申请和传输过程中的信息安全。

自从 2000 年 5 月 29 日，中国第一家金融认证中心——中国金融认证中心（CFCA，www. cfca. com. cn）的正式挂牌，标志着中国正式开始了 CA 的认证工作。中国 CA 认证市场犹如雨后春笋，全国各地有几十家 CA 认证中心，其中由行业性的，有区域性的。行业性的 CA 有中国金融认证中心（CFCA）、中国电信认证中心（CTCA）、海关认证中心（SCCA）、中国邮政认证中心、外经贸委 CA、泰康 CA 认证中心、中国银行、中国工商银行、中国建设银行、招商银行的 CA 等。其中 CFCA 和 CTCA 又是行业性 CA 中影响最大的两个。区域性的 CA 大多以地方政府为背景，以公司机制来运作，如上海、广东、海南、大连、山西等 CA 认证中心。目前这两类 CA 认证中心还在不断增长。除了前面两种具有浓厚政府背景的 CA 认证中心以外，还有少数非政府色彩的商业 CA。比如德达创新公司、天威诚信公司等。

4.5.2.2 中国金融认证中心（CFCA）

CFCA 是经中国人民银行和国家信息安全管理机构批准成立的国家级权威的安全认证机构，是重要的国家金融信息安全基础设施之一，也是《中华人民共和国电子签名法》颁布后，国内首批获得电子认证服务许可的 CA 之一。

CFCA 作为国家级权威、公正的第三方安全认证机构，为网上金融、电子商务、电子政务提供安全认证服务；确保了网上信息传递双方身份的真实性、信息的保密性和完整性以及网上交易的不可否认性。

现在各家银行为开展网上业务也都成立了各自的 CA 认证机构，专门负责签发和管理数字证书，并进行网上身份审核，实现了权威的、公正的、可信赖的第三方的作用。这样，交易的双方在参加交易之前，就已经过了网络银行在互联网上的身份验证和确认。保证了买卖双方的真实身份，为安全的交易奠定了信任的基础。

4.5.3 其他服务供应商

其他服务供应商是指除了外包服务商和认证机构以外的银行卡产业链机构，包括信息交换和转接业务机构、第三方金融服务公司、支付处理支援商等。其中信息交换和转接业务机构提供交易信息转接职能；第三方金融服务公司提供商户管理、设备维护、信用分析、交易清算以及相关咨询等专业化服务；支付处理支援商提供与银行卡产业相关的硬件、软件及相关服务，如卡片制造商、设备机具制造商以及电信运营商等。银行卡产业内的其他服务供应商的种类非常广泛，涉及工业企业和服务类企业，它们分别为产业的消费方和供给方提供各类产品和服务。

在交易处理专业化服务领域，目前全球最大的交易处理商是第一资讯集团（以下简称 FDC）。全球排名前十大收单机构中大约有一半是 FDC 投资参股的。除了收单交易处理等专业化服务外，FDC 还为全球 2 000 多家发卡机构提供包括发卡交易处理在内的专业化服务。此外，FDC 旗下的西联国际汇款公司（Western Union）是全球最大的特快汇款公司，代理网点遍布全球近 200 个国家和地区。2008 年，FDC 的年收入达到 88 亿美元。

在国际银行卡专业化服务市场上，TSYS 也是一个重要的电子支付处理商，它为 300 多家收单机构和 100 多万个商户提供交易处理、POS 服务、商户信息管理服务、数据库服务等技术支持和信息处理相关服务．除了收单处理业务外，TSYS 还提供寄卡方面的服务，涵盖了从邮寄账单到系统运营等各个环节。此外，美国的环汇公司（Global Payments）、大通支付（Chase Paymentech）和伊万（Elavon）也是全球主要的收单处理机构。

在我国，银联数据是国内最大的发卡处理服务商，为银联、维萨、万事达、吉士美等主要卡公司的各种银行卡产品提供发卡数据处理和其他相关服务。作为专业的金融数据处理服务商，银联数据提供贷记卡、借记卡、预付卡、IC 卡、准贷记卡、虚拟卡、复合卡等多种产品的发卡数据处理，提供客户资料处理、申请流程、发卡数据准备、信用审核、账户管理、会计处理、报表管理、密钥管理、催收服务、制卡和账单生成及打印等多项服务，并符合银联、维萨、万事达等主要卡片组织的相应规范。同时，银联数据通过了 ISO20000IT 管理体系认证、ISO9001 质量管理体系认证、SAS70 第二类审计、PCI DSS 支付卡行业数据安全标准审计。2010 年 11 月，银联数据顺利通过了由中国人民银行组织的"商业银行银行卡系统技术标准符合性和安全性检测"，成为国内首家通过该项检测的银行卡系统外包服务商。截至 2012 年 10 月，银联已经与兴业银行、民生银行、华夏银行、中国邮政储蓄银行、浦发银行、花旗银行、东亚银行、中银通支付和石化盈科等境内外 143 家客户签署了发卡外包和集成服务合同，系统运营总卡量 5 619 万张。

【思考与练习】

1. 简述银行卡产业链的构成。
2. ATM 收单与 POS 收单的区别是什么？
3. 利用拉卡拉进行信用卡还款的优点都有哪些？
4. 银行卡转接清算机构的主要职能都有哪些？
5. 专业化服务机构在整个产业链中发挥着什么样的作用？

【案例分析】
银行卡产业十年发展　成果惠及经济社会①

我国银行卡业务经过 20 多年的发展，已经具备了一定的产业雏形。银行卡的种类、服务内容不断丰富，服务对象不断延伸，而且逐步同国际接轨；人们对银行卡的认识也不仅局限于储蓄介质，银行卡已经逐渐渗入到居民生活的各个方面。银行卡在为人们的生活提供便利的同时，作为一个产业其自身也实现了跨越式发展。就相关话题，记者连线了中央财经大学中国银行业研究中心主任、本报专家组成员郭田勇。

记者：说到银行卡，相信我们每个人都有切身的感受。当 20 世纪 80 年代银行卡进入中国时，大多数人还不知道什么是银行卡，而今银行卡已经成为人们生活中不可缺少的一部分。请问你是如何看我国银行卡业发展的成就的？

郭田勇：1985 年 3 月，我国第一张"中银卡"（BOC 卡）在中国银行珠海分行问世，1986 年中国银行发行了国内第一张信用卡——人民币长城信用卡。从 1987—1989 年两年时间，我国四大国有商业银行先后加入了万事达和维萨国际组织，并先后推出了本行的主打品牌信用卡。自 1985 年到现在，20 多年来，随着我国经济的快速增长和对外开放水平的不断提高，我国银行卡业从无到有，市场规模迅速扩大、专业化程度不断提高、服务水平日益提升。尤其是近几年，银行卡产业发展更是进入了一个快速成长的阶段。据相关数据统计，截至 2012 年第二季度末，我国累计发行银行卡已达 32.25 亿张，环比增长 3.9%，同比增长 20.6%，增速较上年同期加快 2.6 个百分点。其中，借记卡发卡量为 29.23 亿张，环比增长 3.9%，同比增长 20.9%，增速较上年同期加快 3.5 个百分点；信用卡发卡量为 3.02 亿张，环比增长 4.0%，同比增长 17.4%，增速较上年同期放缓 6.9 个百分点。

自 2002 年中国银联成立以来，专门建设和运营全国统一的银行卡信息转接和资金清算系统，实现了银行卡跨行信息交换的专业化服务，市场资源、机具设备实现共享。经过十年的发展，统一的"银联"标识人民币银行卡和具有自主知识产权、本土化的银行卡支付网络和品牌已经形成。2011

① 资料来源：李倩. 引领银行卡产业发展十年成果惠及社会经济［N］. 金融时报，2012-03-09.

年，我国银行卡跨行交易总额达 15.9 万亿元，同比增长超四成。

记者：为了满足境外卡境内受理和国际卡境外使用的需求，商业银行做了很多尝试，如建立银行卡中心、尝试自主管理、独立核算的运营方式。这些尝试的效果怎么样？

郭田勇：随着经济全球化及国际交流的日益频繁，为了满足境外卡境内受理和国际卡境外受理的需求。商业银行一方面不断改善外卡受理环境，外卡收单交易迅速增长；另一方面陆续发行国际卡，满足境内居民的境外消费需求。与此同时，随着市场竞争的加剧，各商业银行为了提高产品和服务的竞争力，纷纷借鉴国际同业的实践经验，建立银行卡中心，尝试自主管理、独立核算的运营方式。这些举措推动了商业银行银行卡业务向集约化经营的转变，有助于商业银行提高经营效益，提高防范和控制风险的能力，有利于加快业务创新的步伐和与国际接轨的速度。

中国银行卡产业在中国人民银行及银监会的组织、监督、领导下，取得了一系列突破性的进展，中国正在成为最具发展潜力的银行卡产业大国。

记者：在银行卡的使用当中，人们在关注便捷性的同时，对银行卡的使用安全提出了更高的要求。商业银行和中国银联打击各种银行卡犯罪取得了哪些成绩？

郭田勇：伴随着银行卡业务的迅速发展、规模的不断扩大，银行卡犯罪也接踵而至。针对各种犯罪行为，商业银行和中国银联积极配合人民银行、银监局及公安部门共同打击银行卡违法犯罪，保障了社会公众的财产安全。2011 年，共侦破了数百个银行卡犯罪团伙，打击、震慑银行卡犯罪，提升银行卡经营机构风险和案件的防控水平，增强了社会公众安全用卡意识和技能，取得了显著成绩。

针对各种利用银行卡的犯罪现象，中国银联联合商业银行等有关方面，不断完善银行卡风险防控体系，为持卡人营造安全用卡环境，推动了银行卡产业健康、有序发展：一是联合各方成立行业自律组织，健全和实施风险管理机制，为有效防范银行卡风险提供保障；二是与境内外警方、商业银行等各方密切协作、联动应对，共同打击银行卡违法犯罪；三是建立风险信息采集和共享平台，为商业银行监控、处置风险事件提供技术支持和信息服务；四是规范商业银行在发卡审批、商户入网等方面的管理和操作流程，从源头上降低银行卡风险；五是组织形式多样的安全用卡宣传及培训，帮助持卡人安全用卡。

记者：我国银行卡业务尽管发展迅速，但发展区域不均衡，在银行卡经营管理、用卡意识、市场培育、创新水平等方面都存在较大差距。您如何评价我国为了进一步促进银行卡产业持续健康发展所出台的政策措施和落实情况？

郭田勇：我国农村地区银行卡应用面应有待扩大，银行卡支农惠农的作用还应加强。近年来，为解决农村地区金融服务网点少、支付服务供给不足的现实问题，为广大农村居民提供低成本、高效率的取款服务，使农民足不出村就可领取到各类政府补贴、汇款等款项，中国人民银行借鉴农民工银行卡特色服务的经验，发布了《中国人民银行关于推广银行卡助农取款服务的通知》，明确在 2013 年年底前实现助农取款在全国农村乡镇、行政村的基本覆盖，满足偏远农村地区各项支农补贴资金、日常小额取现、余额查询等基本金融需求。这是银行卡业务发展的良好机遇，各大商业银行应该抓住这次机会，调整银行卡特别是信用卡业务单一城市高端客户的发展模式，大力发展数量众多、具有一定潜力的二三线中小型城市以及县域农村地区的银行卡业务，实现客户群体从高端向中低端的逐步覆盖。

目前，在农村地区开展助农取款服务的商业银行主要包括农业银行、邮储银行以及地方涉农金融机构。以农业银行和邮储银行为例，截至 2011 年年底，助农取款服务点合计达 9.61 万个，2011 年累计取款交易笔数和累计交易金额分别达到 244.24 万笔和 7.61 亿元。从整体来看，助农取款的开展有效改善了农村金融服务环境，在将现代化支付便利延伸到广大偏远乡村，取得了"政府满意、监管支持、农民受益、银行发展"的良好效果。

问题：结合案例，试着分析一下我国银行卡产业发展不均衡的问题，提出你认为可行的解决方案，提出你对银行产业未来发展的设想，未来十年银行卡产业又将如何惠及经济社会。

5 银行卡产业商业模式

【本章导引】

　　银行卡产业的发展不仅使银行业受益，对整个国民经济和社会发展也都具有重要的促进作用。本章首先从宏观与微观两个层面分析了银行卡产业的价值主张，随后介绍了两种不同银行卡产业组织形式及其定价模式，在此基础上分析了我国银行卡产业定价机制的发展历程与现状，并对其特殊性与合法合理性做了简单阐述。最后，本章概括了银行卡业务的主要收入来源与成本构成，使读者对银行卡产业的盈利模式有初步了解。

【重要术语】

　　商业模式、价值主张、定价机制、盈利模式。

【知识架构】

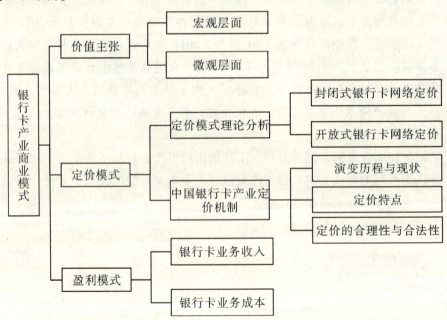

【导入案例】

刷卡手续费过高　百姓齐问何时降①

据了解，早在 2011 年 5 月，就由国家发改委牵头，会同商务部、人民银行、银监会共同研究制定降低银行卡刷卡手续费方案。在中国商业联合会的组织下，中国连锁经营协会、中国烹饪协会、中国百货协会和中国饭店协会共同参与了降费方案的调研和与银行方面的谈判。2012 年 8 月国务院出台《关于深化流通体制改革加快流通产业发展的意见》，再次明确要降低刷卡手续费。但由于各方原因，到目前为止，降费方案的出台还没有明确的时间表。

中国银行业协会银行卡专业委员会有关负责人介绍，自 2011 年起，国家发改委及各金融监管机构组织相关部门对餐娱、百货一般类商户及批发类等重点行业商户的银行卡刷卡受理情况及手续费收费标准情况进行了充分调研，商业银行积极参与并与相关部委进行了深入的沟通和交流，提出合理建议，其中部分建议得到采纳。本次银行卡刷卡手续费率的调整，是一次结构性优化调整。银行业积极配合此次刷卡手续费的调整，从国民经济发展的全局出发，旨在扶持相关行业发展，在一定程度上减轻企业负担，刺激刷卡交易量上升，从而推动整个国民经济的发展。

刷卡手续费过高增加企业成本

以零售行业为例，其平均利润率只有 2% 左右，而银行刷卡手续费就高达 0.5% ~1%。部分行业商户刷卡手续费负担过重，尤其是部分营业额较大的商户，支付的刷卡手续费持续增加，已成为继房租、人工成本和电费后的第四大开支。

刷卡手续费降低将实现多赢

"在刷卡消费过程中，银行所提供的服务只是收单业务结算，其收取的佣金明显偏高。"业内人士指出，高收费不合理，目前国内经济增速下行，各类商户利润呈下滑之势，刷卡手续费给商户带来巨大压力。不合理的收费使银行与商家产生利益之争，也与当前"拉动内需，扩大消费"、"减少流通环节收费"的国家政策要求不协调。

此前，刷卡手续费居高不下曾多次引发质疑。早在 2004 年深圳就曾爆

---

① 资料来源：刷卡手续费过高　百姓齐问何时降［N］. 河北日报，2012－09－25.

发零售商"罢刷"事件；2011 年 2 月，湖北等13 个省（市）餐饮协会联合有关部门，呼吁降低餐饮行业刷卡银行收费；2012 年 4 月，来自上海、天津等近30 个省（市）餐饮行业协（商）会负责人联合呼吁降低餐饮业营业税和降低餐饮业刷卡费。近日，中国连锁经营协会又公开呼吁，尽快出台降低银行卡刷卡手续费方案。

经济界人士认为，在当前国内经济下行，CPI 上涨导致消费者持币观望的现状下，降低刷卡手续费有利于刺激消费，拉动经济增长，对银行、商家和消费者都有好处。"刷卡手续费率下调不可避免将导致银行收入短期受到影响，但银行应着眼于长远利益，不应该只将目光锁定在已有市场上，将'蛋糕'做大对各方而言都是好事。"专家说，目前的刷卡费率让不少商家拒绝提供刷卡消费，既不便于消费者，也不利于银行铺设渠道。

经过 20 多年的发展，我国银行卡产业从无到有，从小到大，取得了举世瞩目的成绩，并形成了鲜明的中国特色。那么，银行卡产业的出现给居民、企业乃至整个社会经济带来了怎样的影响，有着怎样的价值？银行卡业的定价是怎样的？它是如何收费的？其盈利模式又是怎样的？本章对银行卡产业的商业模式做了概要的介绍，以便解答上述问题。

5.1 银行卡产业价值

人类的货币发展史经历了以物易物，贝壳、牲畜等自然货币的产生，陶器、金银等铸币的出现，轻便、易于携带的支票和纸币的使用，最后到电子货币的诞生。这其中每一次变化都是支付方式的重大创新，而电子货币的普及为人类支付史的发展带来的变革是根本性的。而银行卡作为电子货币的主要载体，代表着先进的支付工具，是现代社会最为重要的个人支付方式，其价值与重要地位不言而喻。

银行卡产业是传统金融业务与现代信息技术有机结合的新兴产业，在国际上已经发展成为一个庞大的产业体系，并且仍然保持着较快的增长速度。在我国，银行卡产业从 20 世纪 80 年代起步，经过 20 多年特别是最近几年的快速发展，已成为我国金融领域的重要组成部分，为推动我国国民经济增长和提高居民生活质量做出了巨大贡献。

在我国政府的积极推动和产业各方的共同努力下，银行卡目前已经成为国内最重要的个人非现金支付工具。相比现金支付，银行卡便利快捷，可以为消费者带来全新的消费体验，也使民众的消费意愿更加强烈、消费决策更加果断、消费行为更加活跃。作为现代支付方式，银行卡有效拉动了国内消费，对启动内需和转变经济发展方式发挥了重要的促进作用。

5.1.1 宏观层面

5.1.1.1 银行卡产业发展能够拉动居民消费，促进国民经济增长

一般来说，可支配资金和消费倾向是决定消费的重要因素。银行卡的支付便利可以提升消费倾向，进而提高消费水平。具体而言，银行卡相对现金更加安全方便，持卡人不必因为现金携带不足而无法消费。银行卡不仅可以用于现场支付，还可以通过互联网、手机、电话等渠道实现远程支付。持卡人足不出户，就可以购买商品和服务。此外，银行卡还可以减少个人备用现金，增加银行存款，扩大可投资资金。美国权威研究机构（Globalinsight，2003）针对全球 50 个国家的居民消费支出与电子支付比重关系的实证研究揭示，电子支付在消费支出中的比重每增加 10%，就能带来 0.5% 的总消费增长。

另外，信用卡作为银行卡家族的一员，除支付便利之外，还能集消费信贷与支付功能于一体，其广泛使用也能有效地拉动消费增长。首先，信用卡这一方便的消费信贷工具使人们可以用未来的收入支付目前的消费。例如，年轻消费群体预期收入增长空间大，倾向于透支消费，可以通过使用循环信贷或者信用卡分期付款等方式弥补目前收入的不足。其次，银行与商户开展联合营销活动能直接刺激消费。例如，信用卡账单中富有针对性的商品促销、刷卡消费的积分奖励等都能有效促进消费增长。另外，银行通过细分信用卡客户群体，提供差异化的增值服务，如大量的产品信息和消费服务，可以把人们的潜在需求激发为现实的消费欲望，进一步促进消费。

概括而言，银行卡既可以通过提供支付便利提高持卡人的消费意愿，又可以通过信用卡的消费信贷功能使持卡人增加现期消费能力。可见，银行卡的使用能有效拉动居民消费增长，直接活跃银行卡支付应用行业的需求，与此同时，也极大地促进整个社会的经济增长。

5.1.1.2　银行卡产业发展能降低全社会支付成本，提高支付效率

银行卡的使用可以降低全社会交易成本。所谓支付方式的社会成本，是指整个国家在支付过程中发生的，能以资金和劳动力计算、衡量的资源成本。它包括支付链上所有关联方（包括中央银行、金融机构、商户和消费者）在销售终端完成交易时所消耗的人力、资金、设备、场地等费用的总和。

银行卡的广泛使用可以减少因使用现金所产生的造币、运输、保管等环节的费用开支，从而降低交易成本。研究表明，如果一个国家从纸基支付全面转向卡基支付，节约的总成本至少相当于 GDP 的 1%[①]。以中国为例，银行卡支付成本仅相当于现金支付成本的 38%，随着支付规模的持续扩大，银行卡支付降低社会支付成本的效应更加明显。2006—2008 年国内银行卡替代现金支付所节约的社会成本约为 927 亿元。而且，银行卡渗透率每提高 10 个百分点，会相应减少社会成本 109 亿元。

与此同时，银行卡作为重要的流通手段，其大规模应用还能提高支付效率。相对于现金或票据支付涉及的人工点钞、验钞、找零、核对等多个环节，银行卡交易由计算机自动进行，一般在几十秒内就能完成，速度非常快，从而有助于改变传统纸质凭证支付方式效率低、差错率高等不足。

1.1.3　银行卡产业发展能提高交易透明度，完善税源管理，强化社会信用文化

大量的地下经济不仅会减少国家的财政税收收入，而且还成为滋生腐败、犯罪的温床。使用银行卡支付，纳税人的收入和支出信息都有记录可查，政府能够通过税收监控，有效防止个人所得税流失。银行卡支付的普及，也使政府能够充分掌握商户的交易信息，有效地监控各类商户的销售活动，为企业营业税、增值税及所得税的征收提供有力的依据，有效防止偷税漏税行为，显著增加税收收入。使用银行卡支付，还有利于打击地下经济、防止洗钱、控制非法收入、预防和遏制腐败。

此外，银行卡的使用，还有利于推动社会信用文化建设。信用卡作为大众化的消费信贷载体，具有广泛的覆盖性。信用卡的使用可以完整记录消费

---

① 资料来源: Humphrey, David, Magnus Willesson, Ted Lindblom, and Goran Bergendahl, "what Does It Cost To Make A Payment?", Working Paper, Department of Finance, Florida State University.

者交易数据和还款数据，其大范围使用将快速扩大个人征信体系数据库的覆盖人口数，从而健全个人信用体系。个人信用体系的记录不仅是人们申请信用卡的资质凭证，而且也将成为人们申请或办理所有与信用记录相关的业务的参考。因此，银行卡尤其是信用卡的使用有利于培养人们的诚实守信理念。

简言之，银行卡作为现代社会最主要的非现金支付工具，其推广和普及对于降低交易成本、减少现金流通、促进相关产业发展、促进消费、加强反洗钱、扩大税基、加强社会文化建设具有重要的意义。

5.1.2 微观层面

5.1.2.1 银行卡产业的发展能为个人客户提供综合的金融服务

通过银行卡，商业银行可以满足客户消费、存取款、信用贷款、转账、外汇买卖、基金证券买卖、公共事业缴费等绝大多数个人金融需求。而且，由于银行卡本质上是电子支付信息载体，它的普及催生了电话银行、网上银行、手机银行、自助银行等众多现代化服务渠道的诞生和发展。这些新渠道的出现，大幅度提高了商业银行的服务效率，成为其低成本快速扩展服务范围和深度的有力手段。

5.1.2.2 银行卡产业的发展能促进商业银行等发卡机构的金融业务发展

资本市场的发展和直接融资渠道的多元化使得商业银行公司业务的市场空间受到抑制，与此同时个人业务却拥有更大的发展空间。相对于公司业务而言，个人业务风险更加分散，出现坏账的概率较低，拓展中间业务的空间更大，因此，越来越多的商业银行把个人金融业务作为新的利润增长点。随着银行卡功能的不断完善，商业银行开展大部分个人业务都离不开银行卡，银行卡已经成为商业银行向个人提供综合金融服务的平台。

日益丰富的借记卡能帮助商业银行低成本吸收存款，由此扩大银行的可投放资金。信用卡作为一项资产收益率较高的信贷产品，是商业银行向个人提供消费信贷服务的重要工具，可以为商业银行带来相当可观的收入。此外，银行卡业务还能够增加商业银行的中间业务收入。银行卡中间业务收入范围广泛，除了最基本的银行卡年费和小额账户管理费外，还包括存取款、汇款、挂失等手续费收入，代理保险、基金等产品的交叉销售收入，向各类商户提供收单服务所获得的收单收益以及作为发卡机构所获得的交换费收入等。

除此之外，借助银行卡这一载体，商业银行还可以建立起由 POS、ATM、手机、电话、电脑等各类终端及营业网点共同组成的服务体系，通过在银行卡上附加多种增值服务和功能，向客户提供综合化金融产品和一站式服务。此外，银行卡在个人支付领域的广泛应用，还使发卡银行可以通过银行卡随时追踪客户交易，有利于掌握客户交易行为特征，为客户提供更有针对性的服务，以此提高个人客户服务的质量。

5.1.2.3　银行卡产业的发展能推动我国制造业等相关行业发展

随着银行卡应用的推广和普及，银行卡产业链条不断延伸，相关行业也不断扩展。银行卡的发展不仅直接促进了商业银行个人金融业务的发展，而且还推动了一系列相关行业的发展。

一方面，银行卡产业内部存在直接为银行卡使用提供硬件支持的制造企业，譬如卡片、芯片生产商，ATM 和 POS 终端厂商等。银行卡市场规模的不断扩大及其产品技术标准的升级、支付渠道和支付终端类型的丰富，譬如银行卡由磁条卡向芯片卡的迁移、银行卡加密技术的发展等，将推动相关制造企业的技术革新，并带动其规模扩张。另一方面，银行卡相关交易环境的建设将带动电信、系统集成、软件设计开发等高新技术行业的发展。

与此同时，银行卡的应用大大改善了电子商务的支付流程，尤其是在B2B 领域，银行卡在快速消费、批发等方面优化了企业资金归集管理，极大地提高了企业的资金使用效率，从而有助于其市场价值的提升。

5.2　银行卡产业定价模式

5.2.1　银行卡定价模式理论分析

5.2.1.1　银行卡产业新特征

正如第 3 章所述，银行卡产业具有典型的双边市场特征及外部性特征，这些特征使其发展成为了一个非常独特的产业，并具有很多不同于一般传统行业的特点。

（1）形成了特有的银行卡产业组织形式

银行卡产业的双边市场特征，决定了将持卡人和商户联系到一起的平台在产业中处于枢纽地位，并在产业发展过程中，催生了运营这一平台的新型组织形式——银行卡组织。封闭式卡组织通过自身网络直接将持卡人和商户联系在一起，如美国运通、日本吉士美等；开放式卡组织则通过吸纳众多的发卡机构和收单机构成为会员，构建出一个服务于持卡人和商户的网络平台，例如维萨、万事达、银联等。

封闭式卡组织作为典型的双边市场平台运营商，其发展的关键是如何根据市场环境的变化，在发卡和收单两方面确定一个合理的价格结构，使持卡人和商户利益得到平衡，推动银行卡交易增长。

开放式卡组织作为一种独特的"竞合组织"，其结构和运营机制都比封闭式卡组织复杂得多。开放式卡组织的系统和品牌相当于一个服务平台：一方面，为了确保这一平台上的交易处理、授权、清算等系统能够正常运行，会员机构需要合作，共同制定和遵守一系列标准和规则；另一方面，会员机构可以在这个平台上发展各自的业务，并在发卡或收单领域展开竞争。

既合作又竞争的运作方式使开放式卡组织的网络效应得到充分发挥。卡组织网络平台的开放性减少了规模较小的机构进入银行卡领域的障碍，强化了发卡业务和收单业务的竞争。充分的竞争不仅使持卡人和商户从中受益，而且促进了银行卡网络自身的发展。

竞合组织的特性也加大了开放式卡组织运作的复杂性。对于开放式卡组织来讲，它既需要一套业务运作机制，以保证一系列涉及发卡、收单、授权、转接、清算等各环节的业务技术标准能够及时制定和实施；它也需要一种符合双边市场特点的定价机制，通过设定一个合理的价格结构来平衡双边市场的各方利益，推动卡组织及其成员共同发展。

银行卡组织在产业中的枢纽地位以及独特的组织形式，使它在发展过程中受到广泛关注。作为一种特殊的竞合组织，开放式卡组织的行为，在引起理论界兴趣的同时，也受到各利益相关方的关注。

（2）形成了独特的银行卡定价机制

①非对称性定价。在银行卡双边市场中，银行卡网络中的特约商户越多，代表该网络的品牌就越能吸引持卡人；持卡人越多，该网络品牌对商户的吸引力也就越大。由于持卡人和商户之间存在需求互补性，因此，网络平台的产品和服务定价不同于传统单边市场。网络平台常常根据市场条件的不同，通过利益关系向某一方倾斜，有时是通过很明显的低价收费甚至是补贴

的方式，以达到吸引其参与到该网络中来的目的。

例如，在开放式银行卡网络中，对商户而言，受理银行卡不仅能够节约现金管理成本、提高资金安全性，而且能有效帮助商户扩大客户群、提高客户忠诚度、促进销售收入的增长。由于商户通过受理银行卡获得了更多的实质性利益，所以，银行卡交易的主要收入来源于商户，而持卡人付费很少甚至不用付费，同时还能享受免息期以及消费积分等优惠。从封闭式卡组织的发展历程来看，当大莱卡进入支付市场时，它对持卡人实行免费；在获得了足够吸引商户的持卡人数量后，它才开始向持卡人收费。与大莱相比，美国运通刚进入市场时的商户扣率较低，而持卡人年费则相对略高。

②以交换费为基础的定价体系。银行卡产业的网络外部性造成了市场失灵[①]。也就是说，银行卡网络两端的用户无法进行成本转嫁，只能依靠平台运营商来平衡各参与主体之间的利益分配。比如发卡机构无法将银行卡交易的网络数据处理成本转嫁给收单机构，收单机构无法将受理银行卡的成本直接转嫁给持卡人等。为了保证银行卡网络的有效运作，银行卡组织需要制定包括银行卡定价在内的一整套规则以平衡发卡机构和收单机构之间的利益。

在这种情况下，银行卡交换费应运而生。例如，在通常情况下，交换费是指发卡机构因向消费者发行银行卡及提供相应服务而获得的收入，收单机构通常根据银行卡每笔交易的一定比率向发卡机构支付该费用。银行卡组织通过制定和调整交换费实现资源从收单市场向发卡市场的转移，以使发卡机构和收单机构均能获得相应的利益保障。

同时，银行卡组织通过交换费的调整来影响发卡机构对持卡人的收费以及收单机构制定的商户扣率，进而影响市场各方的行为。交换费作为收单机构的一项支出，交换费提高意味着收单机构的支出增加，收单机构可以通过提高商户扣率来弥补交换费增加所带来的收单服务支出的增加，但是，这种调整会使商户受理银行卡的意愿下降，对持卡人用卡带来不利影响。另外，交换费可以视为发卡机构向持卡人提供服务的一种回报。交换费提高，则发卡机构收益增加，这有利于发卡机构加大对发卡和用卡的营销投入，或降低对持卡人收费（如年费），以刺激持卡人进一步用卡，从而促使更多的商户

---

① Baxter W. F. Bank Interchange of Transactional Paper: Legal Perspectives [J]. Journal of Law and Economics, 1983 (26): 541 - 588.

受理银行卡。银行卡组织正是利用这样一种价格机制，对发卡市场与收单市场之间的价格结构进行调整，从而有效促进持卡人和特约商户加入银行卡网络并发生交易，实现基于银行卡网络的交易量的增长。

因此，银行卡组织制定的交换费成为银行卡定价体系的基础和核心，对于提高产业运作效率、降低交易成本具有积极作用。从国外银行卡产业发展经验来看，开放式银行卡组织均不直接对商户扣率进行定价，而是通过制定和调整交换费来协调发卡市场和收单市场的发展，在保证产业参与各方既得利益的基础上，促进产业全面健康发展。

5.2.1.2 封闭式银行卡网络的定价模式

在封闭式银行卡网络中，卡组织既是发卡机构又是收单机构，双边市场之间的利益平衡转化为卡组织内部利益的协调。卡组织直接与双边市场的终端用户（持卡人和特约商户）相联系，所以，封闭式银行卡网络的定价直接体现为卡组织向持卡人收取的费用和向特约商户收取的商户回佣。其中，卡组织向持卡人的收费依卡产品和具体业务不同而有所差异[1]。借记卡的收费主要包括年费、小额账户管理费以及持卡人享用发卡机构提供的各种服务所缴纳的手续费；信用卡的收费主要包括年费、持卡人使用循环信贷和预借现金时产生的利息以及发卡机构向持卡人提供服务的手续费，譬如预借现金手续费、分期付款手续费、超限费[2]、卡片挂失费等。上述费用有的是在持卡人领卡片时一次性收取的，有的是按周期固定收取的，有的是在持卡人享用特定服务时才收取的。这里将上述费用统称为卡费[3]。封闭式卡组织通过调整对持卡人和特约商户的收费水平来维持双边市场中的平衡关系。

封闭式卡组织一般直接与商户谈判协商确定商户回佣，其特许发卡机构和代理收单机构则按照谈判协商确定的特许协议或代理收单协议获取收益。这些定价没有统一的标准，且可以根据市场变化进行调整。

图 5 - 1 为封闭式银行卡网络定价及收费模式。首先，持卡人在申领银

---

① Wright J. Optimal card payment system [J]. European Economic Review, 2003 (47)：587 - 612. RochetJ. C. and J. Tirole. Cooperation Among Competitors：Some Economics of Payment Card Associations [J]. Rand Journal of Economics, 2002, 33 (4)：1 - 22.

② 所谓超限费，是指在一个账单周期内，累计使用的信用额度超过发卡行核准的信用额度时，银行对超过信用额度部分收取的费用。

③ 下文出现"卡费"的含义同此处。

行卡后，在用卡过程中，卡组织通常会向持卡人收取卡费 f。其次，在持卡人用卡时，若持卡人在某商户购买金额为 p 的商品或服务且刷卡支付，银行卡组织将从持卡人账户扣划相应金额 p。卡组织将商品售价 p 扣除商户回佣 m 后的资金 p－m 支付给商户。

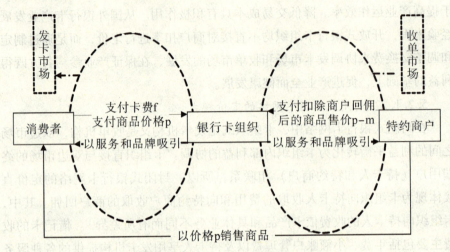

p：商品销售价格； f：卡费；m：商户扣率

图 5－1　封闭式银行卡网络定价与收费模式

5.2.1.3　开放式银行卡网络的定价模式

与封闭式银行卡网络的定价机制相比，开放式银行卡网络的定价更为复杂。在开放式银行卡网络中，持卡人和发卡机构组成发卡市场，特约商户和收单机构组成收单市场。图 5－2 为开放式银行卡网络的定价及收费模式。首先，与封闭式银行卡网络的定价模式相似，持卡人在申领银行卡后，在用卡过程中，发卡机构通常会向持卡人收取卡费 f。当平台发生交易时，消费者从商户那里购买到商品后向发卡银行支付商品价格和卡费 p＋f；发卡银行收到这笔资金后，将扣除交换费后的资金 p－a 支付给收单机构；收单机构扣除商户扣率之后，将剩余资金 p－m 支付给商户。此外，发卡机构和收单机构还需要向银行卡组织支付网络转接服务费①。

---

① 在我国，网络转接服务费仅由收单机构向卡组织支付，下同。

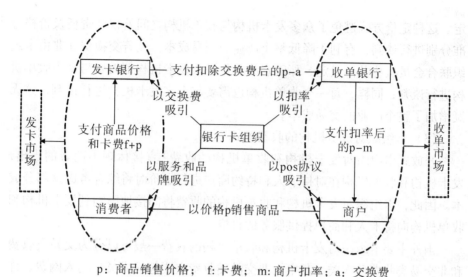

p: 商品销售价格； f: 卡费； m: 商户扣率； a: 交换费

图5—2 开放式银行卡网络定价与收费模式

在整个交易中，收单机构因向特约商户提供 POS 终端布放和维护、资金结算、差错处理等服务而获得的收单收益，即为商户回佣 m。而交换费和转接费属于收单机构的支出。其中，转接费是指银行卡组织向发卡机构和收单机构提供跨行交易信息转接服务而获得的收入。收单机构和发卡机构通常根据银行卡每笔交易金额的一定比率向银行卡组织支付该费用。

（1）持卡人和商户端的定价模式

在开放式银行卡网络中，对终端用户即持卡人和特约商户的定价一般体现为发卡机构向持卡人收取的卡费和收单机构向特约商户收取的商户回佣。在银行卡市场发展较为成熟的国家，持卡人卡费及商户回佣等对市场终端用户的收费一般采用市场定价方式。卡费和商户回佣的水平不仅取决于发卡机构和收单机构提供服务的成本，而且在很大程度上受到发卡市场和收单市场竞争程度的影响。

除受市场因素影响，交换费的高低也会直接影响卡费和商户回佣水平。上节已经详细阐述了交换费对持卡人收费和商户扣率的影响机理，从这一影响机理中可以看出，交换费属于收单机构的支出，所以交换费对商户扣率的影响更为直接。

（2）交换费的定价模式

交换费自产生以来，一般由卡组织在其规则框架内联合会员机构共同设定。这种定价方式避免了众多发卡机构与收单机构之间就权利责任及价格标准分别进行谈判，有利于降低整个产业的交易成本。倘若交换费并非由卡组织联合会员机构共同设定，那就意味着每一个发卡机构都需要与众多收单机构进行谈判；同样，每一个收单机构也需要与众多发卡机构进行谈判，这无疑增加了整个产业的交易成本。

（3）卡组织对成员机构的收费模式

开放式卡组织对发卡机构和收单机构的收费[①]直接体现为两者的支出，发卡机构和收单机构在对持卡人和特约商户进行定价时将综合考虑这部分成本。因此，卡组织对发卡机构和收单机构的收费将间接地影响到发卡机构和收单机构向持卡人和商户提供服务的价格。

国外主要卡组织对发卡机构和收单机构的收费一般可以分为交易类收费和非交易类收费两大类。其中，非交易类收费主要包括成员机构入网费、许可费、系统网络测试费等固定费用，与发卡量相关的品牌服务费，以及全球客户服务费，风险管理费和其他杂费等。交易类收费主要包括与交易量相关的数据处理费、跨境交易费、境内交易费，以及与交易差错相关的调单处理费、争议处理费和账户管理费等。

5.2.2 中国银行卡产业定价机制与现状

随着产业的发展，中国银行卡产业定价机制也相应发生了一定的变化，并形成了与其他国家不同的定价体系。

5.2.2.1 中国银行卡定价机制演变历程与现状[②]

在中国银行卡产业发展初期，由于银行卡网络尚未形成，发卡银行大多

---

① 在中国，卡组织仅向收单机构收费，下同。

② 新浪财经讯：2012 年 11 月 26 日，中国人民银行下发给各银行和金融机构的银发［2012］263 号文（《中国人民银行关于切实做好银行卡刷卡手续费标准调整实施工作的通知》）显示，国务院已同意了银行卡刷卡手续费标准调整方案，并于 2013 年 2 月 25 日起全面执行新的银行卡刷卡手续费标准。

此次银行卡刷卡手续费收费标准调整，早在 2011 年年底便已提上日程，当时根据国务院提出的"抓紧出台降低流通费用综合性实施方案"要求，作为金融机构支持实业经济发展、减轻企业负担的一项具体举措，受到市场关注。经长达一年的沟通讨论，费率修改方案数易其稿，终于尘埃落定。

新银行卡刷卡手续费标准，维持了现行刷卡手续费行业差别化定价，行业分类主要分成餐饮娱乐类、一般类、民生类以及公益类四大类，总体下调幅度在 23% ~ 24%，其中餐饮娱乐类下调幅度高达 37.5%。

自己收单,银行卡定价相对简单,发卡银行只需与商户单独确定扣率水平即可。随着银行卡联网通用的推进,区域性和全国性银行卡网络相继建成,银行卡跨行交易不断增加,中国人民银行作为政府主管部门开始制定基于银行卡网络的跨行交易价格,中国银行卡产业开始以政府定价为主导。

2000 年,中国人民银行颁发的《关于〈银行卡业务管理办法〉跨行交易收费条款补充规定的通知》(以下简称72 号文),首次对 POS 跨行消费交易的收费和分配标准做了明确规定,可以简单概括为"9∶1 模式"或者"8∶1∶1 模式",即对商户结算手续费①按照发卡行90%、收单行10%的比例进行分配,或者按发卡行80%、收单行10%、信息交换中心10%的比例进行分配。这两种模式的差异取决于跨行交易是否通过信息交换中心进行转接。72 号文的意义在于对商户结算手续费做了明确的利益分配。然而,72 号文对商户结算手续费的制定标准并未提出明确的指导意见。

2001 年,中国人民银行颁发了《中国人民银行关于调整银行卡跨行交易收费及分配办法的通知》(以下简称144 号文),对商户结算手续费的收取和分配做了进一步规定,并对不同行业的商户实行差别定价,国内银行卡产业定价有了新发展。144 号文对商户结算手续费的收取设定了统一的最低费率,即宾馆、餐饮、娱乐、旅游等行业的商户结算手续费不得低于交易金额的2%,其他行业的商户结算手续费不得低于交易金额的1%。同时,144 号文对商户结算手续费的分配规定采用固定发卡行和交换中心收益比例的方式,即宾馆、餐饮、娱乐、旅游等行业发卡行收益比例为交易金额的1.6%,其他行业发卡行的收益比例为交易金额的0.8%;对于通过交换中心完成的跨行 POS 交易,交换中心按照固定比例向收单行收取网络服务费,宾馆、餐饮、娱乐、旅游等行业网络服务费比例为交易金额的0.2%,其他行业为交易金额的0.1%。

2002 年,伴随着银联的成立,我国的银行卡产业步入新的全面发展阶段,银行卡定价和利益分配模式也以 2004 年中国人民银行《中国人民银行关于〈银联入网机构银行卡跨行交易收益分配办法〉的批复》(以下简称126 号文)为标志有了新的突破。126 号文所确定的国内银行卡产业定价机制在以下几个方面发生了明显变化:

① "商户结算手续费"即前文中所说的"商户回佣",下同。

①对 POS 终端跨行交易的商户结算手续费率不再做统一规定，采用固定发卡行收益和银联网络服务费的方式。根据该分配办法，发卡机构、转接机构（即银联）和收单机构的分配比例为 7∶1∶X，即发卡行和银联从交易额中提取的交换费与转接费之比为 7∶1，收单机构的收益由其和商家谈判的方式来确定，鼓励收单机构加强服务，提高服务水平。126 号文对推动商户扣率的市场化进行了有益探索和尝试。

②对公益类商户实行价格优惠。这对推动受理市场的快速发展具有积极意义。

③继续细化依据不同商户的行业类别实行差别定价的模式，商户的分类标准如表 5-1 所示。

表 5-1　　　　　　　　　商户分类标准及收益分配标准[①]

利益分配方		发卡行	收单行	银联
POS交易	宾馆/餐饮/娱乐/珠宝/工艺品	交易金额的 1.40%	X	交易金额的 0.20%
	一般类商户	交易金额的 0.70%	X	交易金额的 0.10%
	航空/加油/超市	比照一般类型商户减半收取，交易金额的 0.35%	X	交易金额的 0.05%
	房地产/汽车	比照一般类型商户的办法和标准收取，不超过 40 元/笔	X	比照一般类型商户的办法和标准收取，不超过 5 元/笔
	批发类商户	比照一般类型商户的办法和标准收取，不超过 16 元/每笔	X	比照一般类型商户的办法和标准收取，不超过 2 元/笔
	公立医院/学校	暂不参与收益分配	X	暂不参与收益分配
ATM 跨行取款		支付 3.6 元/笔	收取 3 元/笔	收取 0.6 元/笔

2012 年，国务院已同意银行卡刷卡手续费标准调整方案，并于 2013 年 2 月 25 日起全面执行。原施行的商户刷卡手续费规定自 2013 年 2 月 25 日起同时废止。新的收费标准维持了现行刷卡手续费行业差别化定价，行业分类主要分成餐饮娱乐类、一般类、民生类以及公益类四大类，总体下调幅度在

---

①　资料来源：根据 2003 年《中国人民银行关于〈银联入网机构银行卡跨行交易收益分配办法〉的批复》整理。

23% ~24%，其中餐饮娱乐类下调幅度高达37.5%。具体的调整方案如下（见表5-2~表5-6）：

第一：餐娱类，包括餐饮、娱乐、珠宝、工艺美术品、房地产及汽车销售，整体费率由原来的2%下调到1.25%，降幅高达37.5%；

第二：一般类，包括百货、批发、社会培训、中介服务、旅行社、景区门票等，整体费率下调到0.78%；

第三：民生类，主要包括超市、大卖场、水电煤气缴费、加油、交通运输售票等，整体费率为0.38%；

第四：公益类，包括医院、教育等，施行零费率标准。

表5-2　　　　　　　　　各大银行基本业务收费

银行名称	银行卡名称	年费	挂失手续费	损坏换卡手续费
中国银行	长城电子借记卡	10元	10元	5元
工商银行	牡丹灵通卡	10元	10元	5元
建设银行	龙卡储蓄卡	10元	10元	5元
农业银行	金穗借记卡	10元	10元	5元
交通银行	太平洋借记卡	10元	10元	5元
招商银行	一卡通	免费	10元	免费
民生银行	民生借记卡	免费	10元	10元
浦发银行	东方借记卡	免费	10元	免费
兴业银行	兴业借记卡	免费	10元	免费
光大银行	阳光卡	免费	10元	3元
上海银行	申卡借记卡	免费	10元	免费
广东发展银行	广发借记卡	免费	10元	免费
深圳发展银行	深发借记卡	免费	5元	5元
华夏银行	华夏卡	免费	10元	免费

表5-3　　　　　　　　　异地存取款收费标准

银行名称	异地柜台存款手续费	异地柜台取款手续费
中国银行	按金额的1%收取，最低1元，最高50元	按金额的1%收取，最低10元，最高50元
工商银行	按金额的0.5%收取，最低1元，最高50元	按金额的1%收取，最低1元，最高50元

表5-3(续)

银行名称	异地柜台存款手续费	异地柜台取款手续费
建设银行	按金额的 0.5% 收取，最低 2 元，最高 50 元	按金额的 0.5% 收取，最低 2 元，最高不设限
农业银行	按金额的 1% 收取，最低 1 元，最高 50 元	按金额的 1% 收取，最低 1 元，最高 50 元
交通银行	按金额 0.05% 收取，最低 10 元，最高 50 元	按金额的 1% 收取，最低 1 元，最高 100 元
招商银行	按金额的 0.5% 收取，最低 5 元，最高不设限	按金额的 0.5% 收取，最低 5 元，最高不设限
民生银行	按金额的 0.3% 收取，最低 5 元，最高 50 元	按金额的 0.3% 收取，最低 5 元，最高 50 元
浦发银行	—	—
兴业银行	按金额的 0.1% 收取，最低 1 元，最高 20 元	按金额的 0.3% 收取，最低 1 元，最高 50 元
光大银行	按金额的 0.5% 收取，最低 2 元，最高 20 元	按金额的 0.5% 收取，最低 2 元，最高 20 元
上海银行	—	5 元
广东发展银行	按金额的 0.5% 收取，最低 1 元，最高 20 元	每月头三笔取款免费，第四笔起每笔收费 3 元
深圳发展银行	按金额的 0.5% 收取，最低 5 元，最高 50 元	按金额的 0.5% 收取，最低 5 元，最高 50 元
华夏银行	按金额的 1‰ 收取，最低 1 元，最高 10 元	按取现金额的 0.5% 收取，不足 1 元按 1 元收取

表 5-4　　　　　　　　　　　ATM 每笔取款收费标准

银行名称	本行同城取款	本行异地取款	同城跨行取款	异地跨行取款
中国银行	免费	10 元	2 元	12 元
工商银行	免费	最低 1 元，最高 50 元	2 元	最低 3 元，最高 52 元
建设银行	免费	最低 2 元，最高不设限	2 元	最低 4 元，最高不设限
农业银行	免费	最低 1 元，最高 100 元	2 元	最低 3 元，最高 102 元
交通银行	免费	最低 2 元，最高不设限	2 元	最低 5 元，最高不设限
招商银行	免费	最低 5 元，最高不设限	2 元	最低 7 元，最高不设限
民生银行	免费	5 元	免费	5 元

表5-4(续)

银行名称	本行同城取款	本行异地取款	同城跨行取款	异地跨行取款
浦发银行	免费	—	5元	最低5元，最高不设限
兴业银行	免费	免费	2元	2元
光大银行	免费	最低5元，最高10元	免费	最低5元，最高10元
上海银行	免费	最低2元，最高50元	免费	最低3元，最高52元
广东发展银行	免费	免费	免费	免费
深圳发展银行	免费	最低1元，最高50元	2元	最低3元，最高52元
华夏银行	免费	免费	每日每卡前1笔免费，第2笔起2元/笔	每日每卡前1笔免费，第2笔起2元/笔

表5-5   **各行异地汇款收费标准**

银行名称	省内异地汇款	省外异地汇款
中国银行	1.现金：每笔按交易金额的0.5%收取，最低2元，最高50元；2.账户：按每笔交易金额的0.5%收取，最低2元，最高50元	现金：按交易金额1%收取，最低1元，最高50元
工商银行	1.柜台：按交易金额的0.5%收取，最低1元，最高50元；2.电话银行和和网上银行汇款统一按1%收取，最高50元；其中网上银行可打9折	按交易金额的1%收取，最低1元，最高限额为50元
建设银行	1.柜台：按交易金额的0.5%收取，最低1元，最高50元；2.ATM：按交易金额的0.5%收取，最低1元，最高10元；3.网银：免费	按交易金额的0.5%收取，最低2元，最高50元
农业银行	1.柜台/取款机：按交易金额的5‰收取，最低1元，最高50元；2.网上银行：按交易金额的4‰收取，最低1元，最高20元；3.缴费机：不收费，但是厦门地区不能转账	1.柜台/取款机：按交易金额的5‰收取，最低1元，最高50元；2.网上银行：按交易金额的4‰收取，最低1元，最高20元；3.缴费机：不收费，但是厦门地区不能转账

表5-5(续)

银行名称	省内异地汇款	省外异地汇款
交通银行	1. 柜台：按交易金额的4‰收取，最低1元，最高50元；2. 网上银行：按交易金额的1.5‰收取，最高50元；3. ATM等自助设备：按交易金额的2‰收取，最高50元	
招商银行	1. 柜台：按交易金额的5‰收取，最低5元；2. 网上银行：A. 快速汇款：按交易金额的2‰收取，最低5元，最高50元；B. 普通汇款：按交易金额的1%收取，最低10元，最高50元；C. 异地他行：按交易金额的1%收取，最低10元，最高50元	
民生银行	1. 柜台现金汇款按交易金额的1%收取，最低1元，最高50元；2. 卡卡转账汇款按交易金额的3‰收取，最低5元，最高50元；3. 网上银行汇款按交易金额的1‰收取，最低1元，最高50元	
兴业银行	现金和转账两种汇款方式都免费	1. 现金柜台汇款：按交易金额的1‰收取，最高不超过20元；2. 转账方式汇款，柜台、电话、网上银行均免费
光大银行	1.异地汇款，有结算账户的：金额1万元以下，每笔约为5元；1万～10万元，每笔约为10元；10万～50万元，每笔约为15元；50万～100万元，每笔约为20元；100万元以上，按万分之二收取，最高为200元；2.异地汇款，无结算账户的：按1%收取，最低1元，最高50元；3.网上银行异地汇款手续费标准为交易金额的5‰，最低5元，最高50元	
中信银行	按交易金额的5‰收取，最高20元；其中网上银行为2‰，最低10元，最高50元	

表5-6　　　　　　　　　　　　信用卡收费标准

卡名	发卡行	年费	挂失费	工本费
牡丹国际信用卡（双币）	工商银行	普通卡：主卡100元，副卡50元；金卡：主卡200元，副卡100元	10元	5元
牡丹贷记卡（人民币）	工商银行	普通卡：主卡50元，副卡25元；金卡：主卡100元，副卡50元	10元	5元
牡丹信用卡（人民币）	工商银行	普通卡：主卡25元，副卡12.5元；金卡：主卡50元，副卡25元	10元	5元
金穗信用卡（准贷记卡）	农业银行	普通卡：20元；金卡：80元	50元	10元；彩照卡50元

表5 - 6(续)

卡名	发卡行	年费	挂失费	工本费
中银信用卡（双币）	中国银行	金卡：主卡 200 元，附属卡 100 元；银卡：主卡 100 元，附属卡 50 元；照片卡：在上述年费标准的基础上加收人民币 50 元	40 元	15 元
中银长城人民币卡	中国银行	金卡 100 元，照片金卡 120 元，普通卡 20 元，照片普通卡 60 元		
龙卡贷记卡（双币）	建设银行	金卡主卡 160 元，附属卡 80 元；普通卡主卡 80 元，附属卡 40 元	50 元	20 元，挂失补卡免费
龙卡贷记卡（人民币）	建设银行	金卡 100 元，普通卡 60 元	20 元	10 元，彩照卡：30 元
招商银行信用卡（双币）	招商银行	金卡主卡300元，普通卡主卡100元，VISA MINI 信用卡主卡 150 元；再办一主卡年费减半，附属卡年费为所属主卡的一半	60 元	15 元，使用快递 35 元
太平洋贷记卡（人民币）	交通银行	金卡：主卡 120 元，附属卡 60 元；普通卡：主卡 80 元，附属卡 40 元	50 元	30 元，照片卡 40 元
浦发信用卡（双币）	浦发展银行	金卡：主卡 360 元，附卡 180 元；普通卡：主卡 180 元，附卡 90 元	免费	普卡 80 元，金卡免费
兴业银行信用卡（双币）	兴业银行	金卡：主卡 200 元，副卡 100 元；普通卡：主卡 100 元，副卡 50 元	50	25 元，加急 45 元

5.2.2.2　中国银行卡定价机制的特点

2003 年中国人民银行发布的 126 号文确立了我国目前银行卡定价机制的基本框架。在这一框架下，中国银行卡产业已经形成独具特色的定价机制。目前，中国银行卡产业定价机制具有如下特点：

（1）政府定价与市场定价相结合。按照 126 号文的费率分配办法，发卡机构的收益（即交换费）和银联的转接收益是由中国人民银行以文件批复方式规定的，属于政府定价范畴；而收单机构收益及商户扣率则在此基础上由市场决定，属于市场定价。商户扣率的市场化定价，使中国银行卡定价机制与国际通行做法接轨。

（2）政府定价方式发生变化，一方面，中国银行卡产业定价机制由政府直接规定商户结算手续费或限定最低费率标准，到目前对商户结算手续费不再做统一规定，而是鼓励收单机构与商户自主协商，进行市场化定价；另一方面，由政府规定各方对商户结算手续费的分配比例，到目前仅固定发卡机构和银联的收益在交易金额中的比例，不再限定收单机构的收益，进而有利于充分调动收单机构市场化运作的积极性。

（3）政府在定价机制中的定位发生转变。在126号文之前，无论是交换费率还是转接费率都由政府以文件的形式直接规定，而126号文则以中国人民银行对银行卡组织跨行交易收益分配办法进行批复的方式对银行卡定价进行管理，而不是人民银行直接定价。这种方式认可了银行卡组织在银行卡产业定价机制中的主动性，使银行卡组织可以联合成员机构共同对交换费及转接费的设定与调整提出建议，政府则通过对建议进行批复来实施对银行卡产业定价的监管。在中国银行卡市场现有发展条件下，这种定价机制是使市场力量与政府监管能够有机结合的较好方式。

5.2.2.3　中国银行卡定价机制的合理性与合法性

（1）现行银行卡产业定价机制具有一定的合理性

虽然目前中国银行卡产业定价中的交换费和银联转接费事实上由政府定价，但这种定价机制是产业发展现阶段相对合理的较优选择。由于产业发展的阶段性和延续性，中国银行卡产业的商户结算手续费的分配模式和定价机制还不完全统一和规范，一些地区仍在沿用先前的定价分配和专业化服务利益补偿模式等。倘若不对交换费和银联转接手续费进行统一的政府定价，而由各地自行操作，可能由于各地的定价差异而增加社会支付成本，也容易引发一系列问题。在这种情况下，126号文中的政府定价部分有利于规范市场秩序，引导产业定价的统一化。

即使从长远来看，中国很可能参照国际通行做法并结合国内实际情况，对交换费采用协议定价[①]的方式。按照《反垄断法》第十五条的规定[②]，这

[①] 2009年8月国家发改委价格监督检查司发布的《反价格垄断规定（征求意见稿）》第四条指出，本规定所称价格垄断协议，是指两个以上经营者以书面或者口头形式达成的，在价格方面排除、限制竞争的协议、决定，或者其他协同行为。银联或银行同业公会对发卡方手续费的定价类似该条款所称的协同行为，这里将这种定价方式视为协议定价来看待。

[②] 《反垄断法》第十五条规定了垄断协议的豁免条款，其中包括"为提高产品质量、降低成本、增进效率，统一产品规格、标准或者实行专业化分工的"。而《反价格垄断规定（征求意见稿）》第十条规定，经营者或者行业协会能够证明所达成的协议符合《反垄断法》第十五条规定的，不适用本规定第六条、第七条、第八条和第九条的规定（这几条是对达成价格垄断协议的一系列禁止性规定）。

种协议定价机制也存在一定的合理性。

一方面，交换费的协议定价机制是银行卡市场发展的内在要求。银行卡市场要求联合供给，以达到规模经济①。而要达到规模经济，除了发卡机构、收单机构和转接组织统一技术标准、业务规范、操作流程外，还必须统一确定三方的利益分配机制，即在确定发卡机构收益、转接费之后，由收单机构进行市场化运作。

另一方面，交换费率的协议定价机制避免了发卡机构、收单机构之间复杂、低效的双边谈判，减少了成员机构之间的谈判成本，平衡了成员机构之间的成本和收益，提高了整个产业的运作效率。由于发卡机构、转接机构、收单机构各自负责刷卡支付交易中的部分环节，任何一笔交易都要众多发卡机构、转接机构和收单机构共同参与，相互配合才能完成。因此，收单机构在同商户谈判确定商户扣率之前，必须事先确定其向发卡机构和转接机构分配多少，否则收单机构在同上万家商户谈判扣率时必须同时与成百上千的发卡机构、转接机构同时协商一致，这实际上是不经济的，也是不可能的。

（2）现行银行卡产业定价机制具有一定的合法性

首先，依据《中国人民银行法》和我国《价格法》的规定②，中国人民银行在现行法律法规没有禁止性规定的前提下，出于维护支付系统组成部分的银行卡跨行支付系统的安全和正常运行的考虑，为合理配置资源、稳定市场价格、保护消费者和经营者的合法权益，可以按照《价格法》的规定对银联提供的银行卡联网通用服务进行定价。其次，人民银行关于交换费和银联转接费的定价，从产业特征来说属于《价格法》规定的可由政府定价的商品和服务范畴，而且，"金融结算和交易服务"被列入国家发改委和国务院有关部门的定价目录中③。

---

① 这种规模经济表现为选择银行卡支付服务的持卡消费者和商户数量越多，刷卡消费的规模就会越大，每笔平均成本就越低。

② 《中国人民银行法》第四条规定：中国人民银行具有维护支付系统正常运行并制定有关规章的职责。《价格法》第五条规定：人民银行可以作为国务院其他有关部门，在其职责范围内负责有关的价格工作。

③ 我国《价格法》第十九条规定：政府指导价和政府定价的定价权限和具体适用范围，以中央和地方的定价目录为依据。现行《国家发改委和国务院有关部门定价目录》（即中央定价目录）共规定了13种（类）由国家价格管理部门和其他有关部门定价的商品和服务，其中"金融结算和交易服务"一类属于政府指导价范畴，定价范围包括各商业银行金融机构的结算手续费，与刷卡手续费率有一定联系。

5.3 银行卡产业盈利模式

5.3.1 银行卡业务收入来源

一般情况下，银行卡的收入主要包括：年费收入、商户回佣、利息收入、手续费收入等。

借记卡的收费主要包括年费、小额账户管理费以及持卡人享用发卡机构提供的各种服务所缴纳的手续费；信用卡的收费主要包括年费、持卡人使用循环信贷和预借现金时产生的利息以及发卡机构向持卡人提供服务的手续费，譬如预借现金手续费、分期付款手续费、卡片挂失费等。

5.3.1.1 年费收入

在我国，有关借记卡年费收取的历史可以追溯到 2004 年，之前一直不收取年费，从而导致了大批睡眠银行卡，不利于资源的有效利用。2004 年 3 月，中国农业银行率先宣布，从当年 7 月 1 日起对金穗储蓄卡（医保卡除外）全面收取每卡每年 10 元的年费，由此开始了对借记卡开收年费的先例。之后另三大国有银行也一一响应支持。

银行卡年费的收取能有效解决睡眠卡的问题。据人民银行《2011 年支付体系运行总体情况》数据显示，截至 2011 年年末，全国累计发行银行卡 29.49 亿张，其中，借记卡累计发卡量为 26.64 亿张，同比增长 21.9%，信用卡累计发卡量为 2.85 亿张，同比增长 24.3%，全国人均拥有银行卡 2.20 张、信用卡 0.21 张。从该数据可以看出，在我国银行卡的渗透率已达到较高的水平。然而，据有关统计数据显示，目前超过 80% 的银行卡为睡眠卡，即是账户中只存有极小额的存款，而平时基本不使用的银行卡。这些睡眠卡不仅占用银行的计算机系统资源，而且系统还会定期给银行卡自动计息，从而降低银行网络的处理效率。适当的年费收取有利于缓解睡眠卡问题。媒体报道显示，2004 年收年费的利剑一出，储民纷纷翻出积压多年不再使用的卡去销卡，当时曾形成了一轮销卡的热潮。

从表 5-2 可以看出，目前国有商业银行的大部分卡种（借记卡）均收取年费，而且都是每年 10 元。那么还有没有储蓄卡是不收年费的呢？来自银联网的数据显示，共有 17 家银行 39 种储蓄卡是不收取年费的，其中包括工行（牡丹理财金账户卡）和农行（金穗金卡、金穗白金卡）两家国有银行，招行、深发展、中信等商业银行，以及部分地方银行和外资银行。值得注意的是，国有银行通常是金卡以上级别才不收取年费，而大部分股份制中小银行的储蓄卡则是不收年费的。

从表 5-6 信用卡收费标准可以看出，相比借记卡，各行之间信用卡年费的收取差异更大。有的银行最贵的信用卡年费为 300 元，而有的银行的国际卡金卡年费为 200 元。收取年费格局的多样性体现了不同发卡机构面对不同市场的不同经营策略。在目前国内财富"二八效应"越来越明显的情况下，银行信用卡争夺高端客户将成为热点，虽然普通信用卡年费有的只需几十元，而白金信用卡的年费高达数千元，但对一些商务人士来说，持有白金信用卡可以方便地以年费方式购买自己所需的高层次服务，更是尊贵身份的体现。对高低端市场，银行收费策略有着显著的不同。

美国一般银行对借记卡的收费都与"最低存款余额"限制挂钩。美国的大银行多数要求储户账户余额不低于 1 500 ~ 2 000 美元。如果达到这一要求，一般银行是不收取借记卡月费或年费的，有些甚至不收取交易费。当然，这也要视各家银行的具体规定而论。比如有些小银行，对免月费或年费的标准更低，只要账户余额有几百美元，就可以免月费或年费。而像花旗和大通等大银行，为了大力推广其借记卡，在储户账户余额达到一定标准后，不仅免收月费和年费，还可以提供诸如飞行里程累积等一系列优惠服务。如果账户内的存款余额低于银行的要求，多数银行是要向持卡人收费的，但一般只限于交易费，少数银行会加收 1 美元至十几美元的月费或年费。①

5.3.1.2 商户回佣

商户回佣是银行卡业务收入来源的重要组成部分。它是持卡人选择使用银行卡结算时，商户需要支付给银行的费用。特约商户安装的 POS 一般由银联商务或商业银行（如工行、农行、中行、建行）提供，由银联根据不同的行业制定了不同的收费标准。国外对交换费是一般通过"二次分配"的办法获得，即先将商户扣率划转给收单机构，再由收单机构分别支付给发

---

① 资料来源：杨长红. 年费，国内银行卡业务发展历程的一个分水岭［OL］. 我爱卡网站，2006.

卡机构和卡组织——交换费的定义也由此而来。而目前，我国对 POS 交易手续费采取的是"一次分配"的办法，即在交易清算时直接依交易模式的不同将商户扣率分解为几个部分，然后直接分别划转到发卡机构、收单机构和作为转接机构的银行卡组织的账户上，其中支付给发卡机构的在整个商户扣率中占比最大的那部分费用就是我们所讲的交换费。交换费划转的比例是由中国人民银行以行政命令的方式直接规定。正如上一节所述，我国目前按照《银联入网机构银行卡跨行交易收益分配办法》实施，即 7∶1∶X 的利润分配标准。

在 7∶1∶X 的利润分配规则中，参与分配方有 3 个：发卡机构、收单机构与转接机构。发卡行就是持卡人手中持有的卡片是由哪个银行核发的；收单行就是为商户提供结算服务、安装 POS 的银行（或其他支付组织，如获得银行卡收单牌照的非金融支付服务机构），转接机构如银联。发卡机构和银联从交易额中提取的交换费与转接费之比为 7∶1，收单机构的收益由其和商家谈判的方式来确定。商户结算手续费具体比例如表 5 - 1 所示。

以餐饮企业举例说明：商户安装建行 POS，农行持卡人在该商户消费1 000 元，则农行作为发卡行分得 1 000 × 1.4% = 14 元，银联分得 1 000 × 0.2% = 2 元，建行分得的金额由其和商家谈判的方式来确定。

5.3.1.3　利息收入

利息收入是信用卡收入的主要来源。在银行业的信用卡业务发展的初期，年费和商户回佣收入占据主体，而当业务发展到一定阶段，通过资产业务形成的利息收入逐步上升。

信用卡利息收入的重要来源是透支利息、滞纳金和超限费。以招行第六版的信用卡章程为例，持卡人在到期还款日前（含）偿还全部应还款额的，其当期账单上本期发生的消费交易款项享受自银行记账日至到期还款日期间的免息待遇，免息还款期最长为 50 天，发卡机构与申领单位另有约定的除外，但免息还款期最长均不得超过相关法律法规规定要求的最长免息还款期限。超过免息期还款的需要支付透支利息，一般按照万分之五的利息率计算。举例来说，刷了 5 000 元，还了 500 元，未还 4 500 元部分按万分之五的罚息计算，每天为 2.25 元，按照迟还 30 天计算，就要付 67.5 元的利息给发卡行。然后利滚利，滚到下个月，你的欠款就要以 4 567.5 元为欠款额算起，继续利滚利。

此外，持卡人可按照发卡机构规定的最低还款额还款。在信用卡到期还款日如果持卡人的实际还款额低于最低还款额，那么最低还款额未还部分要支付滞纳金。遵照中国人民银行统一规定，各家银行滞纳金为最低还款额未还部分的 5%，费率方面各家银行都遵照人民银行规定的最低还款额未还部分的 5% 执行，但是不同银行规定的滞纳金的最低额度差异很大，从 1 元、5 元到 10 元、30 元不等。

超限费是当持卡人申请并开通超授信额度用卡服务，超过账户信用额度使用信用卡时，如满足相关监管要求，对超过账户信用额度部分收取的费用，一般按每月 5% 计息。

信用卡利息收入的多少与使用信用卡的客户结构有很大关系。其客户一般可分为工具使用者和信贷周转者，而后者才是这部分收入的主要来源。客户结构又取决于消费习惯。以中国人的消费习惯来看，短期内国内银行的这部分利息收入应该不会很大，但从长期来看，随着我国经济持续高速的发展，居民收入大幅提高，医疗教育体制改革以及年轻一代消费观念的转变，利息收入也必将成为我国信用卡产业收入的主要来源。

5.3.1.4　手续费

伴随着银行卡功能的日益丰富，银行卡收费项目也不断增多。据统计，2003 年 10 月 1 日出台的《商业银行服务价格管理暂行办法》明确银行收费项目仅 300 多种，而 2011 年《商业银行服务价格管理办法》（征求意见稿）中列出的收费项目，已多达 3 000 种，各种手续费层出不穷，如 ATM 取款手续费、转账手续费、信用卡预借现金手续费、外汇兑换手续费、缴款手续费、损坏换卡手续费等。

四大行 2011 年的数据显示，工行上半年实现手续费及佣金业务净收入538 亿元，银行卡手续费占比 15%；农行实现手续费及佣金净收入 371.36 亿元，银行卡手续费贡献 12.26%；中行手续费及佣金净收入 349.74 亿元，银行卡手续费占全部手续费及佣金收入的 13.85%；建行实现手续费及佣金净收入 476.71 亿元，银行卡手续费占 16.42%。发卡量的绝对优势，使得四大行在 2011 年上半年的银行卡手续费收入激增。据不完全统计，四大行2011 年上半年银行卡手续费约 252 亿元，同比增长 30% 以上。由此可见，随着银行卡业务的迅速发展，同时作为收入来源与激励工具的中间业务手续费在银行业的发展中占有重要的地位。

5.3.1.5 其他收入

近年来，银行卡收费项目不断增多，收费数额上升。2003 年 10 月 1 日出台的《商业银行服务价格管理暂行办法》明确银行收费项目仅 300 多种，而 2011 年《商业银行服务价格管理办法》（征求意见稿）中列出的收费项目，已多达 3 000 种。除了以上几种收入，银行卡业务的收入还涵盖其他一些收入，如小额账户管理费、境外服务费以及其他增值服务收入。表 5-7 列出了招商银行银行卡业务的收费情况。

表 5-7　　　　　　　　　招商银行银行卡资费标准①

市场调节价			收费标准			适用客户
业务项目	业务名称	项目编号	手续费	最低	最高	
一、借记卡						
柜面业务类	银联柜面通存取款业务	140101	1‰	3 元	50 元	个人客户
ATM 业务类	境内 ATM 跨行取款（同城）	140201	4 元/笔			个人客户
	境内 ATM 跨行取款（异地）	140202	境内 ATM 跨行取款（同城）手续费＋异地通存通兑手续费			个人客户
	境外银联 ATM 取现	140203	5‰	10 元		个人客户
	境外国籍组织 ATM 取现	140204	1%	2 美元	100 美元	个人客户
	境外 ATM 查询	140205	10 元/次			个人客户
境外服务	外汇兑换手续费	140301	结算金额的 1.5% 结付（交易币种与持卡人账户阶段币种不一样时收取）			个人客户
	调单	140302	副本 5 美元/份			个人客户
	仲裁提单	140303	250 美元/笔			个人客户
	仲裁评审	140304	250 美元/笔			个人客户
	境外紧急挂失	140305	35 美元/卡			个人客户
	境外紧急查询	140306	7.75 美元/卡			个人客户
	境外紧急取现	140307	95 美元/卡			个人客户
	全球机场贵宾登机	27	27 美元/人/次			个人客户
IC 卡业务	IC 卡账户管理费	140401	1~5 元/月			个人客户
	IC 卡圈提手续费	140402	1~10 元/张			个人客户
账户费用	存折/普通一卡通账户管理费	140501	5 元/月			个人客户

---

① 资料来源：招商银行官网。

表5－7(续)

市场调节价			收费标准			适用客户
业务项目	业务名称	项目编号	手续费	最低	最高	
账户费用	一卡通金卡账户管理费		50 元/月			个人客户
	金葵化卡账户管理费	140501	150 元/月			个人客户
	砖石卡账户管理费		300 元/月			个人客户
	私人银行卡账户管理费 连续半年每月日均全折人民币资产总额低于 1 000 万元		1 000 元/月			
	连续半年每月日均全折人民币资产总额低于 800 万元		加收 3 000 元/月			个人客户
	私人银行卡年费	140502	20 000 元/年			个人客户
二、信用卡						
滞纳金		141100	最低还款额未还部分的5%	RMB 10 元或 USD1 元		信用卡客户
年费	金卡	141200	主卡每卡 RMB300 元，附属卡每卡 RMB150 元			信用卡客户
	普通卡		主卡每卡 RMB100 元，附属卡每卡 RMB50 元			信用卡客户
	VISA MINI 卡		主卡每套 RMB150 元，附属卡每卡 RMB75 元			信用卡客户
	VOGUE 钛金卡		主卡首年每卡 RMB300 元，减免有效期内其他年度年费，附属卡无年费			信用卡客户
	HELLO KITTY 金卡（香水卡）		主卡每卡 RMB300 元，附属卡每卡 RMB150 元			信用卡客户
年费	经典版白金信用卡	141200	主卡每卡 RMB3 600 元，附属卡每卡 RMB2 000 元			信用卡客户
	精致版白金信用卡		主卡每卡 RMB800 元，附属卡每卡 RMB300 元			信用卡客户
	无限信用卡		主卡每卡 RMB10 000 元，附属卡每卡 RMB5 000 元			信用卡客户
	商务卡		精英商务信用卡每卡 RMB300 元；商务信用卡每年 RMB100 元；采购信用卡每卡 RMB50 元			信用卡客户
	美国运通卡—黑金卡		主卡年费 18 000 元/年，附属卡年费 9 000 元/年，作为优惠提供免费申请，最多可申请2张			信用卡客户
	美国运通卡—白金卡		主卡年费 3 600 元/年，附属卡年费 1 800 元/年，作为优惠提供免费申请，最多可申请2张			信用卡客户
	美国运通卡—金卡		主卡每卡 RMB380 元，附属卡每卡 RMB190 元			信用卡客户

表5-7(续)

市场调节价			收费标准			适用客户
业务项目	业务名称	项目编号	手续费	最低	最高	
年费	美国运通卡—绿卡	141200	主卡每卡 RMB180 元,附属卡每卡 RMB90 元			信用卡客户
	美国运通商务卡		主卡每卡 RMB380 元,附属卡每卡 RMB180 元			信用卡客户
积分服务费	积分奖励计划	141300	每年 RMB10 元			信用卡客户
	积分提速计划		每年 RMB199 元			信用卡客户
工本费	哆啦a梦卡	141400	神奇现身卡:卡面无工本费,申请办理其他卡每卡 RMB10 元			信用卡客户
	HELLO KITTY 粉丝卡		申请办理首张免费,第二张及以上每卡 RMB50 元			信用卡客户
预借现金手续费	境内预借现金(含网银及电话预借现金)	141500	预借现金交易金额的1%	10 元/笔		信用卡客户
	境外预借现金(含港、澳、台)		预借现金交易金额的3%	RMB 30 元/笔		信用卡客户
溢缴款领回手续费	个人卡溢缴款领回	141600	汇款金额的5‰	RMB5 元/笔,USD1 元/笔	RMB50 元/笔,USD10 元/笔	信用卡客户
	单位卡溢缴款领回		相关费率依照本行对公账户汇款的最新规定办理			信用卡客户
外汇兑换手续费		141700	结算金额的1.5%结付			信用卡客户
缴款手续费	信用卡缴款	141800	本行渠道缴款免费,其他渠道按转出行或其他机构规定收费			信用卡客户
挂失费		141900	RMB60 元/卡,VISA、MINI 卡 60 元/每套或每卡			信用卡客户
损坏换卡手续费		142000	RMB15 元/卡,VISA、MINI 卡 15 元/每套或每卡			信用卡客户
快递费		142100	RMB20 元/封			信用卡客户
境外补发紧急替代卡手续费	维萨	142200	USD175 元/卡			信用卡客户
	万事达		USD155 元/卡			
	美国运通卡		USD125 元/卡			
调阅签购单手续费		142300	副本:境内 RMB20 元/笔,境外 USD5 元/笔			信用卡客户
开具证明手续费		142400	RMB20 元/份			信用卡客户
超限费		142500	超过账户信用额度部分的5%,按月收取			信用卡客户
短信制定服务费		1426000	RMB3 元/项,按月收取			信用卡客户

表5-7(续)

市场调节价			收费标准			适用客户
业务项目	业务名称	项目编号	手续费	最低	最高	
分期业务 手续费	店面分期	142700	单期手续费率0~0.55%			信用卡客户
	汽车分期		单期手续费率0~0.55%			信用卡客户
	家装分期		单期手续费0~0.50%			信用卡客户
	车位分期		单期手续费率0~2%			信用卡客户
	非面对面分期		单期手续费0.5%~1%			信用卡客户
	账单分期			RMB 5元/期		信用卡客户
增值服务 使用费		142800	可积分兑换或预付获取相关权益或增值 服务			信用卡客户
三、银行卡商户类						
特约商户 手续费		143100	依据协议规定			特约商户
商户电子 支付手续费		143200	依据协议规定			电子支付 商户
商户代理 业务手续费		143300	依据协议规定			代理业务 商户
商户代收 代扣业务 手续费		143400	依据协议规定			代收代扣 业务商户

当前,随着国内银行卡市场规模持续扩张,市场格局快速变化,金融机构同业间的竞争日趋激烈,随着《商业银行服务价格管理办法》新标准的施行,也预示着我国银行卡市场必将呈现出一种多元化和复杂化趋势的竞争态势。

5.3.2 银行卡业务成本构成

银行卡业务所涉及的成本主要包括资金成本、人力成本、运营成本、市场营销成本以及其他成本。银行卡业务属于典型的规模经济,只要发行银行卡,人力成本、运营成本的支出都是必需的,而且在初期的投入都较大,投入量与发卡量成正比,而当业务发展到一定程度的时候,按照边际成本递减规律,这些成本的投入也将逐步减少。而营销成本主要与各行各银行卡的定位相关,目标客户群不同,营销策略也各异,从而导致营销成本的大小相差较大。资金成本主要指机会成本与利息成本。其他成本主要指坏账呆账成本。

5.3.2.1 资金成本

银行卡的资金成本主要体现在两个方面:第一,资金占用的机会成本;

第二，银行为银行卡支付的利息成本。

机会成本方面，例如借记卡，按照中国人民银行的储蓄分类，借记卡上的存款归属于活期存款，银行需要为上述存款保留一定的准备金以满足客户随时提现的要求，上述准备金便从银行信贷扩张的链条中流出，不能进入贷款环节，不能产生相应的收益，成为银行的资金成本。对于信用卡，由于目前信用卡普遍都具有取现功能，和借记卡一样，银行需要为信用卡保留相当的准备金，以备客户的提现或者是消费支出。另外，资金占用的机会成本还包括信用卡免息期内使用额度资金的机会成本，即银行如果不透支给客户时资金用于其他投资的收益。

利息成本，对于普通借记卡，银行按照活期储蓄利率支付利息，每季度结息一次，该项利息支出成为借记卡的成本。对于信用卡而言，目前几乎全部的银行对于信用卡上超过信用额度的存款均不支付利息，同时提取超过信用额度的存款需要支付相应的手续费用，所以信用卡基本不存在利息成本支出。

5.3.2.2 人力成本

人力成本主要分为两个方面：第一，发卡时的人力成本；第二，卡片维护的人力成本。

在银行进行银行卡发行时，需要包括客户经理在内的大量的人员参与银行卡的推销工作，而对这些人员的工资和薪金的支付成为销售费用而计入银行的成本中。一般来说，在银行的银行卡业务扩张初期，银行为了占领市场份额，往往需要大量发卡，此时的人力成本增加较为明显，而在银行的规模和市场份额相对稳定后，这一部分的成本会下降到一个稳定状态，成为银行日常经营中的常规成本支出。

卡片维护的人力成本主要体现在客服上，目前包括四大行以及 16 家上市银行均建立了自己的客户服务体系，主要包括 24 小时客服电话和网上客服。以招商银行为例，其不仅建立了一般借记卡的电话服务体系和网络客服体系，还专门为信用卡业务建立了 24 小时的全球客服服务体系。这些完善的客服服务体系，方便了持卡人，为持卡人提供了高效的服务，但也成为银行信用可运营中的较大的人力成本。

5.3.2.3 运营成本

银行卡业务的运营成本是指商业银行在维持银行卡业务运作过程中必须

支出的成本费用，一般可以归纳为以下几个部分：

①经营管理费用，银行在管理与组织银行卡业务经营的过程中发生的各种费用，包括广告费、公关费等经营管理费用。

②日常维护费用，主要包括网上银行的维护与系统升级，银行卡的创新团队的运营以及银行为了解自身银行卡状况所做的包括调研在内的咨询分析费用。

③税收与补偿性支出，包括营业税及附加，固定资产折旧、无形资产摊销等。

5.3.2.4　市场营销成本

市场营销成本主要体现在银行卡的初期。在银行扩张期间，通过电视或者网络广告宣传自身的银行卡产生的费用，这些营销费用计入银行的销售费用，从而成为银行的成本。

市场营销成本一般在初期较大，因为初期银行为扩大影响力需要大力宣传自身的产品，包括通过拍摄明星广告等，需要支付较高的费用。当银行规模逐渐稳定后，银行卡的规模无论是否适当，银行仍需要维持合适的广告宣传费用，以稳定自身的银行卡影响力和品牌。

5.3.2.5　其他成本

其他成本，指的是银行卡的坏账呆账成本以及其他非主要支出部分，如信用卡提供的盗刷损失赔偿服务等带来的支出。这些支出在银行卡的整体运行中，只占很小的部分，对银行的成本不构成冲击。

【思考与练习】

1. 请你谈谈在我国社会经济发展过程中，银行卡产业起到了怎样的作用？
2. 什么是封闭式银行卡网络？它与开放式银行卡网络有哪些异同点？
3. 简要说明我国银行卡产业定价机制的演变历程。
4. 简述中国银行卡定价机制的合理性与合法性。
5. 我国银行卡业务的主要收入来源有哪些？成本有哪些？

【案例分析】

刷卡费率下调加速银行中间业务转型①

发改委日前下发银行卡刷卡手续费下调的征求意见稿，刷卡费率下调幅度为23%～24%。该方案最早将于2012年国庆后由各银行推行实施。

商家叫好　餐娱、百货最受益

记者走访发现，各商家对下调银行卡刷卡手续费期盼已久，鼓掌欢迎，特别是刷卡费率比较高的餐饮、娱乐、百货等商家。

而此前，因为刷卡费率较高，商家"罢刷"银行卡的事件屡屡发生。

2004年3月1日起施行至今的《中国银联入网机构银行卡跨行交易收益分配办法》规定，银行卡收单业务的结算手续费全部由商户承担，不同行业费率不同，从0.5%～4%不等。超市是0.5%，餐饮业为2%，费率数字看上去不大，但对商家来说却是一笔不小的支出。

相关数据显示，北京百货业巨头王府井的刷卡手续费支出达5 000余万元，餐饮龙头企业全聚德的刷卡手续费支出为628万元。

据中国烹饪协会调查，北京一家年营业收入近6亿元的餐饮企业，净利润不足5 000万元，而一年的刷卡手续费就近700万元，占利润总额的14%，刷卡手续费已成一些餐饮企业难以承受之重。

有资料显示，银行卡刷卡手续费支出不断上升，已经成为各类商户继房租、人工成本和电费之后的第四大开支。

而根据日前下发的征求意见稿，此次刷卡费率下调，餐娱类下降38%、民生类下降24%。"刷卡费率下降对餐饮行业来说，绝对是一个利好消息！"中国烹饪协会相关负责人表示。

一家连锁涮吧的相关负责人告诉记者："其实餐饮行业利润比较薄，2%的刷卡手续费让我们成本增加，但不用POS机，消费者不理解甚至会拒绝再次光临。刷卡手续费下调，会使饭店降低成本，对我们餐饮行业来说无异于雪中送炭。"

银行业务受短期影响

"刷卡费率下调，各银行刷卡手续费收入将会下降"，一位股份制银行业内人士表示。而在2011年年底相关讨论方案出台时，就有专家估算，一

旦刷卡费率下调，主要发卡银行的刷卡手续费收入下降幅度将达到15%。

上述业内人士声称，刷卡费率下调可能会影响银行刷卡业务的推广。银行刷卡手续费收入降低后，或许不足以支撑安装POS等设备和其他的业务成本，那么银行或不会像以前那样积极地推行刷卡业务。

而一家国有银行工作人员表示，刷卡手续费新规的实施对信用卡中心的影响更大。该工作人员说："对商家来说，刷卡手续费过高，意味着成本增长，而对银行来说，布设机具、人力、物力，都需要付出成本。"目前大多数商户的POS是银行投入的，刷卡手续费过低，对银行肯定会有不小的影响，可能会降低银行安装POS的热情。

有报道称，降低银行卡刷卡手续费率对银联影响更明显。据统计，近3年来，境内银行卡POS跨行交易转接费收入年均增长率为25%。由于总成本相对稳定，且不存在交易风险，随着刷卡量增加，单笔刷卡的服务成本逐渐下降，POS跨行交易转接费标准偏高。

此外，目前尚无对POS同行交易收费的明确规定。在实际交易中，POS同行交易收费按照跨行交易收费标准执行，发卡银行不仅收取了发卡行服务费，也收取了未发生的转接费。因此，业内人士计算，降低银行卡刷卡手续费率，很可能会让POS跨行交易转接收入下滑30%，甚至更多。

不过，有相关专家表示，刷卡费率下调对银行业务的影响只是短期的。因为表面上银行短期的收益会受影响，但从长远看，推动了银行卡的发展。该专家说，刷卡手续费降低会提高商家使用POS的积极性，银行卡使用环境会越来越好。而减少的部分刷卡手续费对于银行的庞大利润来说，根本没有太大的影响。

加速银行中间业务转型

一般说来，商业银行的中间业务是指银行以中间人和代理人的身份替客户办理收付、咨询、代理、担保、租赁及其他委托事项，提供各类金融服务并收取一定费用的经营活动。

刷卡手续费正是商业银行中间业务的一种。

对于此次刷卡费率下调，有业内人士表示，调费意图很清晰地通过结构性下调，优化银行卡刷卡费率结构，降低总体费用水平，扩大银行卡使用范围。

该业内人士称："调整收费后，发卡行和银联的收益短期内将有所减少，但也将推进各家银行信用卡中心转换经营思路，走精耕细作之路。"

问题：你如何看待银行卡刷卡手续费下调？你认为它将如何加速银行中间业务转型？

6　银行卡介质

【本章导引】

　　金融 IC 卡推广应用是我国银行卡产业升级的一项重要工程，是一次革命性的飞跃，因为金融 IC 卡完全超越了传统的银行磁条卡的概念，传统的磁条卡只具备消费、转账、存取现金等功能，金融 IC 卡不仅继承了这些功能，而且它的安全性比磁条卡更高，还可以进行小额快速支付，更重要的是，金融 IC 卡还可以实现多行业应用，可以将其他行业的应用整合在一张卡上，真正实现"一卡多用"。

【重要术语】

　　金融 IC 卡、EMV 迁移、PBOC 2.0。

【知识架构】

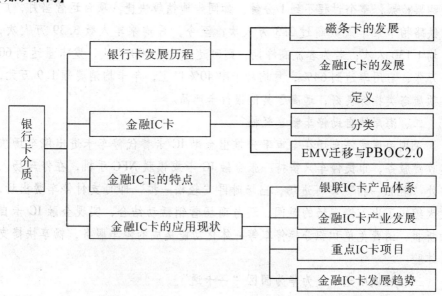

【导入案例】

一卡多用　精彩纷呈——深圳金融 IC 卡行业应用成功案

"一卡多用"是金融 IC 卡的一大特色，是银行拓宽银行卡应用领域、持卡人享受金融"芯"服务的一个集中体现。深圳金融 IC 卡的推广应用也是金融应用与公共服务应用相结合的过程，中国人民银行深圳市中心支行会同各商业银行认真研究在这一过程中技术、业务等各方面存在的困难，引导各行从铁路、企业园区、快餐、停车场等空白领域着手，结合自身优势进行发掘，同时积极探讨银行业联手进行行业应用突破。至今，深圳已在公共交通、医疗健康、零售行业、企业管理多个领域展开行业合作尝试，越来越多的持卡人正在享用金融 IC 卡一卡多用的便利，相关应用行业和部门也借力金融 IC 卡安全、快捷、实名制、带有金融信用等特性，大大提升了管理服务水平。

一、金融 IC 卡助力广深和谐之旅

2011 年 6 月 1 日，中国工商银行深圳市分行在广深铁路动车组线路上推出金融 IC 卡自助乘车项目。项目投产后，以金融 IC 卡为介质实现了"拍卡——取席位—乘车—发票打印"的全流程乘车服务，持卡人拍卡乘车，无须排队购票检票，整个过程不到 1 分钟，如同坐地铁般快捷。项目运营当月，广深铁路拍卡乘车人数超过 2.3 万人次；至今，月均乘车人数 3.39 万人次，日均 1 130 人次；若为客流高峰期，则可达日均 3 000 人次，发卡量达到 60 多万张，启用率达到 64%，月均动卡率 40% 以上，年卡均消费额 1.9 万元，各项质态类指标良好，远高于其他银行卡产品。

二、海岸城自助停车畅享轻松

深圳海岸城停车场在全市率先推出金融 IC 卡替代停车卡进出停车场快速收费服务，市民停车只需持一张金融 IC 卡或银联 NFC 手机，在停车场入口处"轻松一拍"即可进场，出场时再"轻松一拍"即可支付停车费出场，大大缩短了出入停车场的时间，还与商场营销活动结合，实现金融 IC 卡自动折扣、消费免单和积分换停车等一体化功能集成的停车服务，畅享快捷支付体验。

三、长城阳光卡成为华为园区"一卡通"

华为长城阳光卡项目于 2011 年 6 月 1 日在深圳坂田园区上线，2012 年 4 月 1 日在华为东莞园区上线，该项目通过在华为工作园区包括内部食堂、超市、公司班车等铺设配套的 IC 卡刷卡终端，为华为国内外的员工提供快捷、高效、安全的内部支付结算服务。截至 2012 年 6 月 15 日，长城阳光金融 IC 卡 C 卡发卡量为 70 336 张，B 卡发卡量为 7 110 张，交易 2 017 万笔，交易金额 1.66 亿元，实现了发卡、收单、中间业务收入等多方面收益，为金融 IC 卡的社会化推广形成了良好示范。

四、科技园"柒号快餐店"一"拍"即付

为给深圳科技园区员工提高方便、快捷的就餐环境，交通银行深圳市分行与深圳市空港柒号餐饮管理有限公司率先在流水作业式半自助快餐店设立了非接触式 IC 卡支付通道，使持卡人在就餐地点轻轻一拍就能完成支付，交易速度比原来提高 30%。该项目已在 3 家快餐店安装了 20 台终端，目前单店日均人流达到 1 500～2 000 人次，日均非接触交易达到 400 笔。截至 2012 年 6 月底，非接触金融 IC 卡电子现金交易笔数达到 1.6 万笔，交易金额 16.7 万元。此外，通过此项目带动发行金融 IC 卡 6 000 多张。

6.1 银行卡的发展历程

6.1.1 磁条卡的发展

磁条卡是一种磁记录介质卡片。它由高强度、耐高温的塑料或纸质涂覆塑料制成，能防潮、耐磨且有一定的柔韧性，携带方便、使用较为稳定可靠。通常，磁条卡的一面印刷有说明提示性信息，如插卡方向；另一面则有磁层或磁条，具有 2～3 个磁道以记录有关信息数据。

磁条卡最早出现在 20 世纪 60 年代，当时伦敦交通局将地铁票背面全涂上磁介质来储值。后来由于改进了系统，缩小了面积，成为了现在的磁条。

信用卡是磁条卡较为典型的应用。发达国家从 20 世纪 60 年代就开始普遍采用了金融交易卡支付方式。其中，美国是信用卡的发祥地；日本首创了用磁条卡取现金的自动取款机及使用磁条卡月票的自动检票机。1972 年，日本制定了磁条卡的统一规范，1979 年又制定了磁条存取信用卡的日本标准 JIS－B－9560、9561 等。国际标准化组织也制定了相应的标准。

在整个 20 世纪 80 年代，磁条卡业务已深入发达国家的金融、电信、交通、旅游等各个领域。以美国为例，两亿多人口就拥有 10 亿张信用卡，持卡人为 1.1 亿人，人均 5 张，消费额约 4 695 亿美元。其中，相当部分的信用卡由磁条卡制成，产生了十分明显的经济效益和社会效益。

由于磁条卡价格合理、使用方便，在我国也得到迅速的发展。1985 年由中国银行珠海分行推出了第一张信用卡，至今发行了约几百万张。

用磁条卡识别技术以简化数据录入的应用，首先源于金融业，在银行存取现金的业务实现计算机化管理后不久，即出现了账户卡，随着用户提款机（ATM）的出现得到了广泛应用。尤其在欧美发达国家，大部分证卡均配以磁条卡，以利于检索之用。

6.1.2 金融 IC 卡的发展

金融 IC 卡由于具有安全性高、应用范围广等特点，已经成为银行卡的发展趋势。国际上，许多国家和地区已在全面发行金融 IC 卡，在我国，中国人民银行已经拟订了金融 IC 卡的规范及具体发行时间表，即自 2015 年 1 月 1 日起，所有新发行的银行卡应为金融 IC 卡。

银行 IC 卡最早于 1985 年出现在法国。1995 年前后，IC 卡在金融领域已得到较普遍的应用。当时主要以电子钱包等小额支付为主，除了在少数国家获得局部成功外，在绝大部分地区的发展状况不佳。目前，VISA 基本上停止了对其电子钱包的推广。

1999 年，国际卡组织调整了 IC 卡的发展重点，开始大力推广借记/贷记卡的 IC 化，也就是所谓的 EMV 迁移。EMV 迁移，就是 EUROPAY、Master-Card 和 VISA 等银行卡跨国组织为了防止全球日益增长的伪卡欺诈风险，而制订了将借记、贷记卡的磁条卡应用向 IC 卡转换的计划。与电子钱包的定位不同，EMV 迁移主要是为了防止日益增长的卡片欺诈和促进金融支付多样化，是卡片支付介质的一次革命，将对所有卡支付的相关行业产生重大而深远的影响。一个明显的表现就是，发卡机构 EMV 迁移的重要动力已逐渐演变成为通过 EMV 迁移开发多功能卡、非接触卡等创新产品，实现产品差异化，争夺银行卡市场份额。目前，各国基本上都遵循 EMV 规范，正在积极推行 EMV 迁移。

从全球各区域 EMV 迁移情况看，欧洲是 EMV 进展最快的地区，其次是亚太区。在亚太区，日本、中国台湾地区、马来西亚处于第一梯队；第二梯队有中国香港、澳大利亚、印度、印度尼西亚、巴基斯坦、菲律宾、新加坡和泰国等；包括中国内地在内的亚太区其他国家或地区属于第三梯队。

早在 1994 年，我国就提出了"磁条卡与智能卡并用，逐步向智能卡过渡"的指导思想。1997 年，中国人民银行颁布了《中国的金融集成电路（IC）卡规范（V1.0)》（即 PBOC1.0 标准），该标准的颁布标志着我国金融IC 卡有了统一的规范，并为建立全国统一的 IC 卡技术体系奠定了基础。2003 年，中国人民银行牵头组织银联和有关商业银行对该规范进行了修订。

2005 年 3 月，中国人民银行正式颁布实施《中国的金融集成电路（IC）卡规范（V2.0)》（即 PBOC2.0 标准）。2007 年，为了满足小额快速支付市场的迫切需求，中国人民银行对该规范进行增补。

2010 年 5 月，中国人民银行正式颁布《中国金融集成电路（IC）卡规范》（2010 年版）。经过此次增补，银行卡受理范围拓展到公交、出租、地铁、高速、超市、加油、报刊、便利店、电影院等快速支付领域。

为提高国家银行卡的整体风险防控能力，增强银行卡在公共服务领域的拓展能力，实现"一卡多用"、便民惠民的目标，2011 年 3 月 15 日，中国人民银行发布《中国人民银行关于推进金融 IC 卡应用工作的意见》，决定在全国范围内正式启动银行卡芯片迁移工作。

6.1.3 金融 IC 卡与磁条卡的区别

6.1.3.1 金融 IC 卡与磁条卡在性能上的区别

（1）安全性方面，磁条卡存储信息简单，易于复制，为保证安全只能通过将每笔交易发送到银行后台系统的联机交易方式来校验，易于复制、易于损坏。IC 卡通过可运算的芯片和存储在其中的密钥，确保终端与卡片的交互过程中安全真实，而且能保证联机交易信息的安全，几乎不能复制，且可靠性高，IC 卡不仅保证联机交易的安全，还可实现安全的脱机使用。

（2）快捷性方面，磁条卡只能通过刷卡的方式并需要连接银行系统读取；IC 卡有接触式和非接触式两种读取方式，可快速支付，而且可以不连接后台系统使用。

（3）拓展性方面，磁条卡只能存储很少的信息，几乎不可拓展；IC 卡能够达到海量存储，支持多应用，拓展空间大。

（4）运算能力方面，磁条卡只能储存信息用于读取，无运算能力；IC

卡是智能卡，具备处理器，技术先进，有运算能力，能与终端交互。

6.1.3.2　金融 IC 卡与磁条卡在交易功能上的区别

磁条卡支持消费、取款、存款、预授权等交易，金融 IC 卡除能做上述所有磁条卡支持的交易外，金融 IC 卡还能做脱机支付、快速支付、积分消费等特色交易。

6.1.3.3　金融 IC 卡与磁条卡在成本上的区别

公开资料显示，一张磁条信用卡成本约 1～2 元，加之办卡人员工资、礼品等费用，成本近百元；一张芯片卡制作成本则为 20～30 元，总的费用可能要高达 120～150 元，而普通 POS 的成本为 400～500 元，支持芯片卡插卡方式的 POS 成本则为 3 000 元。

6.2　金融 IC 卡

金融 IC 卡作为具有消费信贷、转账结算、现金存取、信息管理等功能的现代金融支付工具，以其高安全、大容量、多应用、高可靠、网络低依赖等优势，近年来在我国一些城市公共服务领域快速推广应用，得到群众广泛认可，取得了良好的经济社会效益。当前，我国已进入深化社会管理改革、加强公共服务建设的重要阶段，在公共服务领域大力发展金融 IC 卡多应用，对优化经济社会发展环境具有重要意义。

6.2.1　金融 IC 卡定义

金融 IC 卡又称为芯片银行卡，是以芯片作为介质的银行卡。芯片卡容量大，可以存储密钥、数字证书、指纹等信息，其工作原理类似于微型计算机，能够同时处理多种功能，为持卡人提供一卡多用的便利。

目前市场上有两种芯片卡标准，一种是国际上应用较多的 EMV 标准，一种是中国人民银行的 PBOC2.0 标准。工行 2005 年 12 月推出国内首张 EMV 标准信用卡，并于 2007 年 11 月推出国内首张 PBOC 2.0 标准信用卡。

图 6 - 1 金融 IC 卡样例

6.2.2 金融 IC 卡分类

按照通讯方式的不同可以将金融 IC 卡分为以下三类：

6.2.2.1 接触式 IC 卡

接触式 IC 卡通过读写设备的触点与 IC 卡的触点接触后进行数据的读写。国际标准 ISO7816 对此类卡的机械、电器特性等进行了相应规定。

6.2.2.2 非接触式 IC 卡

非接触式 IC 卡与 IC 卡设备无电路接触，通过非接触式的读写技术读写。国际标准 ISO14443 阐述了对非接触式 IC 卡的规定。

6.2.2.3 双界面卡

双界面卡将接触式 IC 卡与非接触式 IC 卡组合到一张卡片中，操作独立，但可以共用 CPU 和存储空间。

6.2.3 EMV 迁移与 PBOC2.0 简介

6.2.3.1 EMV 迁移

EMV 是 Europay、MasterCard、VISA 三大国际银行卡组织共同制定的芯片卡规范，是芯片卡与芯片终端之间的交互对话机制。国际组织于 1996 年发布了 EMV96 标准，2000 年发布了 EMV2000 标准。目前的最新版本是 EMV2000 4.1。欧陆卡集团（Europay，后被万事达收购）、万事达和维萨 1996 年联合制定了银行 IC 卡在借记、贷记领域应用的统一技术标准，因此磁条卡向芯片卡迁移也称为"EMV 迁移"。从全球范围来看，EMV 迁移进展不一，一些国家和地区的迁移还处于评估与试验阶段，多数国家滞后于国际卡组织的推进步骤。

EMV 迁移是银行卡由磁条卡向集成电路（IC）卡转移，利用安全性更高的智能 IC 卡来代替磁条卡，以有效防范诸如制作和使用假信用卡、信用卡欺诈、跨国金融诈骗等各种高科技手段的金融犯罪。

银行卡实行 EMV 迁移，主要的原因在于传统的磁条银行卡存在加剧伪卡欺诈的风险。根据维萨国际跨国公司的最新统计数据显示，伪卡欺诈损失占所有银行卡欺诈损失的 68.94%，现在全球银行卡欺诈交易额已占年总交易额的 1.5%。此外，用 IC 智能银行卡可以脱机操作，能够有效降低通信费用成本，通过互联网、手机等非接触方式拓展了智能银行卡的应用空间。

6.2.3.2 PBOC2.0 简介

（1）PBOC 1.0 介绍

1998 年，人民银行颁布《中国金融集成电路（IC）卡规范（版本 1.0）》，业内简称 PBOC 1.0 规范，规范定义了电子钱包 EP（Electronic Purse）和电子存折 ED（Electronic Deposit）两种应用。

2003 年，人民银行组织对 PBOC 1.0 规范进行了修订，补充完善了电子钱包/电子存折应用，增加了与 EMV 标准兼容的借/贷记应用、非接触式 IC 卡物理特性和标准、电子钱包扩展应用指南、借记/贷记应用个人化指南等内容，并于 2005 年 3 月正式颁布《中国金融集成电路（IC）卡规范（V2.0）》。

PBOC 1.0 开创了银行 IC 卡应用的先河，并成为业界的标杆和旗帜，切实促进了我国行业支付卡的兴起和芯片化进程。但 PBOC 1.0 采用了对称密钥体系，并通过 PSAM 卡保存相关的密钥，一旦该 PSAM 卡被破解，将产生较大的安全隐患。

随着现代密钥技术和 IC 卡技术的不断发展，PBOC 1.0 采用的对称密钥体系在应用过程中逐渐显现出一定的不足。目前在国内已开始大范围推广更安全的 PBOC2.0 规范体系，该体系安全性高，也更适应各种应用的需求。

以后金融 IC 卡项目应符合 PBOC 2.0 标准，不提倡采用 PBOC 1.0 的标准。

（2）PBOC 2.0 介绍

PBOC2.0 是中国人民银行颁布的第二代金融 IC 卡规范的简称，利用金融 IC 卡，能够有效解决目前使用磁条卡时存在的假卡、脱机交易安全等问题。

根据我国银行卡芯片化计划要求，2005 年 3 月 13 日，人民银行发布第55 号文，正式颁发了行业标准《中国金融集成电路（IC）卡规范》（JR/T 0025‑2005）（业内简称 PBOC2.0）。该规范补充完善电子钱包/存折应用；增加了与 EMV 标准兼容的借/贷记应用；增加非接触式 IC 卡物理特性标准；增加电子钱包扩展应用指南、借/贷记应用个人化指南等内容。该标准将为我国银行卡芯片化奠定标准基础，确保我国银行卡芯片化实现联网通用和安全，并有效指导实施。工行最早于 2007 年 11 月推出国内首张 PBOC2.0 标准信用卡（见图 6‑1）。

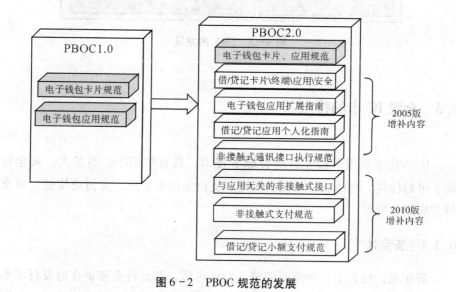

图 6‑2　PBOC 规范的发展

6.2.3.3　PBOC 规范与 EMV 规范的关系

（1）EMV 标准是框架性技术标准，各卡组织根据实际情况，定义具体的应用规范和使用各自的 IC 卡认证根密钥。PBOC 是以 EMV 标准为基础制定的国内金融 IC 卡应用规范。

（2）各卡组织规范的终端，在物理层面上虽然兼容，但不通用。同一终端如果需要支持不同卡组织的 IC 卡，至少需要在终端上安装符合特定卡组织要求的终端程序和密钥。因此 MasterCard、VISA、JCB、运通组成了 EMVCo，确保各组织投入市场的卡片和终端的兼容性，银联也在申请加入（见图 6-3）。

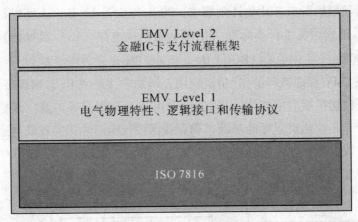

图 6-3　EMV 的发展

6.3　金融 IC 卡的特点

IC 卡由于采用了最先进的智能卡技术，具有体积小、容量大、安全性高、可靠性强、寿命长、可脱机使用、支持非接触使用、支付更快捷、可支持多应用的特点。

6.3.1　安全性

近年来，社会上各种商业储值卡发展迅猛，部分行业和企业也发行了形式多样的带有支付功能的电子钱包，这其中有一些明显缺乏规范管理。如资金的收付缺乏有效的监管，甚至出现卷款走人的事件，由此造成资金所有人的权益得不到有效保障，对单位和个人的支付安全乃至社会经济金融秩序的稳定带来冲击。而符合我国金融行业标准的金融 IC 卡，既遵循金融支付的制度规定、风险管理、补偿机制等基础性规范，又在技术上顺应国际金融支付技术发展的潮流和应用趋势，采用了先进、开放和安全的技术标准，具备磁条卡无可比拟的安全性，成为提高我国银行卡安全标准和服务能力的新型金融产品。它具有技术先进、标准统一、由金融机构发行、结算渠道可控、个人资金始终在银行账户内存放和支付的特点，从而彻底改变了目前因银行磁条卡技术相对落后和易被复制伪造的状况，使其成为最安全、可靠的新型金融支付工具，对于规范和引导我国社会支付，维护支付秩序具有积极意义。

6.3.2　便利性

金融 IC 卡交易速度快捷、充值方便（无论是在银行柜台上，还是通过 24 小时自助式银行、圈存设备等方式均叮对金融 IC 卡的电子钱包进行充值），具有很大的发展空间，将极大优化和方便人民群众日常生活。

6.3.3　广泛性

金融 IC 卡不但可以满足银行业需要，也可以满足其他行业特别是公共服务领域的金融要求，庞大、先进和日益完善的银行卡受理网络可以为公共服务领域的金融 IC 卡应用提供更加广泛的空间。同时，金融 IC 卡也适应了国际卡组织在全球推行 EMV 芯片迁移计划的大趋势，有利于提高我国在电子支付领域的国际话语权和竞争力。

6.3.4　创新性

金融 IC 卡通过技术创新促进银行业务创新，金融机构可以充分利用金融 IC 卡支持多应用的特点，加大对金融服务市场细分、业务细化和个性化设计等方面的研发力度，按照市场需求的多样性、风险控制的复杂性、业务管理的差异性设计开发银行卡产品，克服银行磁条卡功能同质化、创新空间受限的缺点，进一步丰富和创新金融服务。

6.4 金融 IC 卡的应用现状

6.4.1 银联 IC 卡产品体系

6.4.1.1 电子钱包类

（1）基于 PBOC 1.0 规范。

（2）在安全性上，采用对称的三级密钥管理体系，通过交易过程中 PSAM 卡与卡片的交互，实现双向认证。

（3）能完成跨行、跨地区的脱机消费功能，是传统磁条卡的补充，不能取代磁条卡。

（4）密钥申请、管理流程复杂。

2012 年 11 月 22 日上午，作为全国首批城市金融 IC 卡推广运用试点城市的芜湖市，在该市鸠兹广场正式首发城市金融 IC 卡。这种融合了先进的智能卡技术，集成了银联银行卡所有功能与公共事业缴费平台、公共交通、医疗、教育等支付功能为一体的 IC 卡，可以让市民真正享受到"电子钱包"带来的生活便利。

芜湖城市金融 IC 卡由该市政府授权，按照中国人民银行 PBOC2.0 标准，由银联安徽分公司联合有关商业银行共同发行。该卡不仅可以实现银行卡存取款、消费支付等传统功能，还能实现电子现金和政府服务等功能。

按照规划，芜湖市金融 IC 卡推广应用工作分 3 个阶段，项目建设周期为 3 年。目前，该市已有 1.1 万余户特约商户的 POS 开通了 IC 卡缴费受理功能，涵盖了水、电、气、通信、有线电视等行业。下一步，应用领域将逐步拓展到公交、出租车、教育等领域，在所有小额支付领域实现应用全覆盖。芜湖市民今后手持城市金融 IC 卡就能充分享受到现代支付方式给日常生活带来的方便与快捷。

6.4.1.2 借贷记类

（1）标准借贷记产品

① 在业务功能上可完全满足现有磁条卡的要求，实现银行卡的全部借记/贷记功能，能完全取代磁条卡。

② 在安全性上，通过引入脱机认证、终端风险管理、卡片行为分析等

技术和参数手段，有效地提高了发卡机构、收单机构、持卡人风险防范能力。

③通过结合卡片智能的特点开展多应用——网银、就医、社保、积分等，是 IC 卡迁移的重要产品。

（2）电子现金产品

①在业务外在表现上与电子钱包类似。

②是在快速、小额、离线环境等场合应用的极佳支付产品。

③在技术安全上，采用借记/贷记应用的基础框架构架的小额支付应用，其安全体系采用非对称密码算法，卡片和终端的认证采用公钥认证体系，终端无须安装 PSAM 卡。

④更低廉的账户处理成本，授权通信费用低。

⑤加上非接触式接口后，能更广泛地拓展应用领域。

（3）借贷记类的应用

①电子现金扩展应用——满足不同行业分段、分时计费需求。2012 年 3 月 16 日，由成都市人民政府和中国人民银行成都分行共同举办的"成都市金融 IC 卡多应用试点工作推进会暨地铁应用启动仪式"在成都地铁 1 号线天府广场站举行。

成都金融 IC 卡不仅具有普通银行卡的所有功能，还可以作为电子现金刷卡乘坐地铁。名为"蓉城卡"的金融 IC 卡，在成都地铁 1 号线闸机系统顺利测试成功，标志着金融 IC 卡成功实现了地铁刷卡应用。成都成为全国第一个将金融 IC 卡应用到地铁的城市，率先在金融 IC 卡应用工作中取得突破。

蓉城卡具有一般银行卡的功能，同时具有类似公交卡的小额支付功能。使用蓉城卡乘坐地铁时，与普通的公交卡相同，只需要在闸机刷卡处轻轻一刷，便能进入地铁站。出站时，再刷卡一次，便完成应用。

成都金融 IC 卡多应用试点工作具有与城市一卡通紧密结合、面向所有商业银行开放、以电子现金为小额支付手段、一卡通用的特点（见图 6-4）。

②专用 IC 卡——在限定商户或者商圈里脱机支付，提供客户的忠诚度。2012 年 8 月 24 日，兴业银行联手广州移动推出兴业银行广州移动联名卡，是兴业银行信用卡与广州移动结合市场需求，充分整合双方在网点客户渠道产品和技术等方面的资源，实现优势互补、互利共赢的有力举措。

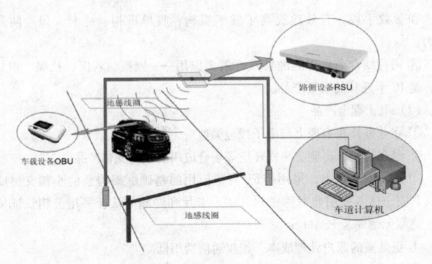

图 6 - 4　高速公路 ETC 应用样例

　　随着国内电子商务的发展，以及各种非接触式芯片在身份识别、交通和电子支付等应用领域快速普及的趋势，银行卡账户与手机号码捆绑而搭建的交易平台和电子支付手段，将得到越来越广泛的应用。本次推出的兴业银行广州移动联名信用卡是将手机通宝卡与银行卡磁条二卡合一物理集成在同一张卡片上，卡片磁条记录银行账户相关信息，非接触芯片记录移动手机通宝证书信息。

　　此联名信用卡还具有新型电子现金功能，可实现小额快速脱机支付的全新体验，无须校验密码，整个"闪付"交易最快 1 秒完成，顺应了现代人要求的绿色环保、高效便捷的生活方式。同时该联名信用卡加载了手机通宝证书信息，可以享受广州移动提供的基于手机通宝认证模式的优惠折扣券、积分消费和电子票务等刷卡服务。

6.4.1.3　非接触式 IC 卡

　　在现有 PBOC IC 卡产品的基础上，发卡机构可以根据实际需求增加非接触式接口，适合运用在公共交通、快餐等快速交易场合，还可以与手机支付等新应用相结合，具有较高的灵活性，为与相关行业的合作创造了有利的条件。

　　上海地区金融 IC 卡可以在标准化菜场、自动售卖机、快餐店和便利店等小额支付领域实现应用，其中尤以标准化菜场的快捷支付为主要特色。在标准化菜场，每个摊位均布设一台能受理非接触式金融 IC 卡的 POS 终端并与电子秤相连，称重后，电子秤自动通过串口将金额传递至 POS 终端，顾客对着 POS 终端挥卡即可完成支付。支付完成后 POS 终端会打印交易凭条，凭条上印有所购菜种、购菜摊位、交易时间等信息。不仅避免了接收假币纸币的风险，而且省去了现金支付的麻烦，实现了金融 IC 卡应用与城市食品安全卫生标准化建设的有效结合。该项目得到了社会各界的广泛认可，成为上海市民喜闻乐见的便民支付服务。目前，上海地区已有 33 家标准化菜场开通此业务，涉及特约商户 211 家，受理终端 1 817 台。截至 2012 年 3 月底，累计交易量达 1.66 万笔，交易金额 50.07 万元。

所谓"闪付"，是基于金融 IC 卡的新型消费支付方式，持卡人只需将带有非接触功能的金融 IC 卡轻轻靠近 POS 机具的读卡器，短短 1 秒即可完成脱机交易，无须输入密码和签名，使用起来快速便捷，持卡人不需要担心交易密码泄露，从而大大降低了资金交易的风险。

6.4.2 我国金融 IC 卡产业发展现状

6.4.2.1 发卡市场

在金融 IC 卡发行情况方面，工行、农行、中行、建行、交行、招行和邮储银行已实现不同规模的发卡。与此同时，已有 48 家商业银行向人民银行提交了发卡资质申请。在先行发卡行的带动下，各商业银行积极落实政策要求，整体发卡趋势良好，部分商业银行发卡较快。截至 2012 年第一季度，全国已累计发行金融 IC 卡 3 270.2 万张，较上年增长 828.9 万张，增幅约 34%，预计 2012 年年底全国金融 IC 卡累计发卡量将突破 7 000 万张。全国累计发行金融社保 IC 卡 3 593.6 万张。

在发卡量逐步攀升的同时，金融 IC 卡资产质量的优越性也逐步显现。截至 2012 年第一季度，全国金融 IC 卡期末存款余额为 3 952.6 亿元，占全国银行卡期末存款余额的 3%；全国金融 IC 卡消费交易额为 1 442.7 亿元，占全国银行卡消费交易额的 3.5%；卡均存款余额和卡均消费交易额分别为 1.21 万元和 0.44 万元，是银行卡相应指标的两倍多。全国金融 IC 卡累计发行量较 2010 年末增长近 3 倍，重点行业发卡仍在不断推进。

6.4.2.2 受理市场

据统计，截至 2012 年第一季度，全国已有 97.4% POS 终端完成改造，可受理金融 IC 卡 POS 终端总量达到 514 万台；其中，直联 POS 终端总量 315.1 万台，改造完成率达到 100%；间联 POS 终端 212.8 万台，改造完成率达到 93.5%。各商业银行已累计布放可受理金融 IC 卡的 ATM 总量 18.5 万台，约占 ATM 总量的 50.1%。

在拓展小额支付非接触式金融 IC 卡受理环境方面，截至 2012 年第一季度，支持受理非接触式金融 IC 卡卡片 POS 终端总量 88.5 万台，约占总量的 17.2%；支持受理非接卡片 ATM 总量 1.4 万台，约占总量的 7.8%。

6.4.2.3 行业合作

（1）银联与铁道部

2010 年 9 月 15 日，银联与铁道部签署战略合作协议。双方将在支付渠道完善、铁路金融产品创新、增值服务体系建设和行业标准制定等方面深入合作，共同推进铁路支付电子化。

银联与铁道部将利用各自网络资源、客户资源和渠道优势，全面展开业务合作。主要包括：一是打造购票支付便利。依托银联卡受理网络和铁路电子支付平台，扩大铁路售票的银行卡受理，探索手机、电话、互联网、自动售票机等创新支付应用。二是推动乘行便利。共同研发金融标准铁路 IC 卡，实现刷卡购票、检票的一体化快速出行。三是推进客户增值服务。共同探索建立包括贵宾服务、联盟积分等在内的持卡旅客服务体系。四是共同探讨铁路电子支付行业标准的制定和完善。

（2）中国人民银行与人社部

2011 年 8 月 11 日人社部（人力资源与社会保障部）、人民银行正式发文（人社部发〔2011〕83 号）：人力资源社会保障部、中国人民银行关于社会保障卡加载金融功能 的通知。人民银行与人社部组成联合工作组，制定带有金融功能的社会保障卡总体方案和相关标准。

6.4.3 我国现有重点金融 IC 卡项目

经过几年的市场拓展和业务应用，国内多家商业银行在金融 IC 卡产品创新和项目推广方面取得了一定的成绩。其中，工商银行在金融 IC 卡领域进行的积极而有益的探索，这无疑推动了中国银行卡产业的发展。

工行金融 IC 卡被业界公认为是提高我国银行卡安全标准和服务能力的典型的金融产品。截至 2007 年年初，工行陆续开展了铁路系统 IC 卡、牡丹交通 IC 卡、年金社保 IC 卡以及零售行业 IC 卡等行业应用项目，这些行业应用项目加快了我国金融 IC 卡的发展进程，获得了有关政府部门和合作单位的肯定。

6.4.3.1 牡丹交通卡

2007 年 9 月发行的牡丹交通卡是工行与各地交通管理部门联合发行的联名卡，这张芯片和磁条双介质并存的复合卡迎来了工行芯片卡的大规模应用和快速推广。产品以工行人民币贷记卡为载体，增加具有交通管理等功能的人民银行 PBOC2.0 标准芯片，支持电子现金功能、借贷记功能和小额支付功能，面向广大驾驶员发行。交通卡的芯片可用于记录持卡人（驾驶员）个人基本信息和交通管理信息，并可进行后续维护和日常管理工作，增强行业管理功能，实现驾驶员信息管理、交通违章现场处罚、驾驶证年审及道路通行收费等交通管理功能。配合高速路 ETC 系统建设，牡丹交通卡可完成自动支付高速公路费用，取代现金付费操作，实现在城际高速公路收费站快速通行的功能。

IC 卡在机动车使用与服务领域的应用，包括加油卡、路桥收费卡和停车缴费卡等。中国石化、中国石油发行的加油卡累计已超过 3 000 余万张。然而，若与我国的汽车保有量相比，其发行量仍很小，其发展前途十分可观。

6.4.3.2 中华人民共和国社会保障卡

至今，我国发放社会保障卡（简称社保卡）的地区、城市已达 110 多个，涉及人口约 1.27 亿。社会保障卡主要用于社会保障事务办理，与城市"市民卡"应用相结合，方便了广大群众。工行社保卡与各地劳动与社会保障厅联合发行，以社保 IC 卡和银联标识的牡丹信用卡（分为贷记卡和准贷记卡）为主，是芯片、磁条复合卡。磁条卡具有所依附卡种的所有信用卡功能；芯片卡可再加载医疗保险、养老保险、失业保险、工伤保险、生育保险等社会保障信息，实现市民医疗就诊支付的同时，还可依托金融 IC 卡的电子现金支付的功能，满足多种即时支付行业应用服务。

6.4.3.3 广深铁路 IC 卡

2008 年，工商银行广东省分行与深圳分行携手广深铁路股份有限公司联合推出了符合 PBOC2.0 标准的芯片、磁条双介质的广深铁路牡丹金融 IC 卡。在广深铁路的闸机上采取非接触方式刷卡进站乘车，出站时再次刷卡以确认当次消费金额。类似于乘坐地铁，客户使用该金融 IC 卡完成铁路出入闸乘车，无须再进行排队购票，排队候车，以减轻广深铁路运营的压力，增强乘车人的乘车体验，拓展金融 IC 卡在交通领域的应用，有助于推进珠三角城际交通公交化。广深铁路 IC 卡遵循 PBOC2.0 规范，可完全兼容广深铁路、小额支付、移动支付等多个行业的应用，同时也是国内第一张在金融领域内实现 PBOC2.0 非接触支付方式的金融 IC 卡。

6.4.4 我国金融 IC 卡的发展趋势

6.4.4.1 人民银行的五年计划

随着银行卡发卡量的迅猛增长，银行卡犯罪活动也呈上升趋势。除管理失范外，现存的磁条卡风险防范力薄弱是其主要原因。磁条卡存在明显不足，如信息存储量小、磁条易读出和伪造、保密性差，容易被犯罪分子盗取磁条上的资料，导致银行卡被复制、盗刷案件时有发生。

作为支付结算的主管者人民银行，早在两年前就开始探索将磁条卡升级为 IC 卡，人民银行网站 2010 年 5 月 19 日还发布了《中国金融集成电（IC）卡规范》（银联 PBOC2.0 标准）。

人民银行已拟订国内金融 IC 卡发行的具体时间表。按照计划，将用 5 年时间，实现在境内全面发行和受理金融 IC 卡，有效规避伪卡欺诈等金融业系统性风险。人民银行拟订商业银行发行 IC 卡时间表为：国有商业银行应在 2010 年年底前全面发行金融 IC 卡；全国性股份制商业银行应在 2012 年年底前全面发行金融 IC 卡；自 2015 年 1 月 1 日起，所有发行的银行卡应为金融 IC 卡（见图 6-5）。

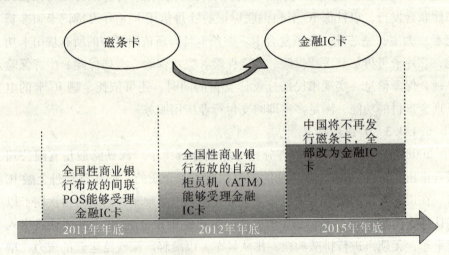

图 6-5 磁条卡向金融 IC 卡的转移策略

6.4.4.2　银行业与国内重要行业的交互式合作

金融 IC 卡具有安全性高、信息存储量大、功能拓展性强等特点，目前在我国社保、旅游、加油、公交、高速公路、市政缴费等行业和领域得到广泛的使用。由于各行业的芯片卡标准及使用规范不尽相同，金融 IC 卡产品在整合其他行业的资源时难免会遇到技术问题和政策影响。各方应在技术标准统一、跨行业联合通用和资金支付风险等方面加强沟通与合作。鼓励商业银行通过发行联名卡的方式进入行业领域，充分整合双方资源，优化资源配置，逐步加强和推动行业 IC 卡标准与金融 IC 卡标准的融合和统一，从标准层次为金融 IC 卡与行业 IC 卡的合作奠定基础。与此同时，要清晰界定银行与行业机构双方的权利和义务，商业银行应关注和掌握联名方的经营活动、财务状况以及账户资金使用情况，防范可能出现的风险。例如，通过对银行 IC 卡电子钱包的应用范围、最高资金金额加以界定，规避资金业务风险。

6.4.4.3　金融 IC 卡的发展前景

金融 IC 卡由于具有安全、多应用的特点，已经成为银行卡的发展趋势。金融 IC 卡具备的高安全性极大地降低了伪卡的风险，不仅提升了联机交易的安全性，也使卡片可以实现安全的脱机交易，有效地保障了银行和持卡人资金的安全，并拓展了银行卡的支付领域，使银行卡能满足公交、快餐、铁路等众多行业的支付和服务需要。因此许多国家和地区已颁布法令，在其境内必须发行和使用金融 IC 卡，国际上的银行卡组织和金融机构也在大力推动全球磁条卡向金融 IC 卡迁移。金融 IC 卡具备的海量信息存贮和运算功能，使银行卡不再作为单一的支付工具，而成为个人和行业信息的载体。金融 IC 能够实现金融支付、信息记录、安全验证等多种功能，满足社保、航空、俱乐部、物流等行业的需求，并使其行业应用和金融支付安全地结合在一起，为电子商务提供全面的解决方案，为持卡人提供安全快捷的综合服务。

金融 IC 卡由于具备智能、存储的特点，不仅将全面取代现有的银行磁条卡，还能够满足网络支付、电话支付、手机支付等各种新型支付领域的安全要求，未来能取代网银证书、口令卡等个人安全验证工具，成为全面的支付工具，实现各种渠道的支付。金融 IC 卡不仅具备了目前各种各样行业卡的功能，还更加安全，并拥有更为丰富的使用渠道和充值及圈存渠道，特别是能够复合多种应用，未来将取代各种行业卡，将多种卡片功能复合在一张卡片中，不仅将减少社会在受理终端和卡片及系统的资源投入，降低相关资金风险，也减少公民需携带的卡片数量和需管理的账户数量，方便公民的生活和工作。金融 IC 卡通过将账户信息存储在芯片中使银行卡摆脱了磁条介质的外形限制，可存贮在大小和形状不一的介质中，未来将会存贮在手机、钥匙及其他物品中，易于随身携带，服务现代数字化生活。

【思考与练习】

1. 了解金融金融 IC 卡的发展历程。
2. 试阐述金融 IC 卡与磁条卡的区别。
3. 举例说明你身边的金融 IC 卡应用。
4. 试阐述金融 IC 卡的特点。
5. 你认为金融 IC 卡今后的发展前景怎么样？

【案例分析】

继续努力，全面贯彻落实《意见》精神

——中国人民银行科技司司长在全国金融 IC 卡工作会议上的讲话①

《中国人民银行关于推进金融 IC 卡应用工作的意见》下发后，人民银行分支机构、各商业银行和中国银联积极行动，近期金融 IC 卡工作成效明显，达到预期。以下是近期金融 IC 卡工作的工作安排和部署：

（一）进一步加强与社保部门的"行部"合作。

人民银行进一步整合标准，形成产业合力，发挥银行卡联网通用优势，推动金融社保卡的全面发行。各商业银行和中国银联等部门，要结合宁波市民卡多应用经验，共同协商解决"发卡、分润、受理环境"各环节的配合问题，以及加强与人力资源和社会保障部的合作，按照金融社保卡的总体方案要求，积极配合各地开展金融社保卡的发行、推广、宣传和培训工作。推动金融社保卡在全国范围内推广和普及。

（二）做好扩大城市试点的推广工作。

人民银行将下发通知，扩大金融 IC 卡城市试点，在多样化的城市发展

---

① 注：2011 年 5 月 24 日，全国金融 IC 卡工作会议在宁波召开。

过程中，找到适合中国国情的不同发展模式，摆脱金融 IC 卡迁移的路径依赖。各商业银行和中国银联要积极配合各地人民银行分支行的总体安排、积极与当地政府部门和各行业主管部门合作交流，探索适合当地发展的最佳金融 IC 卡与城市信息化结合之路。

各商业银行、中国银联，要按照 64 号文件和将要下发的扩大试点通知要求，在 2012 年年底前提交各地试点总结报告，完成试点工作。在试点工作过程中，加强组织领导，组织制定好方针政策、具体措施，确保试点工作顺利推进。同时，制订好规划和计划，包括实施目标、实施要求、实施内容、保障措施、实施计划等，并建立量化考评指标，确保各项工作落到实处、如期完成。另外，严格执行 PBOC2.0 相关标准和规范，做好包括产品、系统、检测、入网、上线及应急演练各项工作。坚持可持续发展的原则，加强金融 IC 卡知识的宣传贯彻工作。

（三）开展联网通用专项检查。

为保障受理环境的质量，加快受理市场建设改造，实现 2011 年 6 月底前直联 POS 可受理金融 IC 卡、年底前全国性商业银行布放的 POS 可受理金融 IC 卡的目标，年内人民银行将组织开展两次 POS 金融 IC 卡受理情况专项检查。各商业银行和中国银联要积极配合，按期提交自查报告并接受检查。

（四）建立金融 IC 卡统计分析体系。

人民银行将于近期建立金融 IC 卡发卡、风险事件和案件情况统计机制。制定关键指标，定期收集商业银行金融 IC 卡发卡数据，通过统计、对比、分析的方式，全面掌握银行业金融 IC 卡迁移的最新进展情况。依托统计数据，指导部署商业银行相关工作。各商业银行和中国银联要按照统计和信息上报制度要求，按时保质提交相关数据、提交风险事件。

（五）建立金融 IC 卡工作简报制度。

针对重大事项，编写、通报《金融 IC 卡工作简报》。通过工作简报的方式，实事求是，客观反映情况，沟通信息，交流经验，及时了解国内金融 IC 卡工作中出现的新情况、新问题、新办法、新思路，促进金融 IC 卡工作的开展。各商业银行和中国银联要积极、及时上报本单位金融 IC 卡推广中的典型案例与经验总结。

（六）不断完善管理制度和技术规范。

人民银行将发布金融 IC 卡密钥体系管理制度及相关规范、金融 IC 卡检测体系管理制度及相关规范，确保金融 IC 卡交易安全和持卡人用户信息安全。各商业银行和中国银联应该按照要求，相应提升自身安全级别，体现金融 IC 卡风险防范等优势。

（七）做好金融 IC 卡发卡审核。

人民银行将根据《中国人民银行关于进一步规范和加强商业银行银行卡发卡技术管理工作的通知》（银发〔2011〕47 号）要求，继续开展商业银行金融 IC 卡发卡审核工作。各商业银行要按照管理要求，认真完成并提交发卡申请，协助完成相关调研问卷，配合做好资料补充和现场检查等工作。

（八）开展专题研究和难点攻坚。

人民银行针对金融 IC 卡中遇到的专题和难题，组织开展专题研究和难题攻坚，研究制定相关政策措施，统一部署解决方案，推动金融 IC 卡工作健康顺利开展，在更广阔的领域挖掘和发挥金融 IC 卡的潜力和作用，使其更好地服务于广大人民群众，为改善民生、促进中国经济发展做出应有的贡献。具体包括金融 IC 卡服务"三农"问题、金融信息化与城市信息化结合问题、双标识卡问题、电子现金发展规划、金融 IC 卡芯片级安全问题等。各商业银行和中国银联应积极参与课题研究，并配合完成各项调研。

最后，各商业银行、中国银联等部门，要按照人民银行 64 号文的相关要求，督促本单位认真制定并落实金融 IC 卡工作目标和实施方案，在技术、业务、试点、运营、管理等方面加快建立健全各项考评和规章制度，加大对分支机构工作的指导和支持，加强与人民银行的沟通和配合，齐心协力，共同努力，全面落实《意见》精神，进一步全面推进金融 IC 卡工作。

问题：结合案例，试谈谈你对金融 IC 卡今后在我国的发展趋势的看法。

7　银行卡新兴支付方式

【本章导引】

互联网的发展使得网上支付范围越来越广，从以往的网络购物，逐渐延伸到航空客票、数字娱乐、生活缴费等多个领域，如水费、电费、煤气费、电话费、房租、机票款、考试报名费，甚至公益捐款等，现在都可以通过第三方支付平台来支付，新兴支付方式已越来越多。

【重要术语】

互联网支付、移动支付、固定电话支付、有线电视支付。

【知识架构】

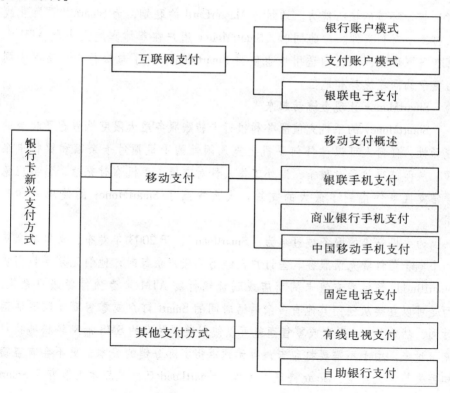

【导入案例】

移动支付国外典型案例——菲律宾 SmartMoney

用户无须更换手机，运营商无须支付昂贵的 SIM 卡开发成本，却实现了移动支付业务的大规模普及，菲律宾最大的通信公司菲律宾长途电话公司（Philippines Long Distance Telephone Company）旗下的手机运营商斯马特（Smart）用最经济的方法实现了大多数运营商的梦想。

SmartMoney 适用范围广泛

SmartMoney 采用 64KB 内存的 SuperSIM 卡，使得用户能够通过在线或无线的方式将增值 SIM 应用程序下载到手机上，大内存的 SIM 卡使得这些应用程序能够轻松安装，用户使用移动支付服务时，将不必记忆复杂的 SMS 代码，而通过程序运行自动生成特殊 SMS 信息来完成服务。

SmartMoney 在购物中可以发挥借记卡的功能，在任何接受 MasterCard 的商家都可以使用。通过与 MasterCard 的联姻，SmartMoney 在某种程度上借用了 MasterCard 的商家网络和银行网络，从而获得了形成 TSM（可信服务管理者）控制环节的核心能力。通过与 MasterCard 的联姻，为 Smart 的国际化战略打造了有利条件。与此同时，SmartMoney 用户在菲律宾绝大多数 ATM 上都能提取现金，广泛的适用性也使得 SmartMoney 有了与银行卡、信用卡同台竞争的同等优势和地位。

SmartMoney 让现金流动起来

SmartMoney 的手机充值服务和银行卡转账服务最大限度地考虑了现金的流动性，任何人可以往任何手机上充入闲散的手机预付卡余额和银行卡余额，从而使得父母对孩子、海外工作人员对家属、手机临时充值、借款应急等常发性事件得到了最大的支撑，大大提高了 SmartMoney 的使用率和实用性。

为手机充值的服务被冠名为 "Smartload"，于 2003 年发布，是世界上第一个电子预付费充值服务。当订户已经用完账户余额时，他们无须寻找出售 SmartBuddy 预付费充值卡的商店或联营银行的 ATM 来为预付费账户充值，而是可以直接从任何其他有多余通话时间的 Smart 订户或零售商处购买通话时间，然后 Smart 用户或零售商就可以使用菜单触发的 SMS 消息轻松地执行充值过账。由于不需要打印卡，也无须承担实际分销的成本，更不会有盗窃和丢失等情况发生，Smar 降低了成本。SmartLoad 已经从根本上改变了 Smart

的预付费业务和竞争环境。

SmartMoney 走向世界

2008 年 11 月，Smart 宣布将与总部位于美国的 Roamware 合作创建一个用于部署国际移动金融服务的全球服务环境，双方协议将利用现有的网络基础设施、资源、专业技能和国际影响力，让世界各地移动运营商和金融机构都能够拥有移动汇款业务。

海外运营商在进军国际市场时，往往会遇到不小的障碍。Smart 从互联网业务的全球化中找到了灵感，脱胎于网络的明星技术和业务往往更容易全球化，同日本的 NTTdocomo、韩国的 SKT 一样，Smart 将自己的明星业务作为进军全球市场的武器。

随着电子商务的发展，特别是网上购物、网上订票、网上缴费的流行，新兴支付方式越来越受到消费者的欢迎。尤其是随着网络技术和通信技术的进步，各类新型支付机构和产品不断涌现，拓展了支付体系的深度和广度。非现金支付工具广泛应用，目前已经形成了以票据和银行卡为主体、互联网支付、移动支付等电子支付为发展方向的支付工具体系。

截至 2011 年，全国银行网上支付客户数量 3.69 亿户，2011 年发生业务 151 亿笔、金额 695 万亿元；业务笔数、金额同比分别增长 77% 和 33%。电子支付客户数 3.26 亿户，发生业务 4.73 亿笔、金额 8.8 万亿元；移动支付客户数 1.45 亿户，发生业务 2.42 亿笔、金融 0.99 万亿元；业务笔数、金额同比分别增长 109% 和 74%。

相对于传统的支付方式来讲，新兴电子支付方式显现出了充分的优势，大大降低了传统商业银行的运营成本，实现了规模经济。图 7-1 是银行业不同分销渠道的业务成本比较：

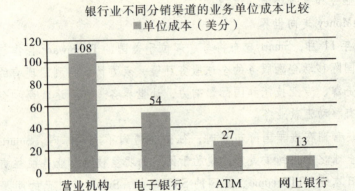

银行业不同分销渠道的业务单位成本比较

图7-1 不同分销渠道的业务单位成本比较图

按照支付渠道，现代（电子）支付方式包括：基于互联网的支付、基于移动网络的支付、基于电话网络的支付、基于有线电视网络的支付和基于金融专网的支付。如图7-2所示：

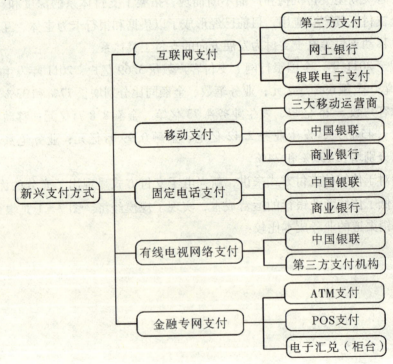

图7-2 新兴支付方式分类图

7.1　互联网支付

互联网支付按照不同维度，有不同的分类。按服务特色分为网关支付模式、账户支付模式和特殊的第三方支付模式（银联电子支付）。按照中国人民银行颁发的《支付机构互联网支付业务管理办法（征求意见稿）》，按支付机构提供的不同的支付服务方式，互联网支付分为银行账户模式和支付账户模式。

7.1.1　银行账户模式

7.1.1.1　网上银行支付

网上银行是银行业在信息技术，特别是网络技术发展的推动下，不断努力获取市场竞争优势的结果。它利用计算机和互联网技术，为客户提供综合、实时的全方位银行服务。相对于传统银行，网上银行是一种全新的银行服务手段或全新的企业组织。

（1）网上银行的分类

按照服务对象，可以将网上银行支付分为企业网上银行和个人网上银行。

① 企业网上银行。企业网上银行主要针对企业与政府部门等企事业组织的客户。企事业组织可以通过企业网上银行服务实时了解企业财务运作情况，及时在组织内部调配资金，轻松处理大批量的网上支付和工资发放业务，并可处理信用证相关业务。

②个人网上银行。个人网上银行主要适用于个人与家庭的日常消费支付与转账。客户可以通过个人网上银行服务，完成实时查询、转账、网络支付和汇款功能。个人网上银行服务的出现，标志着银行的业务触角直接伸展到个人客户的家庭 PC 桌面上，方便实用，真正体现了家庭银行的风采。

（2）网上银行的功能

随着因特网技术的不断发展，网上银行提供的服务种类、服务深度都在不断地丰富、提高和完善。从总体上讲，网上银行提供的服务一般包括两类：一类是传统商业银行的业务品种的网上实现。这类业务基本上在网上银行建设的初期占据了主导地位，传统商业银行将网上银行作为自身业务品种的一个新兴的分销渠道来对待。另一类是完全针对互联网的多媒体互动的特性来设计提供的创新的业务品种。同时，在组织结构和业务管理模式上也从根本上打破了传统商业银行的各种条条框框，成为真正意义上的网上银行。

①内部转账功能。客户可以在自己名下的各个账户之间进行资金划转、定期转活期、活期转定期、汇兑、外汇买卖等不同币种、不同期限资金之间的转换，其主要目的是为了方便客户对所有资金的灵活运用和进行账户管理。

②转账和支付中介业务。客户可以根据自身需要，在网上银行办理网上转账、网上汇款等资金实时划转业务，该业务为网上各项交易的实现提供了支付平台。客户可以办理转账结算、缴纳公共收费（煤、水、电、房、电话、收视费等）、发放工资、银证转账、证券资金清算等以及包括商户对顾客（B2C）和顾客对顾客（C2C）商务模式下的购物、订票、证券买卖等零售交易，也包括商户对商户（B2B）商务模式下的网上采购等批发交易，这类服务真正地实现了不同客户之间的资金收付划转功能。

③金融创新。基于 Internet 多媒体信息传递的全面性、迅速性和互动性，网上银行可以针对 Internet 特点，针对不同客户的需求开辟更多便捷的智能化、个性化的服务，提供传统商业银行在当前业务模式下难以实现的功能。比如针对企业集团客户，提供通过网上银行查询各子公司的账户余额和交易信息，并在签订多边协议的基础上实现集团内部的资金调度与划拨，提高集团整体的资金使用效益，为客户改善内部经营管理、财务管理提供有力的支持。

在提供金融信息咨询的基础上，以资金托管、账户托管为手段，为客户的资金使用安排提供周到的专业化的理财建议和顾问方案。采取信用证等业务的操作方式，为客户间的商务交易提供信用支付的中介服务，从而在信用体制不尽完善合理的情况下，积极促进商务贸易的正常开展。建立健全企业和个人的信用等级评定制度，实现社会资源的共享。根据存贷款的期限，向客户提前发送转存、还贷或归还信用卡透支金额等提示信息。

（3）网上银行的优点

①网上银行不受营业场所局限。由于无须借助营业场所，使银行的触角进到世界各个角落，并且直接进入千家万户，是客户当家理财的好帮手。

②工作人员比传统银行少。由于不需要大量工作人员和硬件设施，所以开设网上银行的成本仅仅相当于开设传统银行的 2.5% ~ 5%，大大减少了日常的成本开支。它没有营业场所，也没有支出费用，使得网上银行经营成本只有一个网址，其经营成本只占经营收入的 15% ~ 20%，而传统银行的经营成本则占经营收入的 60%。

③增加客户数量，提高服务水平。由于网上银行有许多优越性，所以客户人数迅速增长。据有关统计，目前网上银行每年以 15% 的速度增长。2008 年在英国，约 1 100 万英国用户登录银行网站。这个数字大约是英国网民的 33%，最受欢迎的网上银行是苏格兰皇家银行，拥有 290 万用户。不仅如此，客户因错过营业时间被拒于门外的现象将再也不会发生，因为它是每周七天、每天 24 小时服务，充分满足了客户的需要。

④信息快速反馈，加强风险管理。网上银行能够迅速地了解各家客户的各种信息，依此对各家客户进行信誉评估，以确定是否向某企业发放贷款、以何种方式发放贷款、发放多少贷款、贷多长时间等。借助网上银行的这种功能（由 Internet 网络提供的功能），网上银行更易于加强资产负债管理，防范并降低信贷风险。还可以拓展银行业务范围，开展各种各样新业务。如信息发布、留言板及商业服务等。

7.1.1.2 特殊第三方的银行账户模式

银行账户模式是指付款人通过支付机构向开户银行提交支付指令，直接将银行账户内的货币资金转入收款人指定账户的支付方式。

银联电子支付服务有限公司（简称 ChinaPay）作为银联的网络方面军，拥有银联的统一支付网关，其专业产品 OneLinkPay 解决了网上银行卡的支付结算问题。

其操作流程如图 7 - 3 所示：

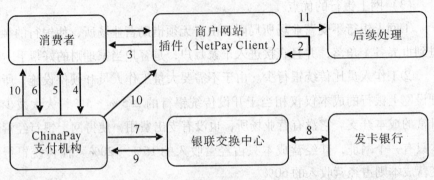

图 7 – 3　银联电子支付流程①

①消费者浏览商户网站，选购商品，放入购物车，进入收银台；

②网上商户根据购物车内容，生成付款单，并调用 ChinaPay 支付网关商户端接口插件对付款单进行数字签名；

③网上商户将付款单和商户对该付款单的数字签名一起交消费者确认；

④一旦消费者确认支付，则该付款单和商户对该付款单的数字签名将自动转发至 ChinaPay 支付网关；

⑤支付网关验证该付款单的商户身份及数据一致性，生成支付页面显示给消费者，同时在消费者浏览器与支付网关之间建立 SSL 连接；

⑥消费者填写银行卡卡号、密码和有效期（适合信用卡），通过支付页面将支付信息加密后提交支付网关；

⑦支付网关验证交易数据后，按照银行卡交换中心的要求组装消费交易，并通过硬件加密机加密后提交银行卡网络中心；

⑧银行卡交换中心根据支付银行卡信息将交易请求路由到消费者发卡银行，银行系统进行交易处理后将交易结果返回到银行卡交换中心；

⑨银行卡交换中心将支付结果回传到 ChinaPay 支付网关；

⑩支付网关验证交易应答，并进行数字签名后，发送给商户，同时向消费者显示支付结果；

⑪商户接收交易应答报文，并根据交易状态码进行后续处理。

银联电子支付作为独特的第三方支付机构，有着它独自的特点：它可以一次性连接多家商业银行和金融机构，支持我国主要商业银行发行的各类银

---

①　该部分内容参考上海银联电子支付服务有限公司发布的《银联在线支付服务方案》。

行卡种，从而为各种银行卡用户提供便捷的服务；它针对不同的业务模式，可量身设计支付结算方案，适用于电子商务支付业务，从而可以与多家电子商务公司合作，推动我国电子商务的发展；它支持交易加密验证、转发、对账、查询等功能，方便商户快速入网、交易监控及事后处理，并给用户带来安全高效的支付服务。

随着业务覆盖范围、应用领域的不断扩大，银联电子支付正受到越来越多发卡银行、收单机构、商户和广大持卡用户的欢迎。目前已有 700 多家企业通过 ChinaPay 支付平台来进行网上支付、跨行转账、网上代付、电话支付等业务，以完成其电子资金的清算，其中有 10 家航空公司、40 家基金公司、15 家其他第三方支付公司。根据有关数据显示，2011 年度上海银联电子支付服务有限公司交易笔数达到 1.60 亿笔，交易金额总量达到 1 561.13 亿元。

7.1.2　支付账户模式

支付账户模式是指付款人直接向支付机构提交支付指令，将支付账户内的货币资金转入收款人指定账户的支付方式。也就是说，买家和卖家在同一个支付平台上开设账户，买方选购商品后，通过平台在各个银行的接口，将购买货物的货款转账到平台的账户上，支付平台在收到银行到款通知后，通知卖家货款到达、进行发货；买家确认货物后通知平台付款给卖家，支付平台将货款转入卖家账户。

支付账户模式按照是否具有交易平台，又可以分为交易平台型账户支付模式（直付支付模式）和无交易平台型账户支付模式（间付支付模式）。

7.1.2.1　交易平台型账户支付模式

交易平台型账户支付模式也称为直付支付模式，它的支付流程与传统转账、汇款流程类似，只是屏蔽了银行账户，交易双方以虚拟账户资金进行交易付款。这种模式的典型应用有易宝账户支付、快钱账户支付等。

直付支付模式支付流程如图 7-4 所示：

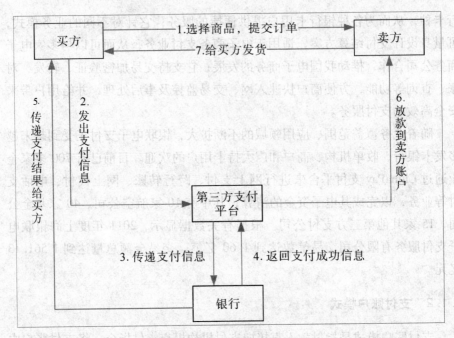

图7-4 直付支付模式支付流程图

直付支付模式资金流向如图7-5所示：

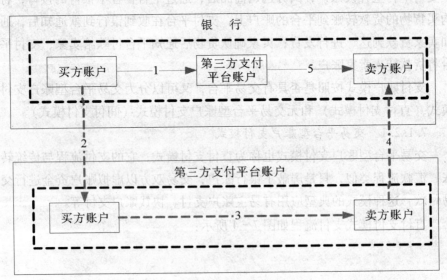

图7-5 直付支付模式资金流向图

7.1.2.2 无交易平台型账户支付模式

无交易平台型账户支付模式也称为间付支付模式，它的支付平台是指由电子商务平台独立或者合作开发，同各大银行建立合作关系，凭借其公司的实力和信誉承担买卖双方中间担保的第三方支付平台，利用自身的电子商务平台和中介担保支付平台吸引商家开展经营业务。买方选购商品后，使用该平台提供的账户进行货款支付，并由第三方通知卖家货款到达、进行发货；买方检验物品后，就可以通知第三方支付平台付款给卖家，第三方再将款项转至卖家账户。

这种模式的典型应用有支付宝账户支付。间付支付模式的支付流程如图7-6所示：

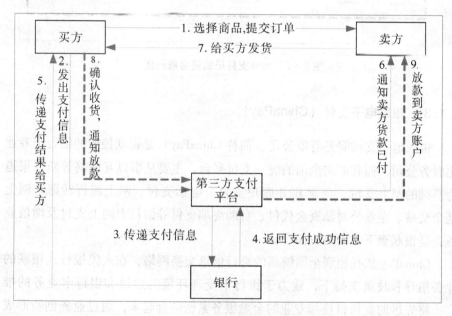

图7-6 间付支付模式支付流程图

间付支付模式资金流向如图7-7所示：

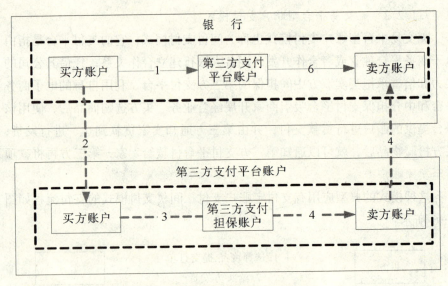

图 7-7   间付支付模式资金流向图

7.1.3   银联电子支付（ChinaPay）

银联电子支付服务有限公司（简称 ChinaPay）是银联控股的银行卡专业化服务公司，拥有面向全国的统一支付平台，主要从事以互联网等新兴渠道为基础的网上支付、企业 B2B 账户支付、电话支付、网上跨行转账、网上基金交易、企业公对私资金代付、自助终端支付等银行卡网上支付及增值业务，是银联旗下的网络方面军。

ChinaPay 依托银联全国统一的跨行信息交换网络，在人民银行及银联的业务指导和政策支持下，致力于银行卡受理环境的建设和银行卡业务的推广，将先进的支付科技与专业的金融服务紧密结合起来，通过业务创新形成多元化的支付服务体系，为广大持卡人和各类商户提供安全、方便、快捷的银行卡支付及资金结算服务。公司充分利用银联全国性的品牌、网络、市场等优势资源，整合银联体系的系统资源、银行资源、商户资源和品牌影响力，实现强强联合、资源共享和优势互补。

经过数年的开拓发展，ChinaPay 拥有了雄厚的技术开发力量及丰富的业务拓展经验，为网上购物、金融、民航、旅游、彩票、移动通信等行业领域提供了先进的支付系统解决方案，并积累了丰富的工程项目实施经验。

银联电子支付服务有限公司提供的主要电子支付服务有：网上支付、网上代付、电话支付、网付宝、企业账户支付与跨行转账、国际汇入与境外支付等。

7.1.3.1 网上支付

银联电子支付有限公司作为银联的网络方面军，拥有银联全国统一的支付网关。该支付网关在 2000 年建成并投入运行，覆盖全国主要商业银行的银行卡，适用于各种 B2C、C2C 以及 B2B 的电子商务支付业务。几年来，ChinaPay 已经为数千家知名商户提供了安全、有效的网上支付服务，涉及航空、票务、公益事业、网络游戏、政府、体育、消费品、旅游、制造、金融等各个行业，成为各类企业引进网上支付系统的最佳选择。

银联电子网上支付产品主要针对网上支付系统而设计，采用了先进的安全数据加密技术，可以同时为商户提供安全有效的网络连接，支持多种操作平台和支付工具；能一次性连接多家商业银行和金融机构，支持我国主要商业银行发行的各类银行卡种，实现一站式地跨银行、跨地区的实时支付；针对不同的业务模式，可量身设计支付结算方案，适用于各种电子商务支付业务；支持交易加密验证、转发、对账、查询等功能，方便商户快速入网、交易监控及事后处理等。适用于航空、票务、公益事业、网络游戏、零售业、媒体娱乐、制造业、综合性商城、体育、教育、旅游、网上商城、信息咨询、新闻金融服务等多行业的 B2C、B2B 等各类电子商务活动的网上支付。

下面以专业产品 OneLinkPay 为例介绍银联网上支付。OneLinkPay 网上支付业务流程如图 7-8 所示。其中，NetPayClient 是一个安装在 ChinaPay 商户会员侧的应用编程接口函数库（API LIB）。它与商户网上柜面系统相集成，实现消费者、商户和银行间的网上安全支付。OneLinkPay 提供如下功

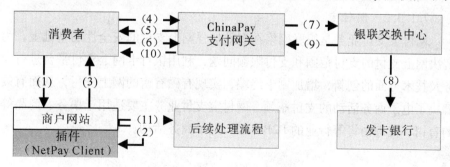

图 7-8 网上支付业务流程

能：商户对订单进行数字签名、验证交易应答、按订单号查询交易、按交易日期和时间段查询交易、对交易明细对交易总账等。

ChinaPay 支付网关位于 Internet 和传统的银行专网之间，主要作用是安全连接 Internet 和专网，将不安全的 Internet 上的交易信息传给安全的银行专网，起到隔离和保护专网的作用。主要功能有将 Internet 传来的数据包解密，并按照银行系统内部的通信协议将数据重新打包；接收银行系统内部传回来的响应消息，将数据转换为 Internet 传送的数据格式，并对其进行加密。即支付网关主要完成通信、协议转换和数据加解密功能，以保护银行内部网络。

银行卡信息和支付密码在交易中不经过网上商户系统，直接以 SSL 安全通道方式递交支付网关。递交银行卡信息时，用支付网关公钥进行加密，密码算法和支付网关公钥随支付页面动态下载，加密算法采用 1 024 位非对称算法。支付网关在交易组装和转发时，网上支付密码的转换在硬件加密机中进行。这些措施都为网上支付提供了有力的安全保障。

7.1.3.2　网上代付

ChinaPay 网上代付平台（ORA 平台）是 ChinaPay 为商户搭建的一项增值业务服务平台，为商户实现企业资金批量代付通道。通过该平台，商户按指定的格式，可以把存款文件提交给 ChinaPay，可以根据商户的存款指令文件要求，将交易款项直接存入持卡人的银行卡账户。

ORA 平台支持全国各类银联标准卡，且统一格式上传，无异地、跨行附加费用。为保险、彩票、直销、金融、在线商城以及全国性大中型企业等提供良好的代付代发渠道。

网上代付业务流程如图 7-9 所示。

7.1.3.3　网付宝

网付宝支付业务是银联网络在有效加强网上支付的安全性的基础上，为解决网上支付的支付范围和支付限额问题，利用银行卡网上支付平台进行行业业务及技术方面的创新，增加刷卡终端，实现有磁有密的网上支付，从而有效解决了电子商务活动的支付瓶颈。网付宝支付业务主要适用于票务、商品等的直销、代理销售等行业的 B2B、B2C 电子商务活动。

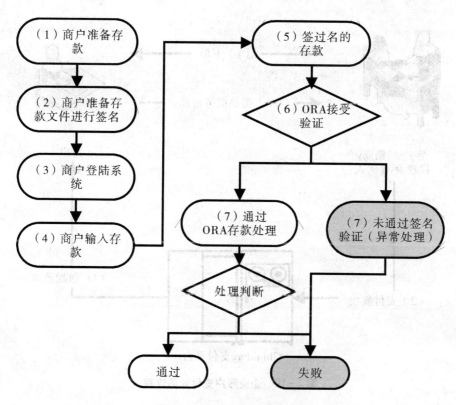

图7-9 网上代付业务流程

7.1.3.4 企业账户支付

如今 ChinaPay 为企业商务在线支付带来完整而灵活的解决方案。客户/经销商只需登陆商户网站选购所需的商品或服务，然后轻松点击 ChinaPay 企业商务支付，便可完成整个支付过程。对于客户而言，只需一次性申请相应银行的企业网银和商务支付业务，便可进行网上的货款支付。省去跑银行柜面的精力和时间，也无须其他额外手续，非常有利于客户的接受和使用。而对于商户而言，轻而易举的就能实现订单和支付货款的绑定，大量节约了传统模式中货款确认的成本。在保证资金安全的同时，将信息流和资金流有效地结合起来，规范并且简化了整个交易流程。企业账户支付业务模型如图7-10 所示。

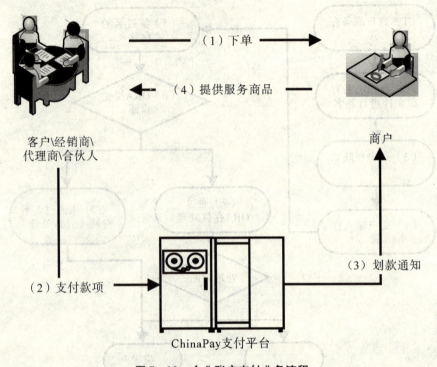

图7-10 企业账户支付业务流程

业务模型中交易各方一般每周结算一次。于约定的时间，先由银行和ChinaPay结算，然后 ChinaPay 将交易款项在扣除交易手续费后划入商户指定的银行账户中。

商户还可以通过 ChinaPay 提供的控台，查询交易明细，统计交易数据，查询银行结算单。同时 ChinaPay 还提供后继的退款服务和 7 天×24 小时的客户服务。

7.1.3.5 网上跨行转账

网上跨行转账是由银联支持开展的银行卡跨行交换业务，通过银联的互联网跨行转账平台，向持卡人提供实时的银行卡网上跨行转账服务。可实现银行卡（账户）间资金的实时划拨；网上银行卡余额查询；银行卡网上跨行转账交易明细查询；手机短信服务等功能；网上汇款；购房、买车按揭跨行还款；在信用卡、贷记卡使用透支时及时还款等。

利用互联网进行银行卡跨行转账服务，持卡人无须再为存取款而辛苦奔波，也无须再因携带大量现金而提心吊胆。在网络上便可轻松完成个人理财工作，不受时间、地域限制。基于商业银行网络系统以及银联电子支付平台的个人理财服务，注重安全管理。瞬间即可完成在不同银行卡账户之间的资金划拨和清算，实时交易、实时到账，任何地方任何时间都可以轻松享受安全、快捷的跨行转账服务。

7.1.3.6 境外支付

境外支付力图解决境外互联网商户在拓展中国消费市场时，所涉及的货币转换及资金清算问题。在严格按照现行中国外汇管理政策执行的基础上，实现资金清算流程高效、便捷的运行，在最大程度上保证了交易信息及清算资金的安全，使国内持卡人使用银行卡在境外商户购物时享受良好的消费体验。

银联 POS、ATM 网络已延伸至境外 50 多个国家和地区，持卡人提供方便、实惠、安全的境外支付服务，卡片正面印有"银联"标识的银行卡均可在银联境外特约商户和 ATM 上使用。

7.1.3.7 国际汇入

国际汇入是一种非贸易类的中小额国际个人间快速电子汇款业务。汇款人可以通过国际汇款公司或银行，以现金或境外银行卡支付的方式，将不同的外币汇到中国大陆收款人的人民币银行卡账户中。汇款人能很方便地将现金汇入收款人的银行卡账户，收款人无须再跑网点收款，使国际汇入业务更具竞争力。国际汇入业务得到近四十家银行的支持，具有最广泛的银行卡覆盖面，为境外商户提供全面的支付种类选择。对境外商户支持十二种外币的清算，包括英镑、港币、美元、瑞士法郎、新加坡元、瑞典克朗、丹麦克朗、挪威克朗、日元、加拿大元、澳大利亚元、欧元；对消费者用人民币支付，对商户结算外币。由于具有 18 亿银联卡持有者的潜在用户群，前景十分可观。

7.2 移动支付

7.2.1 移动支付概述

移动支付属于网络支付，按照支付工具划分，目前主要有电子钱包、后台账户、银行卡绑定三种模式。按照运营商划分，目前主要存在以移动运营商为主导、以第三方支付机构为主导和以金融机构为主导的三种模式。

由于移动支付网络覆盖面广，终端使用普及率高，如何将支付业务和多种金融业务与手机等移动终端相结合，日渐成为第三方支付行业发展的热点。在 2010 年 9 月人民银行举行的网上支付跨行清算系统建成运行的新闻发布会上，央行支付结算司司长欧阳卫民表示，"央行下一步将大力促进移动支付的发展，使很多金融业务可以嵌入手机支付"。同时，银联于 2010 年 9 月推出首款银联标准"支付手机"（见图 7 - 11）。

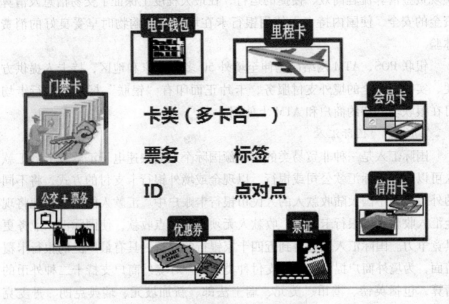

图 7 - 11　移动支付应用场景

7.2.1.1　移动支付的运营模式

在移动支付产业链中参与者众多，主要包括移动运营商，金融机构、第三方支付服务提供商、内容提供商、芯片制造商、手机制造商、设备提供商、用户和商家等，其中核心组织者是移动运营商、金融机构、第三方移动支付服务提供商。目前国内主要存在以下运营模式：以移动运营商为主导、以第三方支付机构为主导和以金融机构为主导的模式。在此我们将详细介绍前两种主导模式①。

———————————
① 金融机构主导模式不属于第三方支付范畴在本书不做介绍。

（1）移动运营商为主导

在我国，无论是中国移动、中国联通还是中国电信，都把移动支付业务看成其对自身用户提供的一种增值服务并作为它们争夺市场的营销热点，以此增强和巩固其在移动通信领域的竞争优势。

目前，手机支付业务是中国移动集团面向用户提供的一项综合性移动支付服务，用户开立手机支付账户并预存资金（充值）后，可通过短信、互联网等通信手段，使用支付账户完成话费缴纳、互联网购物、水电气账单支付等远程消费支付。手机支付账户是区别于手机话费账户的独立资金账户，手机支付账户充值不等同于缴话费。

在中国移动的手机支付业务中，账号管理是核心，中国移动根据账户使用场景将手机支付账户分为现金账户和充值卡账户；根据用户资料是否齐全将手机支付账户分为非实名账户、实名未认证账户、实名认证账户。其中现金账号是指通过网银、营业厅等方式进行现金充值的手机支付账户。现金账户具有支付限额高、使用范围广等特点。

要实现手机支付需要开立手机支付账户并充值。手机支付账户的开通有如下五种方式：短信开户、网站开户、营业厅开户、电话客服开户、STK 菜单开户。充值渠道有：网上银行转账充值、营业厅现金充值、营业厅自助终端充值、手机支付卡通充值等。用户通过网银或营业厅充值后，资金将存放在用户手机支付现金账户上。

为方便用户在中国移动合作的商场、超市、便利店、餐馆、公交车等场所进行手机刷卡消费。中国移动开发了基于无线射频识别技术（RFID）的小额电子钱包业务。用户在中国移动营业厅开通手机钱包（即更换一张支持 RFID 功能的专用 SIM 卡或办理一张支持 RFID 功能的贴片卡），便可使用手机钱包在上述地方消费。

（2）金融机构为主导

金融机构主导的商业模式与运营商主导的商业模式相似，不同的是占主导地位的是金融机构。金融机构主导的移动支付业务，相当于传统支付业务的延伸，数据通过移动通信网络传输。运营商只负责提供网络，不参与移动支付业务的管理和运营。此种模式下，金融机构的主要收入来源是从商家获得的每笔交易的服务佣金，移动运营商的主要收入来自消费者的通信费和金融机构支付的专网使用或租借费。这种模式的优势是：由于金融机构有足够在个人账户管理和支付领域的经验，交易安全性高。劣势是：金融机构数量众多，会造成移动支付的互通性变差，从而引起移动支付成本提高和影响移动支付统一标准的建立。

（3）第三方支付机构为主导

移动支付业务与一般的增值新业务不同，它涉及面比较广，一方面需要整合支付方面的资源，另一方面需要整合各种服务和商家资源。第三方支付机构可以利用自己作为移动运营商与商业银行的桥梁和纽带的身份，充分发挥其资源优势，把整合的资源有效地运作在自己提供的支付平台上，提供丰富的、专业化的移动支付服务。移动支付业务以第三方机构为主导，在产品创新、对市场需求进行快速反应等方面具有一定优势。

以"钱袋宝"为例介绍第三方支付机构主导的移动支付。钱袋宝是首批获得人民银行颁发的第三方支付牌照的 27 家公司里专注做移动支付的公司。钱袋宝在移动支付业务领域的核心产品包括钱袋宝扩展卡、钱袋宝 SD 卡、钱袋宝小精灵等，主要服务范围包括话费充值、转账付款、信用卡还款、手机支付等移动金融服务和购买机票、购买电影票、购买彩票、水电煤气费缴纳等便民支付。

按照支付的场景划分，钱袋宝的产品系列包括远程支付和近场支付；按照支付额度大小划分，钱袋宝的产品可分为小额支付和大额支付；按照支付账户划分，可以分为银行卡账户支付和第三方支付账户支付。

未来几年，中国的移动互联网将迎来迅猛的发展，行业对手机远程支付将产生迫切的需求，钱袋宝在业务发展层面上高度重视手机远程支付，以先远程、后近场的顺序来发展其移动支付业务。钱袋宝所有的产品体系和商业模式将在完善和推广远程支付解决方案的基础上，不断研发近场支付相关技术并实现产品化。

7.2.1.2 移动支付的支付安全与风险管理

（1）移动支付的安全问题

现阶段移动支付面临较大的风险制约，归纳起来有以下几个方面：

① 政策风险。对比国外等发达国家对移动支付的监管措施，可以发现，国外特别是移动支付发展比较成熟的日本和韩国十分重视对消费者权益的保护，他们的法规均是从电子支付角度制定相关的消费者权益法律，并将移动支付纳入管理范畴。虽然我国现已出台《非金融机构支付服务管理办法》

等法规，但也只是提供了原则性的监管框架，对于移动支付的监管还很难到位，并且政策不到位的地方和新的政策出台势必又会对移动支付产生风险制约。现有政策在电信增值业务和银行增值业务的交叉部分没有明确的规定与标准，消费者权益更加难以得到保护，移动支付运营商也面临着潜在风险。

②技术风险。目前，对于移动支付中的现场支付，国内移动支付运营商采用的技术不统一，缺乏统一的行业标准，中国移动采用了自主研发的 2.4GHZ RFID－SIM 技术，而中国电信和中国联通则采用 13.56MHZ SIM PASS 技术。随着移动支付的发展，这样的支付技术势必会有一个统一标准，那么，现在的第三方各自采用不同的技术，将来肯定会面临着技术统一的风险。从安全性来讲，移动支付系统需要具备统一的技术标准，兼容不同的移动运营商、商家、终端和银行，技术标准的不统一，很大程度上影响到手机支付的安全性和可靠性。另外，手机终端的系统变革也对移动支付产生着风险制约，现在的 IOS 和安卓（Andriod）的壮大以及塞班（Symbian）的衰落就足以证明终端技术也会对移动支付产生风险制约。

③信用风险。第三方支付在一定程度上减少了买卖双方地位的不平等以及信息的严重不对称，但是这种不对称客观上还是存在的。虽然当前我国的诚信管理体系已初具规模，但是仍未形成有效的行政管理机制，行业自律尚未形成，缺乏有效的失信、违规行为监督惩罚机制，交易过程中诚实守信的意识还很淡薄，移动支付过程中的诚信问题以及私人信息的泄露问题时有发生。同时，移动支付中的信用问题、信息不对称问题也是影响人们使用移动支付的巨大阻碍。

④操作风险。移动支付作为新兴支付方式，消费者对移动支付的熟悉接受程度较低，尤其是远程移动支付的操作，往往还需要结合登录银行 WAP 网页输入口令及数字证书及验证码才能操作，由于消费者不熟悉很容易导致误操作。此外，我国消费者移动终端使用的随意性较大，移动终端极易被其他人使用，产生操作风险的可能性更大。

（2）移动支付的风险管理

通过上述对移动支付风险的描述，在管理上，我国发展移动支付应该立足本国国情，坚持市场原则，尊重已存在的多种业务模式，通过采取以移动运营商和银行机构合作为主，第三方支付平台为辅的移动支付发展模式，以充分发挥移动运营商网络、银行机构资金结算及第三方支付平台创新性等各方面的优势。

① 完善相关的法律法规。在现有法律法规基础上不断完善，不断修正，并制定出涵盖电信运营商和银行的交叉业务的法律法规，防止出现打政策擦边球的违规举动。而且，应重视消费者权益保护，切实做好维护消费者权益的工作。

② 制定统一的技术标准。中国人民银行、工业与信息化部等相关部门借鉴日、韩等发达国家的移动支付技术标准，牵头制定适合移动支付发展的统一标准，以实现不同移动运营商、银行及第三方支付服务商和终端之间系统的兼容，为我国移动支付的发展扫清技术障碍。同时，银行、移动运营商及第三方支付平台应加强自身平台建设，研发专门的设备与信息传送渠道，以实现对客户信息的自动加密、解密，确保客户信息数据的安全，进而消除客户对移动支付安全的顾虑。

③ 强化信用环境建设。加强社会信用体系建设，实现部门间信用信息的共享，将失信的单位或个人及时纳入"黑名单"管理，并实现动态发布，以减少交易双方的信息不对称，降低移动支付的信用风险，为消费者接受和使用移动支付消除心理顾虑。

④ 规范及简化业务操作。移动支付企业可以建立覆盖移动支付整个交易环节的内部控制制度及内部控制实施监督机制，落实内部控制考核，确保移动支付各交易环节操作的规范性，并在确保信息安全的基础上，尽量简化现场支付与远程支付的业务操作，最大限度地利用移动支付的便利性为客户提供高效安全的支付清算服务。

⑤ 宏观上做好竞争的考虑。移动支付的巨大市场份额及潜力，导致了移动支付市场的竞争风险巨大。在移动支付业务许可证的审批上就可以事先做好竞争的安排，竭力阻止竞争转化为恶性竞争从而对移动支付市场造成冲击，使得移动支付健康快速发展。

7.2.1.3 移动支付的技术创新

（1）近场通信

近场通信（Near Field Communication，NFC），又称近距离无线通信，是一种短距离（在10厘米内）的高频无线通信技术，允许电子设备之间进行非接触式点对点数据传输交换数据。这个技术由免接触式射频识别（RFID）演变而来，并向下兼容RFID，最早由Philips、Nokia和Sony主推，主要可用于手机等手持设备中。由于近场通信具有天然的安全性，因此，NFC 技术被认为在手机支付等领域具有很大的应用前景。现阶段，NFC 被金融机构、运营商、OS 厂商、终端和芯片厂商支持，成为移动支付在国际上的主要标准之一，脱离 SIM 卡采用手机终端上的专用芯片支持移动支付应用和支付安全射频接口。

（2）双界面智能卡

双界面智能卡（RFID - SIM）是一种新型的手机 SIM 卡。RFID - SIM 卡既具有普通 SIM 卡一样的移动通讯功能，又能够通过附与其上的天线与读卡器进行近距离无线通信，从而能够扩展至非典型领域，尤其是手机现场支付和身份认证功能。RFID - SIM 支持接触与非接触两个工作接口，接触接口负责实现 SIM 卡的应用，完成手机卡的正常功能，例如：电话、短信功能等。与此同时，非接触界面可以实现非接触式消费、门禁、考勤等应用。并且由于支持空中下载相关规范（OTA 和 WIB 规范），RFID - SIM 卡的用户能够通过空中下载的方式实时更新手机中的应用程序或者给账户充值，从而使手机真正成为随用随充的智能化电子钱包。

（3）双界面 SIM 卡

双界面 SIM 卡（SIMpass）技术融合了 DI 卡技术和 SIM 卡技术，或者称为双界面 SIM 卡。SIMpass 是一种多功能的 SIM 卡，支持接触与非接触两个工作接口，接触界面实现 SIM 功能，非接触界面实现支付功能，兼容多个智能卡应用规范。利用 SIMpass 技术，可在无线通信网络及相应的手机支付业务服务平台的支持下，开展各种基于手机的现场移动支付服务。使用 SIMpass 的用户只需在相应的消费终端前挥一下，即可安全、轻松完成支付过程。SIMpass 卡除支持 GSM 或 CDMA 规范外，与低成本非接触 CPU 卡兼容，这也为 SIMpass 卡片的广泛应用提供了基础应用环境。

（4）智能 SD 卡

这项技术主要是由银联开发和应用，智能 SD 卡是一张多应用的 JAVA 卡，它可以实现诸多应用，比如，U 盾应用，还可以同时应用于 PC 和手机；动态口令应用，可以类似于一张动态口令卡；PBOC 金融 IC 卡应用；城市一卡通电子钱包应用等。基于 SD 卡支付方案可以通过预约支付和 NFC 来解决现场支付，从而圆满解决现场支付和远程支付问题。

(5) 超声波

这项技术基于短距离的声波或超声波通信技术，允许电子设备之间进行非接触式点对点数据传输（在 10 厘米内）交换数据。该技术定位为手机近场支付和线下业务服务的解决方案，主要用于手机等具有音频播放功能的手持设备中。由于其中集成了一套完整的应用技术体系，可确保其可靠性、安全性和普适性，在手机支付等领域具有很宽泛的应用前景。充分利用手机固有的音频播放和录制功能，在不增加和修改硬件条件下，即可实现手机间、手机与设备（如 PC、PDA 和 PAD 等）间的近距离非接触式的双向数据交换，为消费者提供时尚、安全、可靠、便捷的生活方式。

这五种技术，前三种主要是电信运营商在应用，后一种主要是银联在应用，超声波技术是由一家美国公司（Naratte）开发出的安全短距离点对点传输移动支付方式，国内第三方支付企业摩宝网络科技公司已推出类似产品。

7.2.2 银联手机支付

7.2.2.1 银联手机支付发展阶段

第一阶段：2002 年银联成立之后，在 2003 年同中国移动开展过一些手机支付方面的研究。最早手机支付的起源是为了手机使用者能够很方便地交纳话费。第一代手机支付主要是通过运营商的信用卡号，和银行卡号进行绑定关联，通过手机上短消息发起这样一个支付指令，通过后台关联银行卡号进行银行卡扣款交易，其最终目的主要是实现运营商话费的交纳。后来拓展到更多应用领域，所以银联在各地都部署了公共支付平台，广泛地接入各地的一些水、电、煤、气、热公共交费单位，通过手机可以去交公共事业费。然而这种支付方式有着明显的缺陷：界面不友好、用户体验差、安全性差，因此很难得到大规模的推广。

第二阶段：2004 年，银联开始研究第二代手机支付，主要由当时的中国联通 CDMA 来实现，基于与 KJAVA、BREM 类似手机输入卡号密码来进行支付。这在当时是一个比较新的支付方式，但是因为当时 Wap 数据网络的速度和稳定性不佳，并且要求在支付界面输入卡号和密码，安全性受到客户的怀疑，这个业务受阻。

第三阶段：2005 年随着高智能技术的推出以及数据通信网络迅速发展，银联推出第三代手机支付。第三代手机支付的一个核心理念就是以金融 IC

卡载体为基础，承载了金融支付的应用，可以通过手机的无线通信网络进行远程支付，同时可以借助手机内的载体实现 RFID 现场支付，把远程支付和现场支付这个概念在手机终端上得到了一个完美结合。

7.2.2.2 银联手机支付模式

银联手机支付是指通过将银行卡信息存储至手机中的芯片（可以为 SD 卡、贴膜卡或 SIM 卡等方式），利用手机的无线通信技术和射频技术实现现场和远程支付的新型支付产品。

远程支付功能包括大小额消费、跨行转账、公共事业缴费、账单支付、信用卡还款、商旅服务等各类金融支付服务，并将随着业务的不断发展而扩充功能。在操作界面和远程数据通道的连接上具体有以下两种模式：

（1）GPRS 和客户端支付模式

该模式提供了友好、直观和便捷的可视菜单操作界面，用户可以点击各图标进行商品选购或功能操作，然后通过安全性载体中的支付应用选择银行卡进行交易并完成支付过程。

（2）STK 数据短信支付模式

用户通过选择固化在 STK 里的菜单选项来浏览商品和服务并发起银行卡交易，也可通过第三方内容服务提供商的用户购物界面或 WAP 界面进行购物选择并提交订单，用户订单通过数据短信发送到后端应用服务器，然后通过短信的方式发送到用户手机，用户可确认订单并最终完成支付过程。

现场支付可以通过 NFC 手机或卡片自身引出天线的方式实现。支付应用有大额支付和小额快速支付两种应用领域。

① 联机交易。加载磁条应用或 PBOC 借贷记应用，可在带非接触式读写器的 POS 上进行非接触式联机交易，一般用于各消费场所的大额支付。

② 脱机交易。加载 PBOC 电子现金应用，可在带非接触式读写器的 POS 上进行非接触式小额脱机交易，可用于快速消费领域，如公交、地铁、加油等。

7.2.2.3 银联手机支付终端解决方案

目前银联的终端解决方案有四种，分别是：智能 SD 卡，双界面 Sim 卡，贴膜卡以及 NFC 手机。这四种解决方案已经在全国 10 个不同的地区进行了试点。移动支付领域同传统的典型领域相比，更加复杂，产业链更长，涉及参与方更多，各个参与方都有不同的利益诉求。所以针对不同的市场和不同的目标客户群体推出了不同的移动支付解决方案（见图 7-12、图 7-13）。

金融智能 **Micro SD** 卡

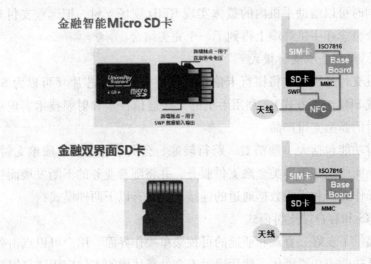

金融双界面SD卡

图 7-12　智能 SD 卡样例

金融双界面电信卡（外接天线）

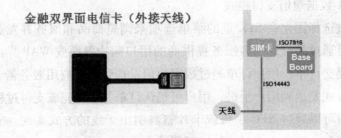

金融双界面电信卡（磁耦合放大器）

图 7-13　双面 Sim 卡样例

（1）智能 SD 卡

智能 SD 卡是在传统的 SD 卡内部嵌入金融级的安全芯片（SE）之后形成的新型金融智能 SD 卡。它在不改变手机本身硬件设计的前提下，使得市场上多数的手机只要具有 SD 卡插槽就具备手机支付的功能，有利于手机支付业务的拓展。

如图 7 - 12 所示，FLASHROM 具备通用的存储功能，SE 作为安全信息的载体，内含银联手机支付应用，可以保证交易信息的安全。

目前智能 SD 卡解决方案主要支持远程支付，近程支付技术正在研发，拟采用异性卡的方式实现。

（2）双界面 SIM 卡

采用双界面的多应用智能 SIM 卡来代替传统的 SIM 卡来实现支付功能。双界面 SIM 卡卡片软质、超薄、可弯曲，具有非接触和接触两个界面。接触界面上可以实现 SIM 应用，完成手机卡的通信功能；非接触界面可以同时支持各种非接触金融应用，同时针对不同手机卡槽又分为 A 型天线和 C 型天线。

手机开机时，双界面 SIM 卡可以很好地支持非接触金融应用和电信应用同时工作，即在拨打或接听电话以及收发短信的同时进行非接触交易。而在手机关机以及手机电池没电的情况下，双界面 SIM 卡就像一张普通的非接触卡一样也可以正常工作。

（3）贴膜卡

贴膜卡是一张独立于移动运营商 SIM 卡的智能芯片卡（见图 7 - 14）。在用户不更换 SIM 卡的情况下，可以通过新发行一张贴膜卡形式的金融智能卡，并通过在 SIM 卡上贴片的形式，就可以实现远近程支付功能。

贴膜卡通过天线引脚引出天线实现近程支付，通过 SIM 卡与手机的连接，通信方式上利用 STK 短信实现与远程支付。

贴膜卡业务方案分为两种形式——纯远程贴膜和远近程贴膜，纯远程贴膜就是一张和 SIM 卡一样大小的薄膜卡贴，无天线引出；远近程贴膜和双界面 SIM 卡技术类似，采用一张薄型的双界面的 SIM 卡和手机原来的 SIM 贴在一个卡槽内，作为原 SIM 卡的桥接器，SIM 卡和手机的所有通讯信息必须通过贴膜卡过滤处理，如果是手机本身的命令则交由原 SIM 卡处理，否则就由贴膜卡来处理。贴膜卡本身也可以理解成一张 SIM 卡，可以存储用于手机支付的 STK 菜单应用。

贴片卡

中国移动和浦发银行发行贴片形态的浦发银行卡电子钱包。
贴片卡符合PBOC2.0标准，支付账户整合了银联电子现金和
贷记应用功能。

图 7 - 14 贴卡片样例

（4）NFC 手机

NFC 近场通讯技术是由 Philips、Nokia、Sony 发起的技术，是目前基于手机的多应用热点技术之一。NFC 是非接触 IC 卡应用融合移动终端的主流技术，它的特点是将非接触 IC 卡和读写器集成至移动终端上，主要针对现场支付通讯应用手机内置智能卡芯片和天线，这就要求手机在生产的过程中需要集成智能卡芯片和天线，这需要下游的终端制造商和设备提供商的配合和支持，这也使得 NFC 的普及和应用还需要一定时间（见图 7 - 15、图 7 - 16）。

NFC-SD手机

在SD卡内部嵌入金融级安全芯片(SE和SWP协议)形成
的新型金融智能SD卡，支持所有NFC-SD标准的手机。

图 7 - 15 NFC 手机样例 （1）

NFC-SIM手机

在SIM卡中分出金融区域，用于金融支付，手机需要做相应改造以支持NFC。

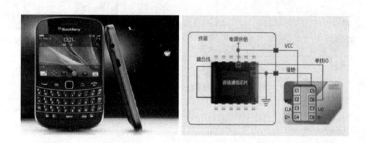

图 7－16 NFC 手机样例（2）

7.2.2.4　银联手机支付拓展

银联手机支付拓展如图 7－17、图 7－18 所示：

银联致力联合产业链各方打造移动支付生态图

银联打造移动支付基础服务平台，提供开放的银联移动商圈
银联联合银行及通信运营商，提供丰富多样的移动支付产品

图 7－17　银联移动支付生态图

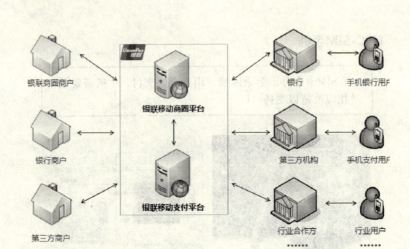

图 7 - 18　银联移动支付生态圈构架

7.2.3　商业银行手机银行

作为一种结合了货币电子化与移动通信的崭新服务，移动银行业务不仅可以使人们在任何时间、任何地点处理多种金融业务，而且极大地丰富了银行服务的内涵，使银行能以更加便利、高效而又较为安全的方式为客户提供传统和创新的服务，而移动终端所独具的贴身特性，使之成为继 ATM、互联网、POS 之后银行开展业务的强有力工具，越来越受到银行业者的关注。

手机银行是由手机、GSM 短信中心和银行系统构成。在手机银行的操作过程中，用户通过 SIM 卡上的菜单对银行发出指令后，SIM 卡根据用户指令生成规定格式的短信并加密，然后指示手机向 GSM 网络发出短信，GSM 短信系统收到短信后，按相应的应用或地址传给相应的银行系统，银行对短信进行预处理，再把指令转换成主机系统格式，银行主机处理用户的请求，并把结果返回给银行接口系统，接口系统将处理的结果转换成短信格式，短信中心将短信发给用户。

同电话银行相比，手机银行有其自身的特点。电话银行是基于语音的银行服务，而手机银行是基于短信的银行服务。目前通过电话银行进行的业务都可以通过手机银行实现，手机银行还可以完成电话银行无法实现的二次交易。比如，银行可以代用户缴付电话、水、电等费用，但在划转前一般要经过用户确认。由于手机银行采用短信息方式，用户随时开机都可以收到银行发送的信息，从而可在任何时间与地点对划转进行确认。

手机银行与 WAP 网上银行相比，优点也比较突出。首先，手机银行有庞大的潜在用户群；其次，手机银行须同时经过 SIM 卡和账户双重密码确认之后，方可操作，安全性较好。而 WAP 是一个开放的网络，很难保证在信息传递过程中不受攻击；另外，手机银行实时性较好，折返时间几乎可以忽略不计，而 WAP 进行相同的业务需要一直在线，还将取决于网络拥挤程度与信号强度等许多不定因素，在稳定性和安全性方面都存在诸多问题。

手机银行主要采用的实现方式有 STK、SMS、BREW、WAP 等。其中，STK（Sim Tool Kit）方式需要将客户手机 SIM 卡换成存有指定银行业务程序的 STK 卡，缺点是通用性差、换卡成本高；SMS（Short Message Service）方式即利用手机短消息办理银行业务，客户容易接入，缺点是复杂业务输入不便、交互性差；BREW（Binary Runtime Environment for Wireless）方式基于 CDMA 网络，并需要安装客户端软件；WAP 方式即以上所述的 WAP 网上银行，即通过手机内嵌的 WAP 浏览器访问银行网站，即利用手机上网处理银行业务的在线服务，客户端无须安装软件，只需手机开通 WAP 服务。

同运营商和银联主导的移动支付模式相比，银行的移动支付业务明显不占优势。首先，银行本身是以风险为导向的金融机构，在开发此类网络化、科技化产品上缺乏动力；其次，在我国，银行属于国有化程度很高的行业，银行业的市场化程度不高，竞争意识不强，造成了银行业整体的科技创新水平落后；最后，相比移动运营商和卡组织，银行不是以科技为核心竞争力的行业，并且和终端厂商的联系也远不如竞争对手密切，这些都是我国的商业银行在移动支付上处于落后地位的原因。

7.2.4 中国移动手机支付

手机支付业务是中国移动面向客户提供的小额移动支付服务。客户办理手机支付业务后，可通过 www、短信等多种方式使用互联网购物、公用事业缴费、手机订票、手机投注等远程购物服务；开通手机支付业务后，若用户在中国移动营业厅更换一张手机钱包专用卡（支持 RFID 功能的专用 SIM 卡），则用户还可以使用手机在布放有中国移动专用 POS 的商家（如轻轨、便利店、电影院等）进行现场刷卡消费。

随着 3G 时代的到来，移动运营商之间的竞争日趋激烈。在 3G 牌照发放之后，整个移动通信行业的竞争更是呈现白热化状态，加之来自互联网、终端等新兴服务市场的强烈冲击，去中心化趋势愈加明显。在这样的条件下，移动运营商纷纷开始寻找新的发展点，中国移动将目光投向了电子支付行业。国际成功经验表明，手机钱包是"捆绑用户"的有效手段，因为用户的日常生活离不开支付，如果移动支付能够改变用户的支付习惯，会是一个前景异常美好的市场。

由于移动支付业务较为复杂，价值链参与环节非常多，涉及平台商、芯片商、卡商、应用开发商、POS 终端、客户等合作伙伴，短期内投入巨大，故短期内手机钱包难以盈利，需要一段时间的市场培育，但长远来看可基于规模逐步扩大而带来新的收益增长。

中国移动通信公司针对远程支付和现场支付两种不同的支付方式分别设计了两种不同的移动支付产品：手机支付和手机钱包。

7.2.4.1　手机支付

手机支付是指用户与商家非面对面接触时，通过 www（电脑上网）、GPRS 和 WAP（手机上网）、手机 SMS（短信）、IVR（语音电话）等方式，完成购买及支付行为。如：使用用户的手机支付，在互联网上购买商品和服务。

手机支付的资金主要来源于网银充值、营业厅现金充值、移动充值卡充值。现金余额具有支付限额高、使用范围广、余额可提现等特点。充值卡余额具有使用方便、不可提现等特点，使用范围受到一定限制，主要应用于购买软件、数字游戏、邮箱、电子杂志、书刊、彩票、保险、远程教育服务等。

7.2.4.2　手机钱包

手机钱包是指中国移动开发的基于无线射频识别技术（RFID）的小额电子钱包业务。用户在营业厅更换手机钱包专用 RFID‑SIM 卡后，即可利用手机在中国移动合作的商户进行 POS 刷卡消费。例如：通过用户的手机，在合作商户（如连锁超市、公交、商场、便利店等）中，通过"刷卡"方式购买商品与服务。

手机钱包资金主要来源于营业厅现金充值、网银充值、业务网站(www.cmpay.com)转存、空中充值。手机钱包营业厅现金充值是指用户到营业厅将现金交给营业员，营业员首先将现金存入手机支付账户，然后通过 POS

将资金转存入手机钱包中。网银充值和业务网站转存是指用户在手机支付业务网站，通过网银直接向手机钱包充值或在业务网站将手机支付账户的现金余额转存到手机钱包中。空中充值是指用户通过手机 STK 菜单将手机支付账户的现金转存到手机钱包中。

7.2.4.3 世博手机票

"世博手机票"是以 RFID SIM 卡作为世博门票的载体，把门票信息储存到 SIM 卡中，用户在世博园入口可通过手机靠近检票闸机"刷卡"的方式检票入园。

中国移动以 2010 年世博会作为推动中国移动手机钱包业务规模发展的重要契机，希望以世博手机票作为热点应用，吸引用户更换 2.4G RFID SIM 卡，并且把这张 SIM 卡包装为"世博通卡"，使之不仅可以当成门票入园，还可以在世博园内刷卡进行小额消费。在世博会后回到当地，也能够在当地已发展的商户进行商户、便利店等消费。

中国移动希望通过世博手机票的销售，促进用户更换"世博通卡"，培育用户的使用习惯，将手机钱包在上海世博会的一次性应用转化为常态应用，并且借助世博会的影响力，在全国乃至全球范围内，推动产业链的发展，进一步促进移动电子商务业务的规模式增长。从目前的情况来看，此举还是收到了一定的效果。

7.2.4.4 手机支付账户的安全性

中国移动手机支付业务提供控制消费限额、数字认证、实名信息认证、风险监控系统、账户异常检测 5 大安全措施来保证账户安全。客户可以自主设置单笔消费限额，日支出限额等，严格控制账户的消费支出，保障账户的交易安全。数字证书核心加密技术可以对网络上传输的信息进行加密和解密，确保网上传递信息的机密性、完整性。专业的安全监控体系，高效规避了支付过程中的操作风险。账户资金由托管银行全程监管，24 小时账户异常检测，可以确保手机支付账户的安全。

7.3 其他支付方式

7.3.1 固定电话支付

7.3.1.1 概述

电话支付是电子支付的一种线下实现形式，是指消费者使用电话或其他类似电话的终端设备，通过银行系统就能从个人银行账户里直接完成付款的方式。

电话支付是作为支付产品创新服务而被推出来的，2005 年年底由招商银行和易宝支付联合推出电话支付的概念。发展至今，主要的第三方支付平台均陆续推出了电话支付业务，电话支付成为支付平台多元化、支付服务普及化的新型支付手段。电话支付最初由银行的电话银行业务发展而来，用户对银行的信任度相比第三方支付平台较高，加上固定电话网络相比互联网公开网络来说要相对安全，因此用户比较容易接受，这是电话支付一经产生便取得较快发展的主要原因之一。

电话支付是目前最方便的离线电子支付方式。使用这种支付方式，只需拨一个电话就能随时随地完成付款，和其他支付方式相比，使用电话付款方式能更好地保护您的个人隐私和购物信息，更加安全、便捷。

截至 2011 年 12 月 31 日，中国人民银行公布的信息显示，共有 101 家企业获得第三方支付业务许可证。其中，获准开展固定电话支付业务的企业共有 11 家，包括深圳市财付通科技有限公司、通联支付网络服务股份有限公司、快钱支付清算信息有限公司、深圳银盛电子支付科技有限公司、迅付信息科技有限公司、网银在线（北京）科技有限公司、上海付费通信息服务有限公司、天翼电子商务有限公司、联通沃易付网络技术有限公司、上海融兴网络科技有限公司、上海汇付数据服务有限公司。在过去的一年里，获得牌照的这些企业并未将固定电话支付业务作为其主要业务，固定电话业务的用途主要是在线支付的补充。

7.3.1.2 商业模式

（1）话费扣除模式

话费扣除模式是最早出现的电话支付模式。用户拨打支付提供商的专用声讯服务平台如网联支付声讯台，根据语音提示选择具体支付币值，之后自动语音应答（Interactive Voice Response，IVR）语音播报则会提供给用户一个充值密码，同时扣除相应话费。用户在支持该服务的相关网站上使用此密码进行等额度消费。

（2）刷卡电话模式（电话 POS 或固网支付）

刷卡电话模式本质上属于 POS 刷卡支付方法，所以又称这种模式为"电话 POS"，由于移动通信业务的迅速普及以及 IP 电话与即时通信业务的高速发展，固定电话实现的话务量占所有话务量的比重逐年下降。固网运营商对传统电话终端尝试新的信息化服务，让普通话机在语音通信之外发挥新的应用功能，刷卡电话业务正是众多固网终端创新中的一次探索，即在普通电话的基础上，开发支持金融安全加密的 POS 支付功能，兼容简单的数据通信功能，因其主要建立在固定电话通信网上，又被称为"固网支付"。

（3）语音支付模式

语音支付模式不仅支持固定电话，同时支持移动电话、无线座机等传统语音通信设备，固定电话和移动电话的语音支付模式在人民银行发布的《非金融机构支付服务管理办法》发布前，业界称"电话支付"。

语音支付模式根据账户不同，可分为非银行卡语音支付和银行卡语音支付。

非银行卡语音支付的典型企业是上海付费通信息服务有限公司，用付费通的申付卡付费时，可拨打专用电话缴纳上海地区的水费、电费、煤气费、通信费等，还可查询申付卡及牡丹聚点卡的卡余额及有效期查询、卡转账及修改卡密码。

银行卡语音支付有两种情形，一种是一站式模式，拨打第三方支付公司服务电话，下订单和支付同步完成；另外一种是分步服务，首先拨打第三方支付服务公司电话下订单，然后拨打商业银行服务电话完成支付。

7.3.1.3 银联电话支付案例

电话支付业务是结合电话银行的一项离线支付业务。用户可以通过网站或者电话方式（例如，采用固话、手机、小灵通等）这些最为普通的通信设备作为支付终端，在商家下单。商家将订单信息通过 ChinaPay 支付平台送到各个银行的电话银行系统。电话支付业务支持完全的离线支付，用户通过拨打银行电话便可进行订单支付，整个过程安全、方便、快捷。

该业务几乎适用于所有种类的商品交易，特别适用于接收消费者打入销售热线订购商品的商家。如：航空电子客票定购，酒店预订、电视邮购等。

用户可以随时随地进行产品的定购和支付。

银联电话支付过程中，用户既可以通过电话下单，也可通过网站下单，并最终通过电话完成支付。

电话下单流程如图 7－19 所示。

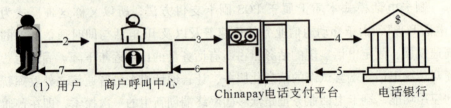

图 7－19　电话下单业务流程

其网站下单流程如图 7－20 所示。

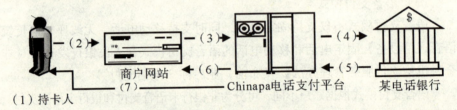

图 7－20　网站下单业务流程

电话支付业务的支付流程如图 7－21 所示。

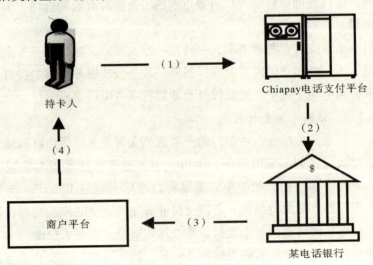

图 7－21　电话支付业务流程

（1）持卡人用绑定的电话拨打招行特服电话 95555，按照自动语音流程进行支付操作；

（2）招行平台将支付结果通过联机接口反馈给 CP 电话支付平台；

（3）CP 电话支付平台修改订单支付结果状态后，将支付结果通过联机接口反馈给商户平台；

（4）商户根据支付结果处理发货事宜。

7.3.1.4 发展优势

固话的最大价值在于其最终用户的真实性，而这种点对点交易的真实性和可追溯性，对于金融类应用来说非常重要。使用固话支付的过程，可以证明卡在现场、用户在现场，并进行完整的交易认定。而这一点是移动支付和互联网支付所不具备的。

可以预见，随着电子商务的日益普及和壮大，固话支付将成为电子商务的一个非常重要的基础设施，成为用户、银行、银联、运营商都乐于看见的一种便利的支付方式；同时，它也为运营商开展增值业务提供了新的支付渠道。

家庭网关是家庭信息化的基础，也是数字家庭各种业务和应用、提升客户黏度的关键。因为家庭网关面向的是家庭客户，而家庭将成为固定和移动融合后网络业务发展的基本客户单元，在移动对固话的分流替代不断加剧的趋势下，其对于固网运营商更是意义重大。有调查显示，国内大中城市中拆机的家庭客户有 39% 都是因为有移动电话。

因此，作为固网运营商主要市场之一的家庭市场，如何保住这个市场的客户并取得增量客户，产生更大的收益，将成为固网运营商战略转型的一个重要立足点。家庭网关正是面向这部分客户市场，既作为一个家庭网络的接口单元也是一个信息业务的入口，同时为以后的综合信息服务扩展扩充提供了基础。

不管固网运营商对以后的综合信息服务怎样扩展扩充，为客户提供一种安全快捷的支付通道，提升客户的感知度，从而激发客户对业务的体验，这一点是必须要考虑的。就费用支付来说，固话支付无疑是一个最佳选择。从这个角度来看，固话支付是家庭网关的价值体现。

对于固网运营商来说，开展固话支付业务，可以发挥固网的信用优势，提升传统网络的附加值，占领宝贵的渠道客户资源，提高固网黏度，保持固话存量；可以拓展金融类行业、中小企业等应用，促进企业转型；最重要的是，还可以通过创新的商业赢利模式，增加非话音业务收入。可以预见，固话支付作为固网运营商发展综合信息服务的新支点，将大大加快其转型步伐。

尽管固话支付被看好，但目前的固话支付服务内容还非常有限，产业链也不够完善，用户习惯还需要一段时间来加以培养。

总之，"银联卡＋电话"已经打开了家庭信息化的大门，固网运营商要优化业务结构，提高非话音业务收入占比，做好综合信息服务功课已经迫在眉睫。

7.3.1.5 发展劣势

以发展的眼光来看，电话支付业务具有很大的潜力，但目前仍存在一些问题，主要体现在如下几个方面：

（1）应用内容有待丰富。电话支付目前的应用相对缺乏，除自助金融业务、水电煤等传统支付业务外，有特色的、能吸引用户使用的业务不多，不能有效满足用户需要。因此需要引入有吸引力的 SP，丰富应用内容，吸引用户使用，大力拓展电话支付应用。

（2）业务规模需进一步扩大。对普通用户来说，电话支付还是一种新兴的支付方式。应通过营销模式创新和业务模式创新，从业务品牌、应用拓展、市场细分、渠道发展、终端促销推广等多个角度推动业务发展，扩大业务规模。另外，可以通过电信运营商和金融机构的客户资源，细分用户群，明确业务需求，发展潜在用户，并通过每月用户消费数据的分析，采取措施提高用户业务使用频率。

（3）盈利模式的探讨。目前各方的利润主要来自于通信费用、功能使用费、代理佣金、银行卡手续费等几个方面。而用户使用电话支付业务需要特定的电话支付终端，业务发展初期的业务运营成本包括终端补贴、平台建设、运营维护、宣传营销等。这就需要在扩大用户规模、增加规模效益的同时，探讨电话支付业务新的盈利模式，同时努力控制运营成本，拓宽营利渠道。

7.3.2 有线电视支付

7.3.2.1 概述

随着电视支付在杭州生根落户，电视支付正式敲响了其在中国的大门。

第十八届中国国际广播电视信息网络展览会（CCBN2010）在北京中国国际展览中心隆重举行，旨在促进三网融合的进一步发展以及增值业务系统解决方案的进一步完善，电视支付作为"三网"的增值业务平台也将得到巨大的发展。目前大多数有线电视运营商主要的缴费方式还是自有的柜台和通过银行代收两种方式，对于传统的包月业务，大部分用户选择的是银行代扣，用户用一个银行账户绑定其数字电视包月业务，每个月定期从其账户划拨费用到运营商银行账户。但是随着增值业务的扩展，如视频点播业务、PVR、电视购物等，这种收费方式已不能满足需求，部分地区也在尝试通过机顶盒终端实现在线缴纳相关的业务费用。

银联与上海东方传媒集团有限公司（SMG）于2010年12月22日在上海宣布，将联合相关机构，共同打造智能电视支付系统，为持卡人提供新的支付渠道选择。2011年11月，银联、康佳集团、东方传媒集团在上海联合发布基于智能电视终端的在线支付系统和应用服务，将人们熟悉的电视机转变成为便捷的居家支付平台。通过按动遥控器即可使用视频付费点播、手机充值、"水、电、煤"费缴付、电视商场、信用卡还款、余额查询等功能。

截至2011年12月22日，人民银行已经发放三批第三方支付业务许可证，共7类业务。在前三批中，人民银行尚未给任何第三方支付企业发放数字电视支付业务牌照。一旦第三方支付企业获准拥有数字电视支付业务许可证，必将为广电行业的电视购物和影视点播业务提供更加丰富多样的支付手段。

目前，电视支付系统以及核心标准的推出，不仅完善了金融便民支付，更是填补了"三网融合"中广电行业的支付空白，推动了产业链上下游的紧密合作。

7.3.2.2 商业模式

（1）电视支付模式

电视支付是由广电的网络公司来主导的第三方支付模式。用户通过电视遥控器刷银行卡，可以实现银行卡的账户查询、水、电、通信、收视等费用的缴纳、电视购物、买卖证券、医院预约挂号、互动游戏及订票等多种支付服务。

这类模式下，数字电视支付涉及付款人、收款人、数字电视运营商三个主体。其中收款人一般为商品或服务的销售者，付款人为商品或服务的购买者。数字电视运营商作为第三方支付中介，承担资金结算的职能。

（2）第三方支付平台模式

第三方支付平台是独立于银行和数字电视运营商的交易支持平台，也是连接数字电视运营商、银行和商家的桥梁和纽带。

这类模式下，数字电视支付涉及付款人、收款人、支付平台运营商三个主体。其中收款人一般为提供商品或服务的商家，付款人为商品或服务的购买者。由支付平台运营商承担资金结算的职能。数字电视运营商、银行提供资金结算的网络。第三方支付平台运营商的经营收益主要来源于数字电视运营商、商业银行以及广大商户的佣金。

（3）电视银行模式

电视银行模式严格来讲，不属于第三方支付的范畴。它是商业银行依托数字电视网络，一方面实现账户信息查询、转账等基础金融功能，另一方面实现缴费、充值、购物等支付功能。

北京、上海、深圳、江苏、浙江、广东、天津、湖北等多个省市广电部门与银行合作开展了支付业务。合作模式分为有卡支付、无卡支付等不同模式。目前，开通了电视银行业务的有线电视运营商如表 7 - 1 所示。这些运营商尚未获准第三方数字电视支付业务许可证。若一旦获准数字电视支付业务许可证，这些企业必将迅速开展第三方支付业务。

表 7 - 1　　　　　　　　　　有线电视运营商情况

运营商名称	合作单位	开通（订购）方法
武汉广电数字网络	汉口银行	双向机顶盒自身支持此功能
厦门广电网络	银联厦门分公司	营业厅实时
哈尔滨有线电视网络	工商银行	办理互动后自带，机顶盒支持此功能
歌华有线	工商银行	双向机顶盒自身支持此功能
中广有线——扬州分公司	中国银行	去中国银行开通
杭州华数	工商银行、中信银行、交通银行、中国银行、农业银行、建设银行、招商银行、杭州商业银行、杭州银行	双向机顶盒自身支持此功能

7.3.3　自助银行支付

自助银行又称"无人银行"、"电子银行"，它属于银行业务处理电子化和自动化的一部分。它利用现代通信和计算机技术，为客户提供智能化程度高、不受银行营业时间限制的 24 小时全天候金融服务，全部业务流程在没有银行人员协助的情况下完全由客户自己完成。

国内的商业银行经过多年的建设，已建立了先进的计算机网络系统，自助银行的建设起点也比较高，利用现代科技手段向客户提供自动化程度高、方便、安全、周到、全天候的金融服务，功能也比较全面。

未来的银行的网点将分为两类，一种是银行的营业大厅，一种是自助银行。银行的营业大厅主要为银行的高端客户提供服务，就是我们常说的那20% 的客户，为他们提供人对人的个性化服务。而自助银行主要是为其他80% 的百姓客户提供简单的服务。

中国 ATM 市场发展迅速。截至 2011 年年底，中国 ATM 市场保有量已由 2010 年的 30.1 万台上升至 36.9 万台，加入全国联网的 ATM 数量为 33.8 万台，全年保有量增长率约 24.7%（见图 7－22）。

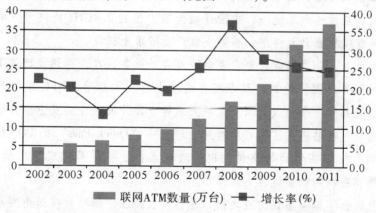

图 7－22　中国 ATM 市场联网 ATM 数量及增长率图

尽管近几年来中国 ATM 市场持续高速增长，每百万人均 ATM 数量从 2007 年底的 104 台上升到 2011 年底的 265 台，翻了一番多，但是和全球平均每百万人拥有 343 台 ATM 的覆盖率相比仍有较大的差距，更远低于发达国家每百万人 1 450 台的拥有量。因此，中国的 ATM 市场依然拥有巨大的潜力。

【思考与练习】

1. 试阐述网上银行的优缺点。

2. 了解中国银联电子支付的各种流程。

3. 举例说明你使用的第三方网络支付的优缺点及支付流程。

4. 试阐述移动支付的分类及最新的技术创新。

5. 试阐述银联手机支付的特点，并比较各种实现方案的优缺点。

6. 简述商业银行手机支付的支付流程。

7. 简要分析固定电话支付、有线电视支付和自助银行支付的运营模式。

【案例分析】

中国银联与中国移动的移动手机近场支付标准之争

2012 年 6 月 21 日，中国移动集团公司和中国银联股份有限公司在上海就移动支付业务签署合作框架协议，双方计划在全国不少于 50 个城市建设移动支付业务示范商圈，推出基于 NFC 技术（近场通信，即 13.56MHz 技术方案，属银联标准）的移动支付产品。两大巨头联手，意味着移动支付标准率先从市场层面达到了统一，中国移动此前力推的 2.4GHz 的技术方案将很有可能被继续搁置乃至停用，移动支付产业链曙光初现。

根据协议，此次双方计划在多个城市启动业务试点，并逐步建成 100 个近场支付服务商圈。此外，双方将在近场支付技术标准、NFC 手机产品检测、可信服务管理平台（TSM）互联互通等方面开展合作。双方合作后，移动手机用户可在贴有中国银联非接触受理标志"Quick Pass"的 POS 机具上通过"刷手机"实现近场支付，也可通过点击手机屏幕完成信用卡还款、便民缴费、在线购物等远程支付操作。

在此次合作框架协议达成之前，外界一直关注中国移动将采用哪种移动支付标准。在移动支付市场，长期存在着中国移动主导的 2.4GHz 标准与中国银联主导的 13.56MHz 标准之争。3 年前，中国移动研发了 2.4GHz 技术标准，基于该标准，手机用户只需更换一个 SIM 卡，中国移动对 POS 技术进行改造就可实施移动支付。中国移动一度认为，该技术方案用户投入少，用户开通移动支付的积极性高，是具可操作性的模式。该方案曾在 2010 年上海世博会期间试用，可凭手机刷地铁、刷世博会门票，还可以在星巴克等场所消费。

由于标准不统一，中国移动支付产业链也一直处于迷茫之中。相比中国高达 10 亿的手机用户基数，移动支付业务一直未见起色。中国电信和中国联通此前虽也部分采用了中国银联标准推广手机支付，但用户数不及中国移动。

截至 2011 年年底，中国移动支付用户数为 1.45 亿户，全年发生业务 2.47 亿笔，人均 1 年交易次数不到 2 次。尽管交易金额接近一万亿元，但平均每笔交易也就 3 000 多元，分摊到漫长的产业链头上，其行业利润率低得可怜。如今标准逐渐明朗，13.56MHz 将成主流技术，移动支付即将进入快速普及阶段。在"中国移动与中国银联 2012 年 6 月 21 日签署移动支付业务合作协议"的市场消息影响下，移动支付板块迎来大涨。2012 年 12 月 14 日，为引导和规范我国金融移动支付业务发展，实现资源共享和有效配置，中国人民银行正式发布中国金融移动支付系列技术标准，打破了长期以来困扰移动支付市场发展的瓶颈。

问题：结合案例，试分别分析国家移动支付标准对中国银联与中国移动的优势与劣势。

8 银行卡产业风险

【本章导引】

　　近年来，我国的银行卡产业发展迅猛，已逐渐成为我国金融领域的支柱产业。然而，随着银行卡业务的进一步发展，银行卡产业风险的发生频率也越来越频繁。银行卡风险特指银行卡业务经营中发卡机构、收单机构、转接清算机构、特约商户和持卡人等发生经济损失的潜在可能性。它贯穿于银行卡业务的各个环节，涉及发卡银行、特约商户和持卡人等诸多方面。正是诸多经济主体的参与，给银行卡产业风险管理者带来了巨大的挑战。并且各个机构的风险管理重点不尽相同，各有侧重，但目的都是为了保障业务和市场的健康发展。同时，市场环境、产品创新和信息技术的发展变化，也不断催生出对风险管理的更高要求。

【重要术语】

　　银行卡风险、风险防范、风险管理。

【知识架构】

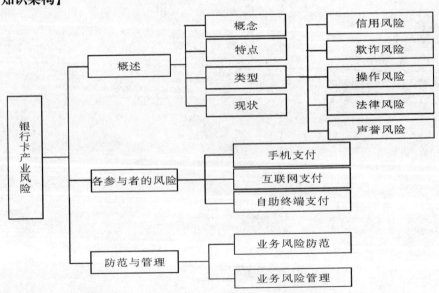

【导入案例】

民生银行前男客服冒用歌星孙楠信用卡透支百万元①

　　29 岁男子任顾为了创业赚大钱，利用在民生银行信用卡中心工作的便利，冒领歌星孙楠等二人可以透支百万元的信用卡。从银行辞职后，任顾开始大额透支消费。由于无钱可还，任顾投案自首。2011 年 7 月 29 日，任顾因涉嫌信用卡诈骗罪在（北京）朝阳区法院受审。

　　2005 年 9 月，任顾到民生银行信用卡中心工作，任客服管理部坐席代表一职。在银行工作期间，他从银行系统网络硬盘里无意间发现了一张表格，记录了贵宾客户的销卡记录。后来他从银行内部系统里查询到，陈某和孙某两名贵宾客户虽然销卡了，但未销账户。于是他分别于 2008 年 5 月和 2009 年 4 月两次利用银行系统漏洞，用陈某和孙某的名义偷偷补办了新卡，并将新卡及账单的邮寄地址和联系方式改成了自己的。因为陈某和孙某办理的民生银行信用卡是钻石级，透支额度均达到了 100 万元。任顾当时就知道，孙某就是著名歌星孙楠，而陈某是一名浙江企业家。根据孙楠出具的《非本人交易声明》，孙楠早于 2008 年 5 月 3 日就对他名下的民生银行信用卡作了销卡处理，此后他再未使用或申请过民生银行信用卡。

　　任顾声称，他一直有自主创业的想法，但苦于没有资金才冒领了这两张透支额度 100 万元的信用卡，一开始是为了实现创业的梦想，但最后却将钱挥霍了。2011 年 2 月，民生银行工作人员再次到任顾家里催款，由于无钱可还，任顾到公安机关自首。根据检方指控，至案发时，任顾还分别拖欠陈某和孙楠信用卡欠款 59 万余元和 83 万余元。

　　这个案例中引人注目的两个点分别是：信用卡已经注销还存在风险吗？信用卡的额度怎么会高达 100 万元？如果不想使用信用卡了，如何注销信用卡？是不是向银行提交注销申请就万事大吉了呢？

　　很多人可能认为注销了信用卡就注销了账户，但事实上，二者并不是同一件事情。磁卡交易需要由交易终端发送信息，还要有银行回应才能完成交易。已经注销的卡片，由于不能得到银行的回应而不可能交易成功。但是如果单单注销了信用卡而保留账户，那么客户的个人信息也依然被保留。如果

---

　　① 资料来源：刘可. 民生银行前男客服冒用歌星孙楠信用卡透支百万元 [N]. 北京日报，2011 - 07 - 29.

这些个人信息被不法分子获取，就可以向银行提交恢复信用卡的申请，而若银行在信用卡恢复审批上存在漏洞，批准了申请，信用卡密码被重新设置激活后，就有被盗刷的风险。

有关银行卡风险的问题越来越受到众多参与者的重视，究竟什么是银行卡风险？它有什么样的特点？如何才能有效地防范风险？如何才能管理银行卡业务风险？正如上述案例所讲，作为持卡人在销卡时如何才能规避类似风险？本章将为大家回答上述问题。

8.1 银行卡产业风险的概述

近年来，我国银行卡产业快速发展，银行卡已经成为最重要的非现金支付工具，并逐步渗透到社会生活的各个领域。然而，伴随着银行卡产业的高速发展，信用卡欺诈、套现、伪卡盗刷、短信欺诈等各类银行卡风险问题和犯罪现象也逐渐凸显。

8.1.1 银行卡产业风险的定义

风险是指未来状态或结果的不确定性，但不包括该不确定性（或风险）所造成的后果。风险和收益成正比，所以一般积极性进取的投资者偏向于高风险是为了获得更高的利润，而稳健型的投资者则着重视安全性的考虑。

通俗地讲，风险就是发生不幸事件的概率。换句话说，风险是指一个事件产生我们所不希望的后果的可能性。它具有客观性、普遍性、必然性、可识别性、可控性、损失性、不确定性和社会性的特征。

具体到银行卡产业中，银行卡风险特指银行卡业务经营中发卡机构、收单机构、转接清算机构、特约商户和持卡人等发生经济损失的潜在可能性。

银行卡风险贯穿于银行卡业务的各个环节，涉及发卡银行、特约商户和持卡人等诸多方面。银行卡风险有其自身的成因。主要体现为：第一，银行卡交易流程电子化实时处理，涉及环节多，交易流程长；第二，银行卡交易涉及的持卡人和商户数量多；第三，银行卡产品丰富，业务创新快；第四，银行卡监管政策和制度的发展滞后于银行卡产品和产业的发展。

8.1.2　银行卡产业风险的特点

近年来，随着银行卡业务的进一步发展，银行卡产业发生风险的频率越来越高。而且随着发卡行、特约商户和持卡人的增多，银行卡风险体现出涉及面宽、风险种类多、危害性大、风险的可识别性差等特点。

8.1.2.1　涉及面宽

近年来，随着经济的发展，人们生活水平的提高，银行卡业务得到广泛的普及和发展。截至 2011 年年末，全国累计发行银行卡 29.49 亿张，同比增长 22.1%，增速较上年同期加快 5.2 个百分点。全国人均拥有银行卡 2.20 张、信用卡 0.21 张，同比分别增长 21.5%、23.5%。北京、上海信用卡人均拥有量远高于全国平均水平，分别达到 1.30 张、1.05 张。这一庞大的持卡队伍，使得银行卡风险发生的可能性变大。同时银行卡的区域间的流动性和银行卡结算过程中的种种环节都有可能给银行卡风险的发生埋下伏笔。

8.1.2.2　风险种类多

银行卡风险贯穿于银行卡业务的各个环节，涉及发卡银行、特约商户和持卡人等诸多方面。目前，信用风险、欺诈风险以及收单风险中的信用卡违规套现是主要表现形式。另外还有银行内部人员的操作风险、声誉风险、法律风险等。风险种类繁多，给银行卡产业风险管理的业务人员带来了重大的考验。

8.1.2.3　危害性大

我国银行卡犯罪金额越来越大，各类银行卡犯罪呈现境内外相互勾结、集团化专业化等特点，从窃取、非法提供他人银行卡信息资料、制作伪卡，到运输、销售、使用伪造的银行卡等，分工细密，十分猖獗，给银行直接或者间接造成损失；同时给整个社会经济发展造成巨大的损失，给社会安定带来严重危害。

8.1.2.4　可识别性差

一般来说，风险管理首先必须识别和分析评价潜在的风险领域，分析风险事件发生的可能性和危害程度。若不能准确地识别项目面临的所有潜在风险，就失去了处理这些风险的最佳时机，将无意识地被动地预留这些风险。风险识别包括确定风险的来源、风险产生的条件，描述其风险特征和确定哪些风险会对本项目产生影响。我国银行卡业务近年发展迅速，但在面对银行卡犯罪的手段逐步趋于隐秘和高智能化的同时，相关的风险防范措施仍存在不足，银行卡风险的可识别性不高，给银行卡犯罪分子提供了可乘之机。

8.1.3　银行卡产业风险的类型

银行卡风险潜藏于银行卡交易的各个环节，且风险方式多样化，呈现出分散性、阶段性和复杂性的特征。因此，总体来说，银行卡风险类型主要包括以下几种：

8.1.3.1　信用风险

信用风险是指债务人或交易对手未能履行合同所规定的义务或信用质量发生变化，从而给银行带来损失的可能性。由于借记卡使用的是持卡人自己的存款，不能透支，不存在逾期不能还款的问题，所以银行卡信用风险是针对发行信用卡而言，主要表现在：发卡行发行初期的资信审查不够；持卡人对个人信用的重要性认识还有待提高，我国的个人信用体系还没有完全建立起来；持卡人可支配收入水平的影响。

8.1.3.2　欺诈风险

欺诈风险是指不法分子恶意透支、骗领、冒用、使用伪造或作废的银行卡以及特约单位诈骗给银行造成经济损失的可能性。由于欺诈风险形式多样、所占比重较大、性质恶劣，且造成的风险损失较大，是银行卡业务中最直接也是最难防范的风险。随着银行卡联网通用功能的不断完善，不法分子通过 ATM 取现、POS 套现以及网络、电话转账三种渠道进行银行卡欺诈。从欺诈的手段看，主要是伪卡欺诈、直接骗取客户资金和利用 ATM 骗卡三类。产生这种风险的原因来自银行卡业务的各个环节，一是由于发卡机构挂失制度不严，为不法分子留下可乘之机；二是发卡机构不注重资信调查，给利用虚假信息进行银行卡欺诈的不法分子留下机会；三是部分特约商户投机取巧，唯利是图的心理被不法分子利用。

8.1.3.3　操作风险

操作风险是指银行工作人员违规操作或操作失误造成银行资金损失，或者工作人员利用职务之便，与不法分子勾结、串通作案，引起发卡行或客户资金损失的风险。虽然此类风险不具有普遍性，但是由于是内部专业人员作案，手段更加隐蔽，对银行声誉的影响也更严重。从银行内业务风险防范机制看，风险预防意识不强，制度和管理不到位，技术标准落后是风险增加的主要原因。

8.1.3.4　声誉风险

声誉风险指由于意外事件、银行的政策调整、市场表现或日常经营活动所产生的负面结果，可能对银行的无形资产造成损失的风险。声誉风险是一种无形的风险，通常被银行看成是对其市场价值具有最大威胁但又极易被忽略的风险。对于银行卡业务来说，声誉风险主要来源于银行不能有效处理与持卡人的矛盾纠纷。近两年针对银行卡手续费和服务费的争议在媒体频频出现，这都给银行带来很大的负面影响，形成了一定的声誉风险。

8.1.3.5 法律风险

风险管理法制不健全、联合风险防范机制执行力有待提高等现实问题制约了银行卡风险管理的有效性。银行卡交易涉及多方主体，在整个产业中，银行处于焦点位置，和交易各方均签有合同或协议（以下统称合同），和持卡人之间有申领合同，和商户之间有受理合同，和机具设备商有安全保密合同，和银联有资金清算合同等，这些合同规定了各自的权利和义务。在不同的合同里，银行有不同的权利和义务。目前暴露的银行卡法律风险主要是由于银行和持卡人之间的纠纷所引起的，现有法律条文中没有专门的银行卡法可依，导致银行法律风险更突出。

8.1.3.6 其他风险

其他风险是指除了上述几种风险以外的各类银行卡行业风险，包括双币种卡外汇兑付风险和废弃磁条卡环境污染等。这些风险在整个行业风险中的比例并不重，但也或多或少存在其中，而且会随着我国金融市场的进一步对外开放和经济改革的深化而有所增加或变动。我们可以通过不断完善法律法规体系，适当采用远期交易等手段来减少和预防此类风险。

8.1.4 我国银行卡产业风险的现状

近年来，我国银行卡产业快速发展，银行卡已经成为最重要的非现金支付工具，并逐步渗透到社会生活的各个领域。然而，伴随着银行卡产业的高速发展，信用卡欺诈、套现、伪卡盗刷、短信欺诈等各类银行卡风险问题和犯罪现象也逐渐凸显。

根据犯罪手段来看，目前银行卡犯罪主要有利用 ATM 机具骗卡、直接骗取客户资金和伪造卡片欺诈三类[①]：

8.1.4.1 利用 ATM 机具骗卡

一是在 ATM 上加装读卡器、摄像机或在密码键盘上加装假的密码键盘，

---

① 资料来源：《银行卡风险问题及防范建议》，中国人民银行无锡市中心支行，许一帆。

用此来复制银行卡信息或拍摄和盗取银行卡密码，还有在 ATM 出钞口粘贴不干胶造成吞卡假象等。二是假冒银行名义在 ATM 上张贴"紧急通知"或"故障提示"，欺骗持卡人将账户资金转入不法分子所设账户。三是分散持卡人注意力，对卡片进行掉包。采取假装提醒持卡人遗落钱物、询问 ATM 使用方法、故意推撞持卡人等各种方式干扰持卡人的正常操作，转移其视线后在卡口插上假冒的同类银行卡，然后利用留在机具内的真卡，继续进行取款、甚至到商场消费，使持卡人蒙受损失。

8.1.4.2 直接骗取客户资金

主要利用手机短信或打电话的形式发布虚假获奖信息、虚假消费信息、汇款账户已改或谎称亲友出事急需用钱等信息，骗取持卡人信任，并教唆持卡人以转账支付方式给不法分子进行转账，骗取当事人资金。

8.1.4.3 伪造卡片欺诈

一是偷窥密码和卡号复制卡。不法分子偷窥客户取款密码和银行卡卡号，并利用高科技手段复制银行卡，再利用复制的银行卡在 ATM 上取款，盗取资金。二是伪造证件侵入手机银行。不法分子掌握办理了手机银行业务客户相关信息后，盗取或伪造客户身份证件，到移动通信部门复制客户手机卡，输入客户的账号、密码信息，登录手机银行，再盗取客户资金。三是破解卡片密码。持卡人在卡片被盗、丢失或卡片信息被非法复制后，因密码设置过于简单而造成卡内资金损失。四是商户交易风险。商户交易风险主要是指特约商户非法交易、违章操作或内部人员作案引起持卡人或发卡机构资金损失的风险。

8.2 银行卡产业参与者的风险

通常来说，在一笔银行卡的交易过程中，主要的参与者包括银行卡组织、发卡机构、收单机构、特约商户、消费者、第三方专业服务机构。根据银行卡业务渠道不同，主要将银行卡支付分为手机支付、互联网支付、自助终端支付、固定电话支付和有线电视支付。在银行卡支付业务过程中，针对不同的参与者，各自的角色不同，所面临的风险也不尽相同。本章主要对移动支付、互联网支付和自助终端支付这三大主要业务的参与者所面临的风险进行剖析。

8.2.1 移动支付

作为电子支付领域的新兴支付方式，移动支付近几年来在全球范围内受到移动运营商、商业银行、卡组织、芯片厂商以及手机厂商等多种机构的高度关注。

2012 年 4 月 10 日，由中国支付清算协会主办，中国工商银行、银联、金融时报社、联动优势电子商务有限公司协办的"中国支付清算创新与发展高峰论坛"在北京召开。移动支付是零售支付体系中最具活力，最具发展前景的新兴电子支付方式。目前，移动支付已进入一个快速发展的关键时期，成为市场各方关注的焦点。

移动支付（Mobile Payment）① 也称为手机支付，就是允许用户使用其移动终端（通常是手机）对所消费的商品或服务进行账务支付的一种服务方式。整个移动支付价值链包括移动运营商、支付服务商（比如银行，银联等）、应用提供商（公交、校园、公共事业等）、设备提供商（终端厂商，卡供应商，芯片提供商等）、系统集成商、商家和终端用户。

移动支付业务是由移动运营商、移动应用服务提供商（MASP）和金融机构共同推出的、构建在移动运营支撑系统上的一个移动数据增值业务应用。移动支付系统将为每个移动用户建立一个与其手机号码关联的支付账户，其功能相当于电子钱包，为移动用户提供了一个通过手机进行交易支付和身份认证的途径。用户通过拨打电话、发送短信或者使用 WAP 功能接入移动支付系统，移动支付系统将此次交易的要求传送给 MASP，由 MASP 确定此次交易的金额，并通过移动支付系统通知用户，在用户确认后，付费方式可通过多种途径实现，如直接转入银行、用户电话账单或者实时在专用预付账户上借记，这些都将由移动支付系统（或与用户和 MASP 开户银行的主机系统协作）来完成。

移动支付的潜在用户是庞大的移动用户群，移动支付在给电信业和传统银行卡产业带来新的收入增长点的同时，也对移动运营商、商业银行、卡组织等各参与者带来了一定的风险。

---

① 资料来源：http://baike.baidu.com/view/30156.htm.

8.2.1.1 移动运营商

在移动支付中，移动运营商主要提供的是通信网络服务，为商业银行和用户提供信息渠道和手机终端。因此，移动运营商面临的最大风险主要来自于信息安全风险。

在支付过程中，用户需要借助移动运营商的信息渠道与银行传递支付信息，如果这一过程没有安全的支付环境作保证，支付活动就不能安全进行。目前，已经有大量的不良技术对移动环境发起了攻击。间谍软件、网络钓鱼软件、域名欺骗软件、恶意软件、零时差浏览器攻击以及僵尸网络等攻击软件正在迅速蔓延。据了解，仅在2006年，反病毒厂商就已发现了200多种手机病毒。而当下，中国3G时代已开启，在宽带更宽、网速更快的情况下，这些病毒将会更加肆虐。

如今，移动商务日趋发达，像手机支付涉及金钱交易和用户私密信息的服务更需要增加移动网络安全防护的级别。随着移动互联网的发展，移动银行等各种金融产品的成熟，将会出现以手机攻击牟利的黑客。而对于主管网络的大东家——移动运营商来讲，需要构建更加高端的安全防护架构。移动运营商的移动网络由无线网、核心网、承载网、业务网、支撑网和传输网等网络系统构成。而移动网络面临的最大安全隐患来自业务网。业务网负责业务逻辑和业务数据处理，在全国和省级两个层面进行建设，全国层面业务包括：彩铃平台、流媒体平台、邮箱平台、BREW下载平台等，省级层面业务包括：WAP网关、短信平台、彩信平台、IVR等，由省移动业务管理平台统一进行业务管理。

业务网的安全威胁主要来自几个方面：第一，智能终端带来威胁，智能终端发起经由核心网进入业务系统的攻击，通常核心网与业务网利用网络设备直接连接，没有任何安全防护；第二，来自于互联网的威胁，从业务系统互联网出口进入的黑客入侵攻击、大规模拒绝服务攻击等，网络层网关类访问控制设备对此类攻击无能为力，最终影响整个业务平台的正常访问；第三，业务非法订阅问题，主要方式包括：不遵循业务流程的非法订购行为，无法进行监控的非法订购，比如不经过WAP网关的订阅、不经过计费网关的订阅、SP/CP模拟用户进行订购等；第四，滥用业务，通过盗用端口模拟业务逻辑或者调用业务进程，非法使用业务资源。如WAP业务中曾经泛滥的PUSH群发；第五，业务系统通常与其他业务系统、支撑系统或者第三方接入平台互联互通，业务系统之间互联并未进行严格的访问控制，可能造成各业务平台之间的随意访问，影响业务平台安全。

随着各大运营商的融合发展和全业务发展，安全威胁已经不再仅仅局限在一个层面上，因此需要移动运营商从多层次、多角度入手来保障移动通信网络的安全。

8.2.1.2 商业银行

在移动支付中，商业银行为用户提供交易平台和支付途径，并管理用户的银行账户信息，用户通过银行卡账户进行移动支付。因此，商业银行面临的最大风险主要来自于信用风险和欺诈风险。

通常来说，开展移动支付业务的用户，都是将自己的银行卡账户与手机账户绑定，如果持卡人违反约定，不能按时足额归还所欠银行贷款本息，或者恶意透支、骗领、冒用、使用伪造或作废的银行卡以及特约单位诈骗等，那么就会给商业银行带来损失。从实际工作中看，信用风险和欺诈风险也是银行卡业务风险的主要组成部分。据调查，目前银行卡诉讼已经成为各银行诉讼的主要部分。究其原因，主要是由于部分银行为了实现银行卡发卡量的突破，发卡审批制度和挂失制度不严格，从而为银行卡欺诈的不法分子留下了可乘之机。

8.2.1.3 用户

作为移动支付的消费源，广大用户群体成为了移动运营商、商业银行和其他专业服务组织的竞争对象。为了占有最多的用户资源，他们各自都会采取有效的途径来吸引用户的眼球，从而为自己创造更大的利益。因此，用户在参与移动支付活动时，一定要谨慎细心，防止上当受骗。

首先，确保移动支付信息的机密性。买家付费的账户信息以及在移动支付平台上传输的机密信息，有可能在网络上传送或存储的过程中被他人窃取、泄露或披露给未经授权的人或组织，造成用户损失。不安全的移动终端也有可能使个人账号、密码等敏感信息受到病毒、木马程序的攻击，威胁用户银行账号安全。移动支付的 WAP 协议中存在一个安全漏洞：服务器到 WAP 网关用安全套接层（SSL）加密的信息需在 WAP 网关解密后，再用无线传输层（Wireless Transport Layer Security，WTLS）安全加密后发送出去。这样尽管服务器到网关，网关到终端用户是安全的，但信息层以明文形式在网关上存在了一段时间，在此期间就有可能被攻击者窃取，造成安全隐患。

其次，手机支付信息的完整性。敏感、机密信息以及买卖双方与移动支付平台间的数据可能被未授权者修改、嵌入、删除、重复传送或由于其他原因使原始数据被更改。如果没有一种让持卡人认可的措施来确保支付过程是安全的，将极大地影响用户选用手机支付的信心和积极性。

另外，手机支付多方身份的认证性。手机支付是在支付各方互不见面的情况下，使用手机终端通过移动通信网络进行的交易。手机用户与服务提供商之间不存在固定的物理连接，很难确认彼此的合法身份，建立信任关系，保证支付全过程的安全进行。

8.2.1.4 其他专业服务组织

在手机支付中，其他专业服务组织主要是指独立于银行和移动运营商的第三方经济实体，它的主要作用是作为连接移动运营商、商业银行和商家的桥梁和纽带。通过交易平台运营商，用户可以轻松实现跨银行的移动支付服务。因此，这些服务组织面临的最大风险主要来自于技术风险。

在全球移动互联网的迅猛发展背景下，我国移动支付业务的发展也突飞猛进，许多独立的专业服务组织也雨后春笋般地不断出现，比如北京泰康亚洲科技有限公司的"万信通"平台、广州金中华通讯公司的"金钱包"等，就是由独立的平台运营商运营的移动支付平台。这些专业服务组织的出现可以平衡移动运营商和银行之间的关系，促使不同银行之间的手机支付业务互联互通。然而，这种业务模式对这些专业服务组织的技术能力、市场能力和资金运用能力要求较高，一旦移动支付平台出现了技术上的故障，与之相连的商业银行、商户和消费者的利益就会受到影响，这些专业服务组织也会受到各方利益群体的指责。

8.2.2 互联网支付

随着电子商务的发展，一些具备一定实力和信誉保障的第三方独立机构和国内外各大银行签约，提供集成网上银行、电话、手机、虚拟账户等支付方式的网上交易支付平台。第三方支付市场也是从2008年开始进入了爆发增长的阶段，而近三年在相关政策的规范及第三方支付机构的努力和创新下，电子支付市场又迎来了新的发展高峰。中国第三方支付市场，在用户规模和行业应用方面均取得长足发展。

截至2012年9月30日，全国已有197家非金融机构获取支付业务许可证。其中，2011 年度全国非金融机构支付业务交易总量 226.09 亿笔，交易金额 7.31 万亿元，同比分别增长 39.35% 和 46.78%。其中非金融机构网络支付业务总量已达到 83.44 亿笔、3.90 万亿元，同比分别增长了 72.94% 和 78.89% [①]。

互联网支付在取得飞速发展的同时，其业务参与者，如商业银行、非金融支付服务组织、用户等也会面临着巨大的风险与挑战。

8.2.2.1 商业银行

在第三方网络支付中，商业银行与第三方服务组织在业务上相互合作，共同为用户提供支付服务。同手机支付一样，此时，商业银行也是为用户提供交易平台和支付途径，并管理用户的银行账户信息。但不同的是，用户在利用第三方网络支付时，可以通过第三方机构的账户进行网络支付，不一定要通过银行账户支付。因此，商业银行面临的风险就比手机支付时面临的风险多了一个层面：一是来自于第三方服务组织带来的业务竞争风险，另一个是商业银行自身面临的网络安全风险。

8.2.2.2 非金融支付服务组织

面对第三方支付提供的服务所获得的优厚利润，国内外的第三方支付公司纷纷加入，如目前易趣的"安付通"、阿里巴巴的"支付宝"、一拍网的"e 拍通"、慧聪网的"买卖通"等。然而，第三方支付作为目前主要的网络交易手段和信用中介，在网上商家和银行的连接、监管和技术保障等方面还存在着一定的风险，这些问题将阻碍第三方支付的进一步发展。如何防范、降低并控制这些风险，是目前研究的热点之一。

首先，第三方支付系统的安全风险。第三方网上支付的业务及风险控制工作均是由电脑程序和软件系统完成，故网上支付系统的安全是第三方网上支付面临的重要风险。虽然目前网上银行和第三方网上支付平台都设计有多层安全系统，并不断开发和应用具有更高安全性的技术及方案，以保护支付平台的平稳运行，但是从总体来说，其安全系统仍然是第三方网上支付业务中最为薄弱的环节。这种风险可来自计算机内部，比如系统停机、磁盘损坏等不确定性因素，也会来自网络外部的黑客攻击以及计算机病毒破坏等因素。安全风险主要体现在三个方面：一是数据传输过程中遭到攻击，威胁到

---

① 资料来源：中国人民银行.《2011 年第三方支付发展报告》。

用户资金安全；二是网上支付应用系统本身存在的安全设计上的缺陷可能被黑客利用，危害整个系统的安全，造成重大损失；三是计算机病毒可能突破网络防范，入侵网上支付的主机系统，造成数据丢失等严重后果。

其次，欺诈风险。由于网上交易的匿名性和隐蔽性，使第三方支付可能成为通过制造虚假交易来实现诈骗的手段。有些不法分子利用购买者对第三方支付流程以及后果的不熟悉，利用安全漏洞来骗取钱财。比如，支付平台的网上操作中有取消支付的选项，在取消支付后，如果直接撤销刚才的操作来再次确认支付，顾客的钱就在未收到购买物品之前就打到了销售者的账户中，造成诈骗的后果。

最后，盗卡者恶意支付带来的风险。虽然越来越多的银行已经不再默认银行卡可直接网上支付，而是用户通过申请并认证的方式，才可开通网上银行，但在多数情况下，用户只需要使用自己的银行卡卡号和密码，在网上提交一个申请，即可开通网上银行。如何防范盗卡者在网上恶意支付，对于第三方支付服务组织来说，在缺少必要信息支持的环境下，建立这样的风险控制系统就更为艰难了。

8.2.2.3 用户

第三方支付机构是在买卖双方缺乏信用保障或法律支持的情况下，诞生的资金支付"中间平台"，它的广泛盛行也正是因为它能帮助网上用户降低交易风险。然而，现在越来越多的网络用户却遭遇了更大的麻烦。本以为通过第三方支付可"零风险"网络交易，未曾想遇到钓鱼网站，第三方支付机构也失灵，甚至还成了钓鱼网站的"帮凶"。根据调查分析，中国人民银行发放牌照的197家第三方支付平台中，绝大多数不具有信用担保功能。那些非法分子正是利用了这些平台企业，建立了更多的钓鱼网站，骗取网络用户的财富。

8.2.3 自助终端支付

自助终端支付，主要包括ATM支付和POS支付两大类。ATM支付主要依靠的是自动取款机。它是一种高度精密的机电一体化装置，利用磁性代码卡或智能卡实现金融交易的自助服务，代替银行柜面人员的工作，可提取现金、查询存款余额、进行账户之间资金划拨、余额查询等工作；还可以进行现金存款（实时入账）、支票存款（国内无）、存折补登、中间业务等工作。

持卡人可以使用信用卡或储蓄卡，根据密码办理自动取款、查询余额、转账、现金存款、存折补登、购买基金、更改密码、缴纳手机话费等业务。POS 支付主要依靠的是 POS 销售终端，它是一种多功能终端，把它安装在信用卡的特约商户和受理网点中与计算机联成网络，就能实现电子资金自动转账，它具有支持消费、预授权、余额查询和转账等功能。

根据资金流动的实质性过程，可以将 ATM 支付涉及的主体分成三大类，即发卡机构、收单机构和银行卡转接清算机构。以下主要从这三个方面，谈谈银行卡对这三大主体的风险：

8.2.3.1　发卡机构

根据本书前面所讲述的，发卡机构是指发行银行卡，维护与卡关联的账户，并与持卡人在这两方面具有协议关系的机构。它的主要职能是向持卡人发行各种银行卡，并通过提供各类相关的银行卡服务收取一定费用。通过发行银行卡，发卡机构获得持卡人支付的信用卡年费、透支利息、持卡人享受各种服务支付的手续费、商户回佣分成等。

目前，国内发卡市场竞争日益激烈，部分发卡机构"重数量，轻质量"，不关注效益，忽视了风险，没有系统地进行市场调研，以掌握消费者的收入支出和消费习惯，只重视所谓的发卡规模，不顾发卡后是否会有消费签账，结果因对消费群体的不了解和市场定位错误，造成发卡量巨大，但"睡眠卡"量亦巨大。原来是银行高利润的个人信贷产品，变成利润极低，而且还要承担欺诈消费的坏账风险。

8.2.3.2　收单机构

收单机构是指跨行交易中兑付现金或与商户签约进行跨行交易资金结算，并且直接或间接地使交易达成转接的银行或专业组织。它主要负责特约商户的开拓与管理、授权请求、账单结算等活动，其利益主要来源于商户回佣、商户支付的其他服务费（如 POS 终端租用费、月费等）及商户存款增加。大多数发卡银行都兼营收单业务，也有一些非银行专业服务机构经营收单业务。

然而，随着银行卡市场的蓬勃发展，银行卡犯罪行为也层出不穷，这与收单机构对受理市场管理松懈多少有一定的关系①。

---

① 资料来源：中国人民银行宁德中心支行，周洵媛。

首先，我国目前对收单机构因管理松懈导致特大的信用卡套现案件进行责任追究缺乏法律条文，对收单机构的准入与退出等缺少具体的规定和要求。

其次，收单机构对特约商户的管理过分依赖外部。收单机构发展特约商户准入审核依赖银联，对特约商户现场检查依赖外包服务机构。收单机构发展特约商户准入审核依赖于银联，主要表现为：一是未能完整保存特约商户准入的相关资料；二是对特约商户的风险状况审核完全依靠银联通过银行卡风险信息共享系统进行，自身对商户的风险状况了解不够；三是收单机构对特约商户的现场检查和非现场检查制度执行不力，对特约商户现场检查基本依赖外包服务机构。对 POS 机具管理、对特约商户的培训和风险教育、银联发布的风险案例核实，基本依靠外包服务机构。收单机构往往依据外包服务机构提供的信息来回应银联的风险预警提示，要么一刀切地进行撤机，要么只是警告处理了事。

最后，收单机构重市场拓展，轻风险防控。一是只关注拓展的特约商户数量，不重质量，无序竞争，重复布放，违背"一柜一机"及"不得异地收单"原则。二是放松对特约商户的身份核实，导致特约商户不实注册，相关材料虚假。三是未亲自对特约商户进行回访，未对高风险商户提高现场检查频率，对银联发布的风险提示核实不力。以上几点为图谋套现的不法商户提供了极大的便利，使其能够钻空子申请到多台机具或移机使用。

8.2.3.3　银行卡转接清算机构

银联作为经营银行卡跨行信息转接业务的企业和国内唯一的银行卡组织，也是国内唯一的银行卡转接清算机构，在银行卡风险防范服务过程中有着独特的资源优势。因此，银联应健全银行卡风险防范合作机制，加快银行卡风险防范服务平台建设①。

当前，国家政府部门和监管机构为加强银行卡安全管理，打击和预防银行卡犯罪赋予了银联多项职责和任务。银联应与政府部门、监管机构、商业银行等机构健全银行卡风险防范合作机制，加快银行卡风险防范服务平台建设，共同防范和化解日益严峻的银行卡风险。

一是在银行卡风险管理"五个系统一个中心"的基础上，银联应从职

---

① 资料来源：《对银联加强银行卡风险防范服务的思考》，刘国祥，银联四川分公司。

责、组织机构、岗位及人员等方面构建具有自身特色和优势的银行卡风险防范综合服务平台。在职责方面，不仅要适用于所有的机构，而且要根据各类银行卡风险性质为相关机构提供分类、分用途、分级别、分密级的个性化服务；在组织机构方面，风险部门既要推动银行卡风险防范合作机制的落实，也要逐步成为银行卡风险防范服务平台的综合窗口；在岗位方面，要结合参与机构、银行卡风险处理流程（识别、评估、控制、监测）适当增设或者删减岗位；在人员方面，要配备既熟悉银行卡各项业务，又了解银行卡风险知识的综合性人才。同时，下辖分公司也应设置相应的组织机构，以确保专岗专人对银行卡风险防范提供服务支持。

二是在银行卡风险防范服务平台建设上，银联应完善银行卡风险信息共享机制，使信息能准确、快捷、畅通地被使用和发挥效能。首先，要求银联各类风险信息管理系统设计要科学合理，准确反映各类风险信息的时间、地点、事由等内容，能被相关机构正确理解和使用；各银行机构传输给银联的信息，包括银行卡信息、商户信息、创新支付工具信息等要真实、完整和正确。其次，要求银联应建立对内对外的快速反应机制和渠道，保证各类风险信息能够在第一时间报告相关机构。各银行机构也应及时将本行的风险信息传输给银联各类风险信息系统。最后，要求在制度上保证银行卡风险信息共享机制参与方能各司其职、各负其责，使银联能更主动地为政府部门、监管机构、商业银行等提供专业的银行卡风险服务支持。

8.3 银行卡风险防范与管理

由上海市高级人民法院的数据显示，2011 年的银行金融商业纠纷案件中，信用卡纠纷案件占比为 73.88%。另外，最高人民检察院的数据显示，2006—2010 年，全国检察机关受理移送起诉的金融犯罪案件数量最多的就是信用卡诈骗罪，占比高达 38.8%。可见，银行卡风险不仅直接威胁到持卡人的资金安全，给持卡人造成经济损失，同时，还威胁到金融市场的整体运行秩序。因此，加强银行卡风险防范与管理、预防和打击银行卡犯罪，有效规范银行卡市场秩序，已经变得十分迫切。

8.3.1 银行卡业务风险防范

根据发达国家银行卡发展经验以及中国银行卡市场当前业务风险，当前银行卡风险业务防范的原则应当是从风险管理的技术和制度层面进行创新，以尽可能少的风险管理成本取得业务发展，并获取最大的社会效益。

8.3.1.1 提高风险管理认识

识别风险、防范风险是风险管理的主要内容。各发卡机构应充分认识风险的客观性，重视风险管理在企业管理中的核心作用，正确识别风险等级，精细管理，降低各类不确定因素可能造成的影响和损失，获取更大回报和新的发展机遇。各发卡、收单机构以及专业化服务机构应自觉遵守银行卡业务的规章制度，落实风险管理的各项要求，加强风险管理的教育和培训，坚持合规经营。

8.3.1.2 大力推进信用环境优化

一是要疏通信用信息收集渠道。各金融机构应积极协调配合，及时提供申请人收入和信用记录的真实资料，同时联合税务、保险、社保、房管、工商、公检法等部门全面征集企业和个人的信用状况，建立完善的信用档案。二是要疏通信用信息查询渠道。优化和开放信用信息系统查询功能，使所有机构都可以通过系统查询到相关资信信息，有效降低银行卡业务风险控制成本。三是要疏通信用信息评估渠道。由人民银行协调各相关部门组成评估委员会，对各信用主体的资信状况做出综合评价，相应地出具信用分析报告，提出风险管理措施和建议，为银行卡风险控制提供依据。四是要疏通信用信息监督渠道。采取有效措施，疏通法律和舆论对企业和个人信用的监督路径，加大对失信行为的法律制裁和舆论监督力度，为银行卡业务安全发展提供良好的外部环境。

8.3.1.3 强化日常操作规范

（1）加强基础设备管理

一是要加强自助设备管理，按照"一柜一机"的要求布放 POS 机具，并严格按照业务规范设置商户各项关键信息，为发卡银行对交易风险度的判断和对交易的正常授权提供准确信息。二是要提高卡片安全性能，加大对银行卡的防伪技术指标的升级，为持卡人创造安全的用卡环境。

（2）加强发卡环节的管理

发卡机构要严格落实《银行卡业务管理办法》的规定，严格资信审批程序和授信额度治理，本着审慎经营原则，切实加强发卡环节的风险管理工作。

（3）加强收单环节的管理

收单机构应建立健全日常监控机制，了解商户经营变化状况、收单业务量及风险控制情况。重点关注和调查商户的异常交易情况，防范特约商户套现等风险发生。

8.3.1.4　健全风险管理体系

银行卡业务风险防范应充分发挥银行卡各市场参与主体的合力，建立银行卡风险联合防范和预警机制，共同防范银行卡风险，坚持"预防为主、技术先行"，充实银行卡信用风险、欺诈风险等风险监控指标，为准确衡量并预测各行的风险状况提供判断标准。各发卡机构和银联应加强与有关方面的合作，建立银行卡风险案件的报备、预警制度，加强对欺诈风险的打击力度，从源头上预防银行卡风险案件的发生。健全完善身份信息识别系统和支付交易监测系统，防止银行卡诈骗、洗钱等风险的发生。严格发卡管理和特约商户管理，加强对持卡人的信用监测，尽快建立与一般工商企业贷款、其他个人资产业务类似的风险监管指标体系。

8.3.1.5　完善法规制度体系

一是要加强立法。1999 年制定的《银行卡业务管理办法》已不能适应银行卡业务发展的新形势，为切实加强银行卡业务的管理，有效防范银行卡业务风险，应尽快推进银行卡立法工作。《银行卡管理条例》应将各个法律法规中相关条款加以整合，统一信用卡风险认定标准、信息披露、套现追索等内容，明确相应的权利、义务和法律责任，系统全面地规范银行卡业务，形成有利于银行卡风险管理和健康发展的法制环境。

二是要完善制度。商业银行要根据业务的发展状况和新的风险点，制定相应的风险管理办法，对银行卡发行、交易、清算等环节的工作进行制度约束，努力完善银行卡业务风险防范措施。

三是要规范流程。在银行卡业务工作中，要落实精细化管理理念，通过清晰界定有关各方的风险控制责任，将风险控制效果与经济利益挂钩，有效促使风险防范职责落到实处。

8.3.1.6　加强风险意识宣传

近几年，人民银行组织各发卡机构开展了一系列的银行卡宣传活动，社会参与面达到前所未有的深度和广度，对于普及银行卡知识、提高安全用卡意识、改善用卡环境、创造良好的外部环境发挥了积极作用。今后，各市场参与主体应进一步加大公共教育宣传力度，强化信息披露，对银行卡业务中存在的风险，尤其是危害普通消费者利益的欺诈风险要及时公开提示。各发卡机构应规范银行卡业务的合同文本，促进公平竞争，保护市场参与者的合法权益，创造有利于银行卡业务发展的基础环境。

8.3.2　银行卡业务风险管理

银行卡风险管理是银行卡业务经营中的各参与主体对其所面临的风险点进行识别、确定、量度、评估并采取应对风险策略的过程，贯穿于发卡、收单和转接清算的各个环节，各个机构的风险管理不尽相同，各有侧重。其目的是保障业务和市场的健康发展，而市场环境、产品创新和信息技术的发展变化，也不断催生出对风险管理的更高要求和需要。

8.3.2.1　发卡机构风险管理

发卡机构在开展发卡业务前，首先将制定明晰的发卡风险管理策略，以对各类风险采取及时、有效的监控措施、减少损失，促进发卡目标的实现。因借记卡和信用卡业务性质的不同，发卡机构在对这两类卡产品进行风险管理时的重点也有所差异：

（1）借记卡风险管理

借记卡风险管理的重点在于对欺诈风险的管理。借记卡的欺诈风险主要表现为失窃卡欺诈、伪卡欺诈、账户盗用和非面对面欺诈等。

发卡机构的借记卡欺诈风险管理主要集中在对借记卡交易的监控上。发卡机构将通过异常交易预警及监测系统对借记卡账户交易进行监控，当监测到异常交易时，发卡机构将与持卡人联系确认，及时冻结涉嫌欺诈的账户，阻止新的欺诈交易发生，尽可能减少欺诈损失。除此之外，为了防范借记卡伪卡欺诈，发卡银行还会加强自助终端的安全管理，如在自助终端上安装监控探头和报警装置，在傍晚、夜间等案件高发时段加强对自助终端的巡查和监控力度等，以便从源头上减少侧录的风险隐患。

（2）信用卡风险管理

信用卡风险管理包括信用风险和欺诈风险的管理。发卡机构的信用卡风险管理贯穿于信用卡申请、审批、发放、账户交易监控和催收等整个过程。

信用卡的信用风险管理主要是防范因持卡人拖欠还款而导致的信贷损失。发卡机构通常会制定严格的信用卡申请人条件，并以此为基础批准或拒绝持卡人的申领，其中，资信水平和还款能力审核是控制信用风险的首要环节。在信用卡使用过程中，发卡机构将通过适当方式积极为持卡人提供信用卡账单通知和还款提醒服务。对于超过规定限额透支或者超过规定期限未按最低还款额还款的持卡人，发卡机构将进一步通过其催收管理制度，采取信函、短信、电话、上门及司法手段等方式来尽可能减少风险损失。此外，发卡机构还通过相应的风险管理指标对潜在信用风险进行有效监控，譬如信用卡延滞率、坏账率等。

信用卡的欺诈风险类型除了失窃卡欺诈、伪卡欺诈、账户盗用和非面对面欺诈外，还表现为未达卡欺诈和虚假申请等。

在信用卡审批阶段，发卡机构的欺诈风险管理主要是对高风险客户进行有效识别以防范虚假申请。在判断申请人身份的真实性时，发卡机构一般会重点关注申请人的申请途径和家庭住址、工作单位、个人身份等信息。通常来看，通过网上申请、未经推荐的直接进件、预发卡和非定向的大规模营销途径申请信用卡的欺诈概率较高。

申请获得批准后，发卡机构将选择最适宜的寄送方式确保信用卡及其密码安全、迅速、无误地发送至持卡人手中，以防止信用卡在递送过程中被拦截、偷窃或者克隆。涉嫌未达卡欺诈的信用卡往往就是在递送过程中被盗的。通常，发卡机构除了加强在信用卡发放过程中的风险管理外，还会采取改变换发新卡周期、设置开卡程序等方式减少未达卡欺诈的损失。

卡片发放后，发卡机构在确保满足持卡人服务需求的同时，借助一系列欺诈控制工具，加强授权管理和账户交易监控（譬如对每日交易金额、交易方式设定限额，检验卡片有效期、卡片校验码、商户类型码等），以及时发现欺诈，并采取冻结账户等有效措施以减少损失的发生。

8.3.2.2 收单机构风险管理

收单机构的风险管理主要体现为对特约商户的风险管理。特约商户风险是指不法商户或商户的工作人员违章操作、非法交易，造成收单机构资金、商誉损失的风险，主要表现为商户信用风险和商户欺诈风险。

（1）商户信用风险

商户信用风险是指因商户经营不善破产或商户在收到大笔清算款项后立

即关门、销声匿迹，使收单机构承担此后的退单损失的风险。影响商户信用风险的主要因素是商户性质和经营规模实力。

（2）商户欺诈风险

商户欺诈风险是指商户自身或与不法分子勾结，利用其经营场所和经营设施进行银行卡欺诈交易，使收单机构蒙受损失的风险。常见商户欺诈风险类型包括恶意倒闭商户、恶意套现、洗单、侧录、伪冒交易合谋商户、虚假商户等。

（3）收单机构风险管理

收单机构在开展收单业务前，首先将制定明晰的商户风险管理策略，而商户风险管理贯穿于商户拓展与审查、商户审批、签约、机具管理、商户培训、商户活动监控与跟踪等整个过程。

①收单机构在进行商户拓展时首先会明确商户发展的业务目标和风险控制目标，确定优先发展商户类型和需谨慎发展甚至禁入的商户类型。在确立目标商户后，收单机构将根据相关资料，对商户的基本状况、资信记录、经营和财务状况等进行全面审核与调查，以判断商户基本信息的真实性以及是否满足商户准入的基本条件。一般而言，商户风险审查的渠道包括电话调查、现场调查、查询相关征信系统或不良信息系统，以及联系当地工商税务部门等。在国内商户信用体系尚不健全的情况下，现场调查是商户风险审查的最关键渠道。在现场调查时，收单机构不仅查验商户的基本信息和经营信息，还会查验商户以往的收单历史和道德信用情况。

②在风险审查结果的基础上，收单机构一般会通过商户注册资本、服务类型、交易类型、付款方式等要素对商户的信用风险和欺诈风险进行风险等级评估。商户的风险级别不仅可作为商户审批的重要依据，而且也是收单机构对商户进行日后分级管理的基础。譬如，针对不同商户类型选择监控规则，并根据商户风险等级进行参数的区别设定；针对不同风险等级的商户，区分商户培训内容、层次和频度，调整商户检查的频度与力度等。

③由于 POS 终端机具在许多案件中已经成为不法分子进行欺诈活动的主要工具，因此，强化 POS 终端机具管理是防范商户欺诈风险的基础。同时，有针对性的商户培训是收单机构规范商户操作、控制商户风险的重要手段，尤其是对收银员进行识别不法分子可疑的用卡行为及可采取的处理措施等方面的培训是防范银行卡欺诈风险的关键环节之一。

④对商户交易活动的监控和跟踪是商户风险管理的关键部分。随着收单业务的迅猛发展，商户交易活动的监控方式逐渐由人工监控转为系统自动监控。常见的商户风险监控模式有交易实时监控和交易事后监控两种。交易实时监控系统对商户的每笔交易进行实时监控，如果发现某笔交易超出监控规则设定的预警参数，系统可视风险程度的不同进行处理。交易事后监控系统是指在事后（如次日）采集交易数据，利用系统设定的监控规则和参数对商户交易进行批处理分析，对违反监控规则的商户交易发出警告，提示监控人员进行处理。

8.3.2.3 转接清算机构的风险管理

银行卡转接清算机构风险管理的重点除防范入网机构的信用风险外，主要是为成员机构提供相应的风险管理服务以提高整个产业的抗风险能力，并协助司法和执法机关营造良好的用卡环境。其风险管理内容主要包括以下三个方面：

（1）入网机构的信用风险是转接清算机构风险管理的重要内容

入网机构的信用风险可能是由入网业务主体、责任主体不明确、缺乏财务责任能力或国家风险（境外机构）、日常清算账户头寸不足等原因而导致无法履约造成的。转接清算机构会要求成员机构的清算账户备有足够资金，对风险等级未达到标准的成员机构，则需在指定的备付金账户缴存风险备付金或提供担保。

（2）协助和支持各成员机构防范、控制和处理各类主要业务风险，做好相应的风险管理服务

这些服务内容表现在以下四个方面：一是信息提供与支持服务，譬如建立风险信息共享机制、提供风险资讯服务和风险技术支持、开展风险管理知识培训等；二是风险监控服务，譬如涉案卡监控、商户风险监控、卡号交易监控等；三是风险警示服务，譬如建立风险事件报告机制、定期发布银行卡信用风险指标和欺诈风险指标等；四是风险管理规范和标准的制定。转接清算机构除在业务规章里规定相应的风险管理措施外，还会联合起来制定整个产业的安全标准。如2006年9月，五大银行卡组织（维萨、万事达、美国运通、JCB和Discover）联合成立了PCI（Payment Card Inaustry）安全标准委员会，制定了支付终端、支付应用程序和支付处理系统在银行卡数据存储、处理和传输等方面的一系列标准，并通过授权检测的方法推动其标准的

实施。

（3）推动银行卡产业风险管理环境的改善和优化

这些改善和优化包括：开展银行卡风险管理研究，推动银行卡风险管理法律政策的制定完善；加强与司法机关和执法机关的合作，推动银行卡风险信息沟通机制和交流渠道的建立；加强对持卡人风险管理宣传，提高持卡人安全用卡意识等。

【思考与练习】

1. 什么是银行卡风险？产生银行卡风险的原因是什么？
2. 试阐述银行卡产业风险的特点以及各个特点之间的关系。
3. 简述银行卡对各参与者的风险。
4. 试通过现实中的实例来分析如何防范和管理银行卡业务风险。

【案例分析】

网银"黑手"盗钱财[①]

不用到银行柜台排队，不受营业时间限制，还可以给手机充值、给信用卡还款、网上买基金……网上银行的便捷高效吸引了越来越多的用户，但其安全性也越来越令人关注。网上支付漏洞和网银盗窃案被曝光后，消费者纷纷质疑网银的安全性。

33 岁的蔡先生是上海一家外资软件公司的总经理，经常通过网上银行购物、缴费、转账。2007 年某天中午，蔡先生像往常一样上网查看自己的账户情况，却惊讶地发现银证通账户下原有的 16 万余元只剩下 36.62 元。吓了一跳的蔡先生马上拨打银行客服电话查询，果然两个银行卡上的余额都所剩无几。客服人员说，钱都通过网上银行转账被转走了。

国内首例网上银行盗窃案历时 3 年之后才有了判决结果，温州市中院驳回农行上诉，维持永嘉县法院原判，即农业银行永嘉支行赔偿储户 90% 损失，储户承担 10% 损失。和这位储户相比，在北京的杨先生就没有那么幸运了，在其网银上的 6 万多元不翼而飞后，因杨先生不能提供充分证据证明

---

① 资料来源：陈婧. 提防：网银"黑手"盗钱财 [N]. 解放军报，2009 - 04 - 28.

其存款消失是因银行过错导致，法院一审驳回了杨先生要求工行赔偿的诉讼请求。

虽然有专家认为银行应为网银钱财丢失"买单"，但在大部分网银被盗案中，由于网银用户无法举证银行的责任，打赢官司的几率为零。某银行曾有400多名储户网上银行的钱财被盗，但因无法举证，全部无法索赔。

绝大多数网民认为，网银钱财被盗，银行不能一推了之。有网友说：网银被盗首先是银行管理不善。网银也是银行推出的一个项目，银行有义务保护每个用户的存款。"我们是把钱存进了银行后被盗的。难道银行就不应该为此负责吗？"网友"弱者的呼唤"表示：无论从哪个角度讲，对网银的钱财，银行都负有保管的义务，银行有必要反省，而不是一味地推卸责任！

对于防范网银"黑手"，绝大多数用户只知道些皮毛。而层出不穷的隐蔽性极强的网银"黑手"，连一些专业的网络技术人员都防不胜防。而一旦因网银被盗，引发用户与银行间的纠纷，银行往往会指责用户操作失当，法院也会因为用户的过错而免除银行方面的责任。

目前网银常见陷阱有如下几类：

克隆网站。不法分子大量克隆各家银行的网站，以假乱真。用户一旦输入银行卡号及密码，个人信息就会被网站记录盗取。

窃密冒领。由于用户马虎、保管不善或轻信他人，导致网银个人账户信息外泄。

网络钓鱼邮件。不法分子以银行、金融机构或其他机构名义向用户发送电子邮件，以欺诈性信息诱骗，获取客户包括银行卡密码在内的个人信息，被称为"网络钓鱼"。

木马病毒。木马病毒会监视受感染计算机系统，如果发现用户正在登录网上银行，就会弹出伪造的登录对话框，诱骗用户输入登录密码和支付密码，并通过邮件将窃取到的信息发送出去。

问题：结合案例，试分析一下目前网上银行出现安全问题的主要原因。谈谈你对这类安全问题银行与客户之间的责任划分问题以及在实际操作中我们该如何安全使用网上银行？

9 银行卡产业监管与产业引导

【本章导引】

在银行卡产业发展过程中，对银行卡产业主体及相关业务的监管一直倍受重视。近年来，全球银行卡产业迅猛发展，多个国家和地区加强了对银行卡产业的监管力度，美国、欧盟、澳大利亚的反垄断监管和行政监管等措施引起了世界的广泛关注。我国的银行卡产业发展时间不长，但发展速度快，在银行卡产业监管方面有自身特色，但现有的管理规定已经难以满足银行卡市场和银行卡产业快速发展的需要，需要进一步完善与银行卡产业相关的法律及监管体系。本章主要从监管主体、监管对象、监管政策、监管内容等方面阐述国内外的银行卡产业监管情况，并为我国银行卡产业监管与产业引导提供参考建议。

【重要术语】

银行卡产业、产业监管、产业引导。

【知识架构】

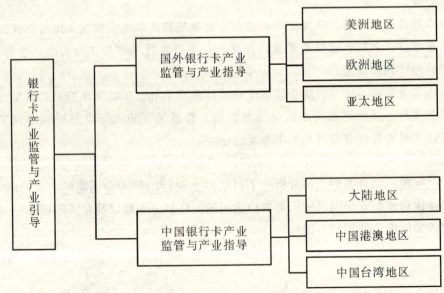

【导入案例】

国外法律和监管制度对银行卡产业的影响及启示①

对于银行卡产业来讲，法律和监管是这个产业非常重要的制度安排，对这个产业的发展，以及未来的走向将产生非常重要的影响。银行卡产业监管有两个层面的含义，一个层面是金融监管领域，另一个层面是经济监管。目前，尤其是经济性监管机构，对这个行业高度关注。

这种商业模式是靠什么机制来维持的呢？其实，银行卡产业有一种独特的交换费机制，通过交换费机制来进行转移支付，从而维持银行卡产业独特的商业模式。具体讲就是银行卡产业的交换费保证银行卡产业的定价，不仅仅包括成本还包括诸如市场营销等，以保证用户端和商家端的平衡发展。

对于市场权利的经济监管，目前的主要法律框架是《反垄断法》，采用的监管方式是事后监管，这种法律制度和监管制度安排，目前受到了很多的挑战，并且还在不断地演化。欧盟和英国在银行卡产业中采取了很多行动，而且采取的方式非常独特，它们将传统的事后监管方式转变为事前监管方式，引入了上限管制的方式，政府或者监管部门制定所谓的上限管制，对交换费进行限制。澳大利亚的上限制定对公共事业领域是非常重要的管制创新和改革。在银行卡产业，美国和欧洲对于上限制定的过程主要是节约成本，对于成本的规定采用了"允许成本"的概念，实际上就是直接成本的概念，没有包括促销成本。无论是在欧洲还是在澳大利亚，政府的监管实际上没有考虑到这个行业的网络特征，这是遭学术界诟病的非常重要的一点。

正是由于这些法律挑战，实际上使银行卡产业的管制方式在世界范围内出现了一些变化，目前在管制方式上，欧洲和澳大利亚，已经从事后管制变成了事前管制。其他国家比如印度等国家也有类似的考虑。另外一个变化，为了减少法律风险，应对未来的法律制度和监管制度，实际上银行产业和维萨和万事达银行卡组织在治理结构上发生了很大变化，减少了银行卡成员对银行卡组织决策的控制。具体来讲就是将成员变成用户。万事达在2003年变成了一个私有盈利公司，2005年提出了上市申请，并在2006年以公众具有83%的投票权成功上市。VISA也进行了重组，发挥了独立董事的重要作用。此外，由于法律制度带来的"交换费机制"的变化，比如在美国出现

---

① 资料来源：中国社科院——中国银联银行卡产业研究中心主任张昕竹的专题讲座演讲稿。

了发卡行与商家谈判的趋势，出现了更加细分的区别定价，交换水平完全取决于谈判力量，再加上政府的上限管制，现在使交换费越来越难以发挥传统的转移支付的作用，最后导致持卡人实际上要支付更高的费用，也就是说可能要改变目前银行产业现有的商业模式，从传统的商家买单逐渐变为用户直接买单。

这些法律和监管制度的变化对银行卡产业监管和发展产生了非常大的影响。对于我们国家银行卡产业的经济监管来说，首先我们要深入研究交换费定价机制，优化银行卡定价。近十年来，银行卡产业众多的法律案件或者所经历的法律风险很大程度上来源于我国银行卡产业目前独特的定价机制。目前我国的借记卡和信用卡统一定价的方式，这两种卡的基本决定因素是不一样的，借记卡都是离线的，它的成本结构和信用卡结构是不一样的。一方面它有网络外部性的因素，我们国家银行卡的发展路径是先有借记卡，然后再发展信用卡，这种定价方法是用借记卡发展经验发展信用卡，它是网络外部性的结果。另一方面，和国外的维萨、万事达当初的借记卡和信用卡的捆绑有非常相似的联系，所以也会让人难以分辨这是不是垄断权利带来的结果。现在需要深入的研究交换费的定价机制，在网络外部性和市场支配权利之间找着一个非常好的平衡点。

另外一个需要研究的问题，是我们国家银行产业监管机制的问题或者说是改革问题。我国人大正在讨论我国的反垄断法，随着反垄断法的出台和反垄断法的建立，我们国家的经济监管制度未来是选择事前管制还是事后管制？从国外来看，现在有一些国家从事后管制变成了事前管制。但是这个行业又是非常特殊的行业，这个行业的创新非常快，比如说新支付手段这几年成长得非常快，给这个行业的经济监管的选择带来了非常大的挑战，即使我们选择了事前监管也面临谁来管、怎么管的问题，比如引入交换费管制，是否有必要引入上限管制？如果我们选择事后管制，也面临一个怎么管的问题。这些问题对于我们国家银行卡产业未来的发展，都会产生非常深远的影响。

有关银行卡产业监管的问题越来越受到各国的重视，究竟为什么要对银行卡产业进行监管？从哪些方面进行监管？监管主体是什么？监管内容是什么？如何监管才能正确的引导银行卡产业的发展？本章将为大家阐释上述问题。

9.1 国外银行卡产业监管与产业引导

在银行卡产业发展过程中，对银行卡产业主体及其相关业务的监管一直受到很多国家的重视。银行卡产业监管受到重视的原因主要来自于三个方面：一是银行卡业务中涉及的结算服务和消费信贷服务是典型的银行业务，银行卡支付体系已经成为金融支付体系的重要组成部分，出于对整个金融体系安全和支付系统稳定的考虑，银行卡相关业务的规范运作与其他金融业务一样受到监管当局重视；二是银行卡产业主要为个人提供支付服务和消费信贷服务，特别是信用卡作为个人消费信贷工具具有的独特性，在这一领域对消费者权益的保护也始终受到监管当局的重视；三是随着银行卡在非现金支付体系中地位的不断提升，银行卡的定价机制和产品结构对社会支付成本的影响也日益显著。因此，银行卡对社会支付成本的影响已逐渐引起监管当局的关注。上述三个方面也因此成为各国监管当局对银行卡产业实施监管的重点领域。此外，银行卡产业的特殊性使得银行卡监管具有其独到之处。

9.1.1 美洲地区

美洲地区主要以美国为例。

9.1.1.1 监管主体

美国的银行卡法律体系比较完善，联邦政府并未设立专门机构负责管理银行卡事务，银行卡产业的主要监管部门是美国联邦储备银行（以下简称美联储）、美国联邦贸易委员会（Federal Trade Commission，FTC）、国家信用社管理局和储蓄管理局。美联储的银行卡监管主要体现在对商业银行的银行卡业务的监管。联邦贸易委员会是信用卡管理相关法案的提案单位和法律指定的执法机构，管辖范围包括零售企业、提供消费信贷的金融机构、不动产经纪商、汽车经销商、信用卡发行公司等。国家信用社管理局和储蓄管理局则分别关注信用社、储蓄银行等机构的银行卡业务。

司法部、联邦贸易委员会是美国的反垄断执法部门。司法部有权按照反垄断法审查兼并和收购对竞争的影响，这种审查同样适用于银行卡产业。联邦贸易委员会有权根据美国的反垄断法律对银行卡产业发起反垄断调查。与此同时，财政部货币监理局和信用管理协会、信用报告协会、收账协会等在监管方面也发挥着重要作用。

9.1.1.2 法律框架

从 20 世纪 60 年代开始，美国就着手制定银行卡相关法律，逐渐形成完整的框架体系。目前涉及银行卡业务监管的法律主要有：《公平信用报告法》（The Fair Credit Reporting Act，FCRA）、《公平债务催收作业法》（Fair Debt Collections Practice Act）、《平等信用机会法》（Equal Credit Opportunity Act，ECOA）、《公平信用结账法》（Fair Credit Billing Act，FCBA）、《诚实信贷法》（Truth In Lending Act，TILA）、《信用卡发行法》（Credit Card Issuance Act）、《信用卡和签账卡公平信息披露法》（Fair Credit and Charge Card Disclosure Act）、《电子资金转移法》（Electronic Fund Transfer Act，EFTA）、《储蓄机构解除管制和货币控制法》、《甘恩－圣哲曼储蓄机构法》、《信用修复机构法》、《消费者信用保护法》（Consumer Credit Protection Act）、《2009 信用卡问责、责任和信息披露法》（Credit Card Accountability Responsibility and Disclosure Act of 2009）等。另外，美联储的《规则 Z》（Regulation Z），《规则 B》（Regulation B）、《规则 E》（Regulation E）等规章也与银行卡监管有关，与上述法律共同构成美国银行卡产业正常运转的法律框架。此外，美国在司法审判过程中形成了相当丰富的判例，这些判例都是银行卡监管过程中的有效依据，对银行卡产业发展产生了深远影响。

9.1.1.3 监管内容

美国银行卡产业监管具有两大目标：规范产业健康发展和推进持卡人权益保护。这两项目标在对市场准入、风险监控、消费者权益保护、反垄断和定价等方面的监管过程中得到贯彻。

（1）市场准入

美国法律对支付卡网络运营主体基本没有明确的准入要求，对非银行类收单机构的市场准入也无明确规定，但对银行类收单机构的监管则较为严格，监管部门都会参照一般的银行业务进行监管。信用卡发卡业务涉及信贷，直接影响金融市场的稳定和风险控制，美国政府对信用卡发卡业务实行严格的准入监管。

（2）消费者权益保护

在银行卡产业发展初期，美国对消费信贷业务的监管较为宽松，出现了不少侵犯消费者权益的事件，逐渐引起了监管部门重视。为此，美国陆续颁布了许多旨在加强消费者权益保护的法律，包括《消费者信贷保护法》、《诚实信贷法》、《公平信贷结账法》、《信用卡发行法》和《2009 信用卡问责、责任和信息披露法》等。

其中，《消费者信贷保护法》、《诚实信贷法》及 2009 年刚刚颁布的《2009 信用卡问责、责任和信息披露法》对发卡机构向消费者提供的信息披露（包括广告）的内容、格式、语言做出了严格明确的规定。例如，《消费者信贷保护法》规定，销售者在交易完成之日应明确告知消费者享有解除合同的权利以及消费者的名称、营业场所所在地、行使解除权的效果等；《2009 信用卡问责、责任和信息披露法》要求，信用卡发卡机构若提高透支利率，须提前 45 天通知持卡人。同时，《消费者信贷保护法》、《公平信贷结账法》、《信用卡发行法》和《电子资金转账法》对持卡人和发卡机构的责任及赔偿等方面做出明确规定。《消费者信贷保护法》规定，持卡人若遭受伪冒交易损失，其责任上限为 50 美元，信用卡发卡机构对信用卡是否经授权使用负有举证责任。《公平信贷结账法》对处理消费信贷结账纠纷的方式和时限等方面做出了具体的规定，如果借方发现账单上项目有错，在 60 天内写信给贷方，贷方必须在收到信后的 30 天之内做出答复；针对银行卡失窃或卡号被盗用的问题，持卡人的责任限额为 50 美元。《信用卡发行法》规定，信用卡合法持卡人报告其信用卡丢失或被盗以后，可以不偿还对账单上的未经授权交易款项。《电子资金转账法》规定，对于未经授权的交易，消费者和金融机构之间应建立风险分担机制；金融机构需要在 45 个工作日内处理消费者的投诉，如果金融机构不能在 10 个工作日内解决上述问题，金融机构应先返还消费者相应的交易金额。

《公平信用报告法》和《公平准确信用交易法》则从消费者信用保护方面制定了若干要求。如《公平信用报告法》规定，消费者有权充分知悉任何征信机构对自己信用状况的评价及依据，消费者有权对不实负面信息进行申诉。《公平准确信用交易法》规定，消费者每年能够免费从信用局获取自己的基本数据报告，以保证消费者可以监察和及时发现盗用伪冒或任何不合法的活动。

此外，《平等信贷机会法》要求信贷机构不得随意放贷，应先对信用申请人进行充分的调查、分析，在此基础上进行合理授信，但不得因申请人性别、婚姻状态、种族、宗教信仰、年龄等因素做出歧视性的授信决定。美联储还专门针对该法制定了实施细则《规则 B》。

（3）银行卡业务风险的监管

美国非常重视对信用卡业务风险的监管。美联储制定了支付结算系统风险控制的原则和最低标准，相关政策与国际清算银行制定的国际标准一致，以防止银行卡支付结算风险向整个支付系统、金融系统转移。为了限制流动性和信用风险，美联储提出了对储备账户持有人隔夜透支管理的程序要求，还制定了支付系统的监管指引。

美国监管当局通过机构监管、业务监管等多方面的措施来防范和控制相关风险。如《信用卡发行法》要求信用卡发行机构不得向没有提出书面申请的人发卡（不包括到期更换新卡的情况），以减少未达卡的盗用风险。《2009 信用卡问责、责任和信息披露法》要求，美联储委员会应以两年一次的频率审查发卡业务，审查结束后，还应在《联邦公报》公告相关事项；联邦银行业监管机构以及联邦贸易委员会每年都应向美联储委员会报告有关发卡机构的合规状况。

（4）反垄断

美国对银行卡产业的反垄断监管主要集中在三个方面，即卡组织的规则、卡组织与其成员机构共同设定价格的行为以及产业内部的兼并与收购。特别是开放式卡组织这样一种独特的竞合组织，由于其规则及定价机制的独特性，使其从诞生之初就面临一系列反垄断诉讼。

美国经济学家埃文斯和斯默兰对卡组织所遭遇的反垄断诉讼做了全面详细的介绍[1]，并给出了很好的总结和分析。按照他们的归纳与分析，卡组织受到的反垄断诉讼主要围绕两方面展开，一方面是关于开放式卡组织的成员资格，其核心问题是卡组织能否要求其成员机构只忠诚于自己的品牌，卡组织能否允许其成员机构加入其他开放式卡组织或与封闭式卡组织展开合作；另一方面是关于价格问题，其核心则是卡组织是否有权制定交换费标准，如果有，政府是否应该规范这一定价行为。

由于在竞合组织成员忠诚度对竞合组织运作及其竞争的影响这一问题的

---

① 资料来源：D. S. 埃文斯和 R. 斯默兰. 银行卡时代 ［M］. 中国银联战略发展部，译. 北京：中国金融出版社，2006：288 – 321.

认识上存在差异，美国的法院及司法部在有关卡组织成员资格的诉讼中做出过不同的裁决。从理论上讲，竞合组织会员忠诚度的分散会弱化组织本身进行长期投资和规划的能力，所以竞合组织会通过排他性规则防止这种情况出现，然而正是这一规则使其遭到一系列反垄断诉讼。

对卡组织设定交换费是否合理的问题，在美国 1979 年的 NaBanco 案中，法院认为，银行卡产业的双边市场特点使得交换费机制是一种在成员机构间有可能提高潜在效率的协议，能够确保卡组织的稳定及其卡片的广泛受理。从 2006 年至今，美国已经举行三次与交换费有关的听证。

卡组织的特殊性使得对卡组织的监管变得异常复杂。卡组织所采用的竞合组织这一组织形式，既与纯粹竞争对手所组成的行业协会及由制造商和分销商所组成的特许制组织有类似之处，又有非常的不同之处。典型的行业协会并不是成员机构开展各自业务时所必需的，而竞合组织则为其成员机构提供开展银行卡业务所必需的核心服务；特许制组织中的制造商与分销商之间是一种所有权相互独立的商业关系，而在竞合组织中，虽然成员机构事实上在为竞合组织提供分销渠道，但竞合组织也为成员机构提供网络服务，而且每一个成员机构会因总成员机构数量增加而获益，同时成员机构构成了竞合组织，竞合组织归属于成员机构。这样一种情形，使监管机构有时会以对待其他商业组织形态的态度去看待银行卡产业和银行卡组织，从而忽略了其双边市场特点以及由此产生的定价、投资及其他商业决策的特殊性，将卡组织的决策等同于竞争者之间的共同决策行为。

此外，美国通过对银行卡产业内部兼并与收购案件的监管来防止出现市场新垄断。2003 年 4 月，First Data（FDC）与 Concord EFS（CE）达成协议，FDC 将收购 Concord 所持有的 Star 股份。同年 10 月 23 日，司法部起诉 FDC 和 Concord，要求法院对双方的合并发出永久禁止令（Permanent Injunction）。司法部认为，FDC 收购 Concord 后，零售领域的密码借记卡竞争会显著降低，并导致服务提供者提高服务价格，将对美国消费者造成损害。起初，法官诺斯马瑞·M. 科勒尔（Rosemary M. Collyer）否决这起并购。但 2003 年 12 月，FDC 与美国司法部达成和解，司法部允许其完成与 Concord 的合并。

（5）定价

银行卡产业的定价不仅涉及发卡机构、收单机构及各类专业化服务机构的利益，而且涉及广大商户和持卡人的利益，因此，银行卡定价机制也是美国政府监管的重要内容。比如,《2009 信用卡问责、责任和信息披露法》非常关注信用卡定价问题,该法限制发卡机构提高透支利率、限制收取"超限费",禁止发卡机构因还款方式的不同而向持卡人额外收费。

此外,美国从禁止额外收费的角度监管行业定价。所谓额外收费,是指持卡人刷卡购买商品或服务时,与不使用银行卡刷卡购买的消费者相比,需要支付的额外费用。美国已有十多个州禁止商户向持卡人收取额外费用,例如加利福尼亚州、科罗拉多州、佛罗里达州等。

9.1.2 欧洲地区

欧洲的银行卡产业发展历史较长,对银行卡产业的监管随着产业的发展不断完善。欧洲国家对银行卡产业的监管主要围绕市场准入与业务合规、持卡人权益保护、反垄断这三个方面展开,其目的是保证金融体系的安全和稳定、保护持卡人的合法权益、促进竞争、降低社会支付成本。

与此同时,欧洲积极推动欧洲单一支付区(Single European Payment Area,以下简称 SEPA)建设,旨在打通国别分割的支付市场,实现欧元区各国国内交易与跨境交易一体化,推动核心技术标准和经营规则的统一,促进全方位的竞争与创新,获得规模经济效益,提高欧洲本土银行卡产业的竞争力。

目前,欧洲许多国家的银行卡产业监管已形成了较为完善的法律体系。例如,欧盟在建设 SEPA 的过程中,重新塑造了零售支付产业的监管体系,新出台了三大法律文件:《支付服务指令》、《银行卡网络监管标准》、《消费信贷指令》,构成了相对完整的银行卡产业监管体系。英国陆续出台了一系列和支付行业相关的监管法规,主要有《2000 金融服务和市场法》、《支付服务规章》、《消费信贷法》等。

银行卡产业监管涉及的业务领域较多,监管主体也相对较多。不同的监管主体根据自身职能参与其中,相互配合,共同对银行卡产业实施监管。例如,欧盟与银行卡产业监管有关的监管主体主要有欧盟及各成员国的中央银行、欧洲中央银行和 Eurosystem(由欧元区的各国中央银行组建而成)、欧盟及各成员国的反垄断机构,自律机构则有欧洲支付理事会和欧元支付组织联盟等。英国在 2000 年成功实施金融业监管改革后,与银行卡产业监管相关的监管主体变少,主要包括英国中央银行(英格兰银行)、公平交易署、竞争委员会、财政部、金融服务管理局；除此之外，英国银行业协会、英国建筑合作社协会、英国支付清算行业协会等行业组织在银行卡产业的规范化发展过程中发挥着重大作用。法国并未针对支付体系设立专门的监管机构，银行卡业务主要由银行业监管机构负责监管。法国采用单层多头的银行业监管体制，即只在中央一级设立几家管理机构共同进行产业监管，这些机构有法兰西银行、信贷机构和投资企业委员会（CECEI）、银行委员会、银行与金融监管委员会等。德国银行卡产业的监管主体包括德国银行、德国联邦金融监管局、德国财政部及德国联邦卡特尔办公室。同时，德国公众银行与信用合作社银行联邦协会、德国银行业联邦协会、德国公共银行协会等多个行业协会在银行卡产业自律监管体系中也发挥着积极作用。

实践证明，这些国家对银行卡产业的有效监管确实对银行卡产业的持续、健康发展发挥了重要作用。下面分别从三个方面介绍欧洲对银行卡产业监管的具体内容。

9.1.2.1 对银行卡相关业务的准入、合规与审慎性监管

（1）市场准入

银行卡业务包括发卡、收单、转接清算、第三方专业化服务等。信用卡发卡涉及银行结算和信贷业务，欧洲各国普遍将其纳入金融业务监管范畴，开展其他类似金融业务的准入要求同样适用于从事银行卡发卡业务，也有些国家还专门针对信用卡机构的准入制定了相关法规。

根据欧盟颁布的《支付服务指令》，各成员国应在 2009 年 11 月之前将指令转化为国内法。该指令要求各国主管部门应对支付机构的支付规则进行监督，明确规定了发卡机构、收单机构、转接清算机构、专业化服务提供商等行业主体的准入门槛，强化对支付服务用户的保护。此外，《信贷机构从业指令》、《投资公司和信贷机构资本充足率要求指令》、《消费信贷指令》对信贷机构也做出了具体准入要求。英国的《支付服务规章》对从事银行卡业务的发卡机构、收单机构、转接清算机构、专业化服务机构提出准入要求。这些机构如果满足规章准入门槛要求，应向金融服务管理局注册登记；如果不满足要求，则应提请金融服务管理局批准其从事相关业务。规章还引入全新的"支付机构"（Payment Institution）的概念，把非银行发卡机构、非银行收单机构、转接机构、专业化服务提供商等银行卡产业各方纳入统一监管。同时，《消费信贷法》对信用卡发卡机构的准入做出了明确要求。法

国《货币与金融法典》（Code Monetaireet Financier）对银行卡的准入有明确要求，认为发行具有支付功能的卡片的行为即属于"银行业务"（发行私标卡的行为除外），需要遵照银行业的准入监管、业务管理、风险管理等要求。根据《德国银行业法》（German Banking Act）规定，运营非现金支付清算的业务属于银行业务。因此，从事支付服务需要向德国联邦金融监管局申请执业牌照，非银行机构不得处理非现金支付交易业务。

（2）业务合规与审慎性监管

信用卡业务作为一种消费信贷业务与其他信贷业务一样受到比较严格的监管。对信用卡业务的规范操作，除受到各类信贷（包括消费信贷）监管法规的规制外，有些国家还在专门针对信用卡业务的法规中明确了相关要求。例如英国1974年就颁布了《消费信贷法》，2006年英国从准入、监管对象豁免、争议解决等方面入手，对《消费信贷法》进行大规模修订，对支付和消费行业产生了深远影响。

欧盟很重视支付行业的风险管理，为了减少结算的系统风险，欧盟出台了《关于结算终局效力的1998/26/EC指引》和《关于金融担保安排的2002/47/EC指引》，以限制支付参与机构破产导致的支付风险蔓延，维护金融稳定。欧洲中央银行以风险监管为主线，出台了《支付卡网络监管标准》，监管内容包括所有的借记卡和信用卡支付网络，要求各国中央银行从法律风险、财务风险、管理风险、操作风险和信誉风险五个角度监管卡组织的业务运营。

9.1.2.2 对持卡人权益的保护

持卡人权益保护已经成为欧洲各国银行卡监管部门的监管目标。欧盟在2008年1月颁布《消费信贷指令》，旨在规范消费信贷行业的发展、提高信息透明度、加强消费者保护，明确规定了消费信贷广告中应包含的信息、签订信贷协议前应告知的信息、个人信息数据库的准入要求、信贷协议的条款要求、信贷机构提供贷款费用的相关信息等。英国的《消费信贷法》要求消费信贷机构充分保障客户权益，对消费信贷合同的签订、信贷利率、收费等方面予以规定。法国的《日常安全法》（Everyday Security Act）规定，持卡人因第三方欺诈而遭受损失，持卡人的赔偿限额仅限于150欧元；《金融安全法》则禁止金融机构的合作者上门推销；此外，《消费者法典》（Consumer Code）对消费信贷业务广告、消费信贷成本、消费信贷合同的条款、消费信贷机构的信息披露义务、保护信贷欠款过多的客户的权益等事项予以明确规定。德国很注重对持卡人权益的保护。德国将欧盟的《9715/EC 指令》转化为国内法，成为《德国民法典》（German Civil Code）的第 675 条至第 676 条。根据该法，信贷机构必须向消费者公开一些必要的信息，例如交易执行时间、价格、费用等；《消费信贷法》规定了消费信贷合同条款、消费信贷机构的信息披露义务等事项，还规定消费者订立消费信贷合同后享有交易撤销权。此外，德国的各种银行业协会也非常关注持卡人权益保护。例如，德国公共银行协会设立了银行客户投诉机制，在该投诉机制的基础上设立了仲裁机构和监督专员，专门负责保护银行客户（包括但不限于持卡人）的权益。

持卡人信息在银行卡产业的运作中具有不可或缺的地位，欧盟在对消费者权益的保护中，更是将消费者信息的保护作为重中之重。欧盟发布的《关于个人数据处理及转移保护的 95/46/EC 指令》、《关于跨境转账的 1997/5/EC 指令》、《关于电子通讯中个人数据处理与隐私保护的 2002/58/EC 指令》均对数据保护做了详细的规定。《支付服务指令》、《消费信贷指令》对支付行业客户的信息保护也予以统一监管。英国较早就开始关注公民的信息安全，《数据保护法》对公民信息的保护比较广泛，而且还经过多次修订，银行卡产业参与各方均应遵守。《支付服务规章》、《消费信贷法》等法律文件也从支付机构和消费信贷机构的业务流程、风险防护等方面对持卡人的信息保护予以规定。从行业自律的角度看，《个人银行业务守则》、《对公银行业务守则》也从多个角度保护持卡人的信息安全权利。德国在保护持卡人信息方面的措施也很完善，产业各方必须按照《联邦数据保护法》、《州数据保护法》等多项法律处理银行卡信息。

监管机构还通过对银行卡相关价格的管理来保护持卡人权益。英国《消费信贷法》就对消费信贷业务的定价做出要求，英国贸工部、交通部等部门专门针对信用卡交易制定相关的法律文件，如《1990 信用卡（价格歧视）法令》、《1990 信用卡（商户受理）法令》、《2005 交通工具（使用信用卡支付税费）（特定费用）规章》、《2008 税收（网上纳税）规章》、《2008 税收（电话纳税）规章》等，明确规定了信用卡持卡人刷卡缴税的手续费标准；行业自律性文件《个人银行业务守则》、《对公银行业务守则》也专门对同业机构的利率、费用做出相关规定；此外，公平交易署（OFT）曾于 2006

年4月5日发表声明，认为信用卡发卡机构设定的收费（包括超限费、滞纳金、违约还款应支付的费用）明显过高，各发卡机构每年共非法收取约3亿英镑罚款，要求发卡机构按照《违反信用卡合约的公平收费方法》降低收费。

9.1.2.3 反垄断

在反垄断方面，欧洲监管机构主要采取两方面的措施：一是要求国际性卡组织降低跨境交易的收费标准；二是要求国际性卡组织取消限制竞争的相关措施，包括排他性规则等。

就跨境交易交换费定价问题而言，欧盟委员会于2000年初步裁定维萨的定价行为属于集合定价，违反了反垄断规定。2002年7月，委员会又认定：除联合定价外，维萨没有更为可行的定价方法，给予维萨五年的豁免期，要求维萨在五年内逐步降低其在欧盟的交换费。2008年3月26日，委员会正式提出对维萨（欧洲）涉嫌垄断的调查程序，2008年6月3日，委员会决定对维萨（欧洲）展开反垄断诉讼，诉讼焦点是跨境交换费（MIF）和受理所有卡（HAC）规则。2007年12月19日欧盟委员会宣布，万事达借记卡和信用卡的跨境交易交换费违反垄断法，限期6个月内取消，否则将按日对万事达处以其上年度全球日营业额3.5%的罚款。

欧洲的监管机构认为国际卡组织的排他性规则影响了市场竞争，对此进行限制。2007年10月3日，欧盟委员会认定，维萨在2000年3月至2006年9月拒绝接纳摩根斯坦利银行为会员，维萨的相关规则违反反垄断法，宣布对维萨处以1 020万欧元罚款，惩罚该限制竞争行为。

9.1.2.4 SEPA建设

作为"欧洲支付一体化"的重要组成部分，单一欧元支付区（SEPA）是欧盟和欧洲中央银行在欧元流通、泛欧大额欧元支付系统建立之后的又一项重要举措。

（1）建立SEPA的主要动因

①发挥欧洲合力，提升支付产业竞争力。目前，欧洲零售支付市场呈现相对分散的格局，欧元区各国之间及其与其他国家之间的银行卡交易绝大部分是通过国际卡组织等完成信息转接，各国贷记转账和直接借记产品采用不同的技术标准和业务规范，货币一体化的优势没有得到充分发挥。为了实现欧元区各国零售支付一体化，提高欧洲支付产业竞争力，2002年欧洲信贷

协会和欧洲银行业协会及 63 个银行成立了欧洲支付委员会，负责 SEPA 相关政策的制定和协调，成员来自欧盟、冰岛、列支敦士登、挪威和瑞士等国家。

②打通国别分割的电子支付市场，实现规模经济。欧洲多数国家至少都有一个借记卡网络，信用卡交易大多通过国际卡组织的网络完成。同时，各国的国内银行卡网络直接或间接由银行所有，仅在银行所在国使用，限制了银行卡产业的发展规模；银行卡技术标准和业务规则并不统一；技术基础设施提供商、授权平台服务商、卡片和 POS 终端提供商等高度分散；大多数国内借记卡网络现行服务费仍低于国际卡组织的网络。SEPA 的建立将有助于把目前的业务模式拓展到整个欧元区并实现规模经济，从而促进支付成本的进一步下降和支付效率的进一步提高。

③促进全方位竞争。SEPA 技术标准的统一，将有利于促进更多的技术服务商竞争；消费者、商户和银行对交易对象的自由选择也将促进竞争。SEPA 将使银行卡市场更为开放、灵活，发卡市场、受理市场和转接市场等多层面、全方位的竞争将有助于产品创新、有助于安全低成本的支付服务的形成。

（2）建立 SEPA 的新举措

①实施通用的技术标准、商业惯例和法律基础。2006 年 12 月 13 日欧洲支付委员会审议通过了新规则手册。其核心是：将业务规则和技术标准与支付系统和业务平台等基础设施相分离，实现欧元区各国国内与跨境交易的业务规则与技术标准的统一，鼓励支付方案中增值服务的个性化，促进基础设施服务市场的有效竞争，建立安全、有效的支付系统。

因此，造成目前欧元区国别分割的业务规则和标准等都将被废除。居民可以在欧元区的任何地方使用银行卡，在各国国内和各国之间，持卡人使用银行卡的条件没有差异，商户受理银行卡的条件相同。旧规则向新规则的转换将有三年的过渡期，2011 年以后力争全面实施新规则体系。

②实行透明的交换费标准。实践证明，交换费是银行卡业务运营和发展的必要机制。尽管欧洲监管机构对交换费的定价机制和定价水平提出质疑，但它们逐渐认识到，由双边市场、竞合组织特点所带来的交换费定价问题的复杂性，使得人们很难对这个问题做出准确、客观的评价。因此，SEPA 交换费的安排目前仍不确定。

不过，SEPA 支付卡框架指出：在符合欧洲竞争规则的条件下，由各银行卡转接机构负责自身网络交换费的制定，可以针对不同的产品平台制定不同费用，用于对会员机构进行补偿。但是，一个支付卡转接机构应在 SEPA 制定统一的交换费标准。

③赋予消费者、商户、银行等更大的市场选择权。消费者可以选择更多的支付网络和更多的支付产品；商户可以不受技术和规则限制，受理任何一种符合 SEPA 框架的银行卡；银行可以选择以何种方式加入何种银行卡转接机构、发行哪些品牌的银行卡和通过哪些网络转接清算。

④提高技术水平，实行 EMV 迁移和密码交易。SEPA 支付卡采用 EMV 芯片和 PIN 技术，但发卡机构可以选择是否发行密码卡。卡片标准的过渡期为 2008 年 1 月 1 日到 2010 年 12 月，在这之后，磁条卡不符合 SEPA 支付卡框架制定的技术标准，将无法使用。

⑤其他措施。至少成立一家泛欧洲银行卡网络运营商；以欧元作为银行卡交易货币和清算货币；促进产品创新，提供增值服务等。

9.1.3　亚太地区①

同欧美地区的银行卡产业监管相比，亚太地区的银行卡产业监管主体相对较少，银行卡行业协会发挥着一定的自律监督作用。如日本银行卡产业的监管主体主要有日本银行和日本金融厅等。作为日本的中央银行，日本银行对银行卡产业的监管涵盖了银行卡的各个支付环节，所有从事支付清算服务的机构，即使不属于金融机构，也在其监管范围之内。日本金融厅对信用卡市场实施统一监管，各都道府县的信用卡市场则由当地的财务局负责监管。此外，消费者金融联络会、日本消费者金融协会、全国贷金业协会联合会等行业协会，都从不同层面推动行业自律、规范市场行为。在韩国，韩国银行和金融监督院负责银行卡产业监管。韩国银行是韩国的中央银行，制定支付系统的运作规则，并监督这些规则的执行，确保支付系统平稳运行。韩国银行还负责监督商业性金融机构及参与支付系统运营的机构，有权要求他们提供任何资料、修改运营规则等。在亚洲金融危机后，韩国成立了金融监督委员会［Korea Financial Supervisorl（Service）］及其执行机构——金融监督院。

①　包括中国台湾地区和中国香港地区。

金融监督院主要依据《特定信用金融业务监督条例》监管信用卡的日常业务。新加坡银行卡产业的主要监管机构是金融管理局（Monetary Authority of Singapore）。金融管理局既是新加坡的中央银行，又是金融市场的混业监督管理机构。新加坡银行业协会（Association of Banks in Singapore）在促进银行卡产业稳健发展中也起到了积极的作用。澳大利亚银行卡产业的监管主体主要包括三个监管机构：澳大利亚储备银行（RBA）、澳大利亚审慎监管局（APRA）、澳大利亚公司及金融服务委员会（ACFSC）。

另外，亚太地区银行卡产业监管政策比较严格、引导作用比较明显。监管机构通常对市场准入或业务准入有较严格的限制；在银行卡业务风险控制和持卡人权益保护方面，监管措施正逐步健全和完善。同时，亚太地区的储值卡业务发展相对较快，因此，对储值卡业务的监管较为严格。

9.1.3.1 市场准入

在市场准入方面，尤其是在信用卡市场准入方面，亚洲很多国家和地区都有严格限制。例如，在日本信用卡产业发展早期，只有非银行金融机构才具有从事信用卡业务的资格；直到 2004 年 4 月，日本的银行才可以自由经营信用卡业务。除此之外，非银行信用卡机构包括信贩公司所属的信用卡公司、中小零售商所属的信用卡公司及流通领域内大商场所属的信用卡公司等。根据《分期付款销售法》，信用卡公司作为分期付款购物的中介机构，应在经济产业省登记注册。另外，根据日本《关于出资、存款及利率管制的法律（出资法）》、《关于贷金业管制的法律（贷金业法）》规定，如银行等金融机构（在获得金融厅长官颁发的执照的基础上经营金融业）以外的企业，以不特定的多数机构为对象开展授信业务时，还必须向金融厅长官和都道府县的知事申报或登记。

韩国的相关立法和实践认为，信用卡发卡业务属于商业银行的核心业务，一般企业不得经营。韩国对信用卡业务的市场准入一般采取单项批准的方式。在韩国信用卡危机爆发后，韩国政府出台了《防止产业资本支配金融产生副作用的办法》，对信用卡市场准入进行更严格的控制，原则上不再允许财阀企业建立新的或者兼并旧的信用卡公司。

在新加坡，任何机构开展信用卡、签账卡业务，都必须经金融管理局批准。同时，新加坡金融管理局对外资银行布放 ATM、加入本土银行的 ATM 和 EFTPOS 网络作出了限制。《金融管理局 603 号通知》（MAS Notice 603）

规定：外资银行在新加坡布放的 ATM 不得超过 25 台；未经金融管理局批准，外资银行不得加入当地银行的 ATM 网络；外资银行［除特许外资银行（IFB 外）］不得在营业网点外布放 ATM，也不得向其他外资银行开放 ATM，且不得在 EFTPOS 网络上提供任何借记服务。

9.1.3.2 持卡人权益保护

日本很早就开始关注消费者权益的保护。《分期付款贩卖法》从保护消费者权益的角度出发，针对向消费者提供信贷的商店等债权人或债权人代表，就损失赔偿金额、利益损失期间和抗辩权等方面进行了限制，并要求信用卡公司作为债权人在向债务人催收信用卡债务时，不得威胁持卡人，不得妨碍持卡人的生活安定。该法还规定了"冷却期"制度，在信用消费中，消费者可以在一定期间内单方面取消合同。《消费者合同法》对消费者权益进行了系统保护，尤其对信贷消费业务做出了特别规定，如要求滞纳金的上限为年率 14.6%，但在贷款金额不足 10 万日元时，可以超过 14.6%，但不得超过《利息限制法》的年率上限 29.2%。

在 2003 年信用卡危机爆发之前，韩国的持卡人权益保护并不完善。之后韩国在这方面进行了很大的改善。例如，韩国金融监督委员会要求信用卡公司为客户提供必要的资料以供消费者做出选择，并对所有零售信用卡发卡机构的消费者合同审查后提出了若干修改建议。

新加坡监管当局非常重视对持卡人权益的保护。金融管理局在《银行（信用卡及签账卡）条例》中规定，发卡机构必须在对账单中向持卡人披露最低还款额、利息费用等信息，并用 8 号以上的粗体字打印出来。同时，新加坡银行业协会联合各家成员银行共同制定了《零售银行业务守则》。该守则从保护客户权益出发，为各家银行设定了零售银行服务（包括但不限于银行卡业务）的最低标准。该守则要求各银行向客户履行信息披露义务，保护好客户信息，通过制作、发放业务手册，将客户的权利义务、服务定价、信贷利率以及业务的运作机制、潜在风险等事项明确告知客户。

为了规范银行卡从业机构的广告发布行为，防止不实宣传误导消费，中国台湾监管当局先后颁布《银行业暨保险业办理消费者信用交易广告应揭示总费用范围及年百分率计算方式标准》和《金融控股公司之子公司进行共同行销时之相关规范》，要求信用卡、现金卡的发卡机构应在平面、媒体广告（包括海报、DM 等）、信用卡开卡文件及现金卡申请书中加注风险警示语句，并对信用卡、现金卡广告中提示性的文字用语、格式及实施地点予以详细规定。

9.1.3.3 银行卡业务风险监管

随着对银行卡行业监管重要性认识的不断提升，亚太地区开始注重从业务、技术、风险等角度对行业实施综合监管。

1987 年韩国出台了《信用卡业务管理办法》，对信用卡业务进行综合监管。该办法规定了"信用卡公司守则"、"信用卡特约商户的管理"、"信用卡收费的争端解决程序"、"信用卡会员的分类标准"以及"信用卡业务的特别规定"等。在 2003 年信用卡危机之后，韩国对信用卡业务风险的监管大大加强。如要求年满 20 周岁且有固定收入的韩国公民方可申领信用卡；每一持卡人不得持有两张以上的信用卡；发卡银行授予每一持卡人的预借现金额度不得超过该银行授信总额的 50%。

与韩国相似，在经历了 2005 年年底爆发的银行卡债务危机后，中国台湾地区对信用卡业务风险的监管也逐步完善。为了防止发卡机构发生财务风险，有关部门对发卡机构的逾期放款比率实施监控。同时，《信用卡业务机构管理办法》作为中国台湾信用卡行业的基本规定，不仅对信用卡从业机构的业务操作、风险管理、财务制度等多个方面提出了要求，还要求信用卡从业机构建立、健全内部控制制度和稽核制度。例如，该规定对信用卡呆账拨备的规定为：当期应缴最低付款金额超过指定缴款期限 1 ~ 3 个月，应提列全部垫款金额 2% 作为备抵呆账；超过 3 ~ 6 个月，应提列全部垫款金额 50% 作为备抵呆账；超过 6 个月，应将全部垫款金额提列备抵呆账，并于 3 个月内，将全部垫款金额转销为呆账。有关部门 2004 年出台《信用卡重要业务及财务资讯应揭露项目、认定标准及揭露方式》，要求信用卡从业机构每月将规定的业务及财务数据在指定网站上进行公布。信用卡从业机构需要公布的数据包括流通卡量、循环信用余额、当月签账金额、当月预借现金金额、逾期 3 个月和 6 个月以上账款占应收账款余额（含催收款）的比率等。

为了控制新加坡信用卡市场风险，金融管理局先后颁布了各种与信用卡业务相关的条例。2002 年 10 月颁布《银行（诱导客户使用信用卡或签账卡购买房产）条例》［Banking (Inducement to Use Credit Card or Charge Card for Purchase of Residential Property) Regulations］，要求银行不得诱导、鼓励或允许客户使用信用卡或签账卡购买房产。金融管理局于 2003 年 12 月发布

MA－N－CC1 号通知，要求发卡机构未经金融管理局许可，不得在街道上设置临时促销点推广信用卡或签账卡，并明确指出，这种行为可能导致居民过度借债，金融管理局一般不予许可。金融管理局 2004 年颁布《银行（信用卡及签账卡）条例》，对信用卡及签账卡的发卡对象及信用额度做出限制。此外，新加坡于 2009 年 4 月颁布《金融管理局 759 号通知》，要求各信用卡、签账卡的发卡机构按季度报送有关信用卡运营的相关数据，尤其是持卡人未偿余额的相关数据。

为了促进产业的规范性发展，澳大利亚制定了许多与支付卡产业相关的法律，如《支付系统（监管）法》、《支付系统清算法》、《金融交易报告法》、《电子交易法》、《交易行为法》、《专业信用卡机构审批指引》等。《支付系统监管法》赋予澳大利亚储备银行充分的支付系统监管权力，允许澳大利亚储备银行将已有的支付清算系统纳入监管范围。依据该法，澳大利亚储备银行先后将万事达和维萨的信用卡支付系统、维萨的借记卡支付系统、本土借记卡网络 EFTPOS 纳入监管范围。澳大利亚支付清算协会制定的《消费者电子支付清算系统运营规则》（Regulation for Consumer Electronic Clearing System）、《消费者电子支付清算系统运营手册》（CECSManual for Consumer Electronic Clearing System），对银行卡产业参与方也具有法律约束力。此外，澳大利亚的同业协会还制定了不少自律性规则，如《银行营运守则》、《信用社及建筑合作社营运守则》（Mutual Banking Code of Practice）、《电子基金转移营运守则》、《消费信贷守则》等。这些法律法规从不同层面、不同角度对银行卡产业参与各方的行为进行规范。

9.1.3.4　储值卡监管

储值卡在亚洲的一些国家和地区的非现金支付中，尤其是小额支付中占有重要地位，因此，这些国家和地区均有相关的法规条例对此进行监管。日本《储值卡法》规定，发卡机构发行的储值卡中未使用金额的一半必须强制储蓄。新加坡的《支付系统（监管）法》规定，"任何机构或银行发行多用途储值卡，应经金融管理局批准，否则可能被处以罚款"，并对多用途储值卡的发卡营销做出监管要求。随着储值卡的迅速发展，金融管理局对储值卡的监管越来越重视。2006 年 6 月，新加坡金融管理局发布《储值设备指令》，对储值设备（包括但不限于储值卡）的业务流程进行梳理，提出了五项业务原则：要求发行或运营机构加大业务风险的防范力度、加大对持卡人权益的保护等。而中国香港地区则通过《银行业条例》、《银行营运守则》和《多用途储值卡营运实务守则》规定了多用途储值卡市场的准入要求以及发卡机构、系统运营商和收单机构在日常运作中应遵循的指导原则。

9.2 中国银行卡产业监管与产业引导

中国银行卡产业由于发展时间不长，产业监管体系还在建立和完善之中。虽然政府主管部门已经颁发了相关的管理办法及文件，构成了对银行卡产业监管的基本框架，但现有管理规定已经难以满足银行卡市场和银行卡产业快速发展的需要。政府监管部门正在着手完善银行卡相关法律及监管体系。

9.2.1 大陆地区

9.2.1.1 监管主体

我国大陆地区的银行卡产业监管主体主要是中国人民银行（以下简称人民银行）、中国银行业监督管理委员会（以下简称银监会）。目前，行业定价的监管职责主要由人民银行、银监会行使。人民银行主要负责对支付清算组织的监管，监管范围包括行业准入、卡组织定价、风险监控、业务技术模式、持卡人权益保护等。银监会主要负责对各商业银行的发卡、收单业务实施监管，监管范围包括业务准入、定价、风险监控、持卡人权益保护等。

9.2.1.2 法律框架

我国大陆地区银行卡产业的法律体系尚不健全。目前的行业基本法是1999年颁布的《银行卡业务管理办法》，属于行政规章。除此之外，相关部门还发布了不少监管性文件，如《支付结算办法》、《银行卡联网联合业务规范》、国家九部委《关于促进银行卡产业发展的若干意见》、人民银行《银联入网机构银行卡跨行交易收益分配办法》（以下简称126号文）、人民银行《关于规范和促进银行卡受理市场发展的指导意见》（以下简称153号文）、银监会《关于加强银行卡发卡业务风险管理的通知》、人民银行、银监会《关于防范信用卡风险有关问题的通知》、银监会《关于进一步规范信用卡业务的通知》、银监会《关于外商独资银行、中外合资银行开办银行卡业务有关问题的通知》（49 号文）以及人民银行、银监会、公安部、工商总局《关于加强银行卡安全管理预防和打击银行卡犯罪的通知》等。

9.2.1.3　监管内容

（1）市场准入

《支付结算办法》、《银行卡业务管理办法》明确规定，商业银行开办银行卡业务应经过银监会审批，外资金融机构经营银行卡收单业务也应报银监会批准，银行分支机构开办总行银行卡业务的，应向当地银监局备案。银监会 49 号文对外资银行开办银行卡业务做出准入要求，银监会《银行监管三部关于外商独资银行、中外合资银行开办借记卡业务有关问题的通知》（银监三发 [2008] 2 号文）则规定，外资银行开办借记卡业务不再适用审批制。

对于银行卡转接业务，人民银行曾于 2004 年将"支付清算组织准入"列入行政许可项目，并在 153 号文明确规定，"从事银行卡信息交换业务有严格的准入和管理制度"。

2009 年 4 月，人民银行发布第 7 号公告，决定对境内从事支付清算业务的非金融机构进行登记，并于 2010 年颁布《非金融机构支付服务管理办法》。

（2）业务、技术、风险的综合监管

人民银行发布的《银行卡联网联合业务规范》，从业务流程、技术实现、风险管理等角度规范了银行卡产业的发展。之后，人民银行、银监会陆续颁布一系列文件，对发卡业务、收单业务、第三方专业化服务机构的业务进行监管，要求发卡行实施审慎发卡策略，注意风险防控，不得采取全程自主发卡方式，不得将信用卡发卡营销业务外包。收单机构则应加强对特约商户的管理，亲自签订商户受理协议，审慎拓展商户，规范商户类别码设置，防范欺诈、套现风险，积极报送商户风险信息，严格管理收单外包机构。

为了统一全国的银行卡技术规范，人民银行还发布了一系列行业技术标准，如《银行卡联网联合安全规范》、《银行卡联网联合技术规范》、《银行卡发卡行标识代码及卡号》、《银行卡磁条信息格式和使用规范》、《银行磁条卡销售点终端规范》、《银行磁条卡自动柜员机（ATM）应用规范》、《中国金融集成电路（IC）卡规范（2.0 版）》等，全国统一的银行卡业务规范和技术标准体系基本形成。

2009 年 3 月，银监会向各大银行发布《关于"支付宝"业务的风险提示》，揭示了网上第三方支付业务存在的五大风险，建议各银行对网上信用卡支付业务适度收费。此举表明，监管部门开始密切关注网上第三方支付业务的风险，可能会针对相关创新业务出台进一步的监管要求。

（3）定价监管

中国大陆地区的监管部门一向非常重视银行卡产业的定价监管。《银行卡业务管理办法》、《支付结算办法》、126 号文等文件从发卡、收单、转接等业务流程确定了各项收费标准。人民银行对信用卡的滞纳金、超限费、透支利息、透支额度、取现额度、透支期限都做出明确规定。《银行卡业务管理办法》规定，贷记卡持卡人支取现金、准贷记卡透支，不享受免息还款期和最低还款额待遇，应当支付现金交易额或透支额自银行记账日起，按规定利率计算的透支利息；发卡行对信用卡持卡人未偿还最低还款额和超信用额度用卡的行为，应当分别按最低还款额未还部分、超过信用额度部分的 5% 收取滞纳金和超限费；信用卡透支按月计收复利，准贷记卡透支按月计收单利，透支利率为日利率万分之五，并根据中国人民银行的此项利率调整而调整。银监会要求，发卡机构不得擅自对信用卡透支利率、计息方式、免息期计算方式等项目进行调整，信用卡未激活前，发卡行不得收取任何费用。人民银行还颁发了 126 号文，对银行卡跨行交易各参与方的利润分配进行明确规定。

（4）持卡人权益保护

人民银行、银监会一贯重视保护持卡人权益，每次颁布监管文件时，一般都会要求产业各参与方进一步保障持卡人权益。总体而言，保障持卡人权益主要从以下几方面进行：一是保障持卡人的信息安全，要求参与方提升技术标准、制定相关措施、做好保密工作，避免泄露持卡人信息；二是要求发卡机构做好信息披露工作，向持卡人做好安全用卡宣传，及时向持卡人发送对账单，发生业务、定价调整的，及时向持卡人披露；三是要求发卡机构做好持卡人服务，在各环节做好持卡人身份的确认工作，不断完善客户服务流程，及时反馈客户的投诉，规范信用卡债务催收业务；四是要求收单机构做好持卡人服务，加强对终端设备的巡查，构建安全的用卡环境。

9.2.1.4 监管建议

中国银行卡产业的发展历史不长，产业监管从对商业银行借记卡业务监管开始。然而，随着银行卡受理市场的不断发展、信用卡产品的异军突起以及产业链的逐步形成，现有的监管架构亟待完善。

（1）监管主体

通过立法进一步明确中国人民银行制定银行卡业务规则和监管主体地位及相应的监管权责。明确中国人民银行对平台企业的经济监管职能。细化银行业监督管理机构从监管商业银行业务风险角度对商业银行的发卡准入进行监管的职责。明确银联的职责定位，处理好监管规则与自律规则的关系，加强对银联的规范，支持银联制定数据加密、入侵探测、业务监督和准入控制等行业标准，强化行业自律组织制定和推广行业标准规范的作用。

（2）监管对象

一是建议根据我国银行卡产业发展实际，将提供发卡、收单及转接的非银行支付机构纳入监管体系，以减少非银行支付机构的监管缺位，并针对银行卡产业外包业务较为普遍的情况，将第三方服务商也纳入监管体系；二是将银行支付网络整体作为监管对象；三是建议监管思路由机构准入及合规性监管向风险监管转移。

（3）监管政策

目前监管的法律基础明显落后于产业发展，而银行业对外全面开放使得中国银行卡产业的诸多环节，特别是发卡市场、跨行信息转接服务环节面临更为复杂的竞争格局。在这种情况下，政策的模糊不清无疑会加剧市场混乱，使各种争论进一步升级，并影响现有企业发展战略的制定。在现有监管框架下应尽快修订《银行卡业务管理办法》或者制定"银行卡收单业务管理办法"。同时针对如虚拟账户和储值卡等新兴支付方式发展的现状，要加快"支付清算组织管理办法"和"电子货币业务管理办法"等制度建设，做到有法可依，依法监管。

（4）监管内容

建议从风险控制、定价、标准规则、外包活动、信息保护等方面完善银行卡产业监管的相关内容。一是加强风险监管。新兴支付方式发展速度快，风险积累隐患大，要充分考虑其发展的新生力量，在规避风险、规范市场的前提下，促进新兴支付方式的发展。二是重视价格监管。定价监管既包括对全球瞩目的交换费定价机制的监管，也包括对涉及消费者直接利益的零售定价机制的监管。三是规范外包活动。外包过程中委托方与受托方的风险责任划分不清会影响支付市场秩序支付活动的风险管理，因此建议出台相关具体规则，制定风险控制措施。四是注重信息安全。信息保护监管既要包括事前信用体系的建设与完善，也要包括事中提高交易信息的全面性、完整性和准确性，同时还要包括信息泄露的应急处理规制等。

9.2.2 中国港澳地区

9.2.2.1 监管主体

中国香港地区的银行卡产业监管主体是香港金融监管局，它是发牌机构，并制定审慎的监管制度。金融监管局在香港的地位类似中央银行，是香港最主要的金融市场监管机构。金融监管局对银行业实施监管的目的是，保证银行体系整体稳定、有效运营，同时给予银行体系灵活的商业运作空间。澳门地区的银行卡产业监管主体是澳门金融监管局，它负责有关货币政策的制定、实施，对金融机构的业务进行监管。

9.2.2.2 法律框架

中国香港地区法律体系不但完善，而且公开、透明，其主体为《香港条例》（以下简称《条例》）。《条例》不仅在官方网站上公布，并会随时更新，任何香港市民都可以直接查询。《条例》中的第155章是《银行业条例》，为香港银行业监管提供法律构架，确立金融监管局为发牌机构，它制定的银行业监管制度符合巴塞尔银行监管委员会颁布的《有效监管银行业的主要原则》，并依据《银行业条例》、《结算及交收系统条例》，对银行、接受存款公司、支付结算系统等机构实施监管，促进银行体系的安全、有效、健全、稳定和发展。2008年，金融监管局颁布了《监管政策手册》，对银行业（包括但不限于银行卡产业）从业机构的银行卡业务提供了指引，体现了"风险为本"的工作精神和"持续监管"的工作作风。香港的行业自律机制相当发达，与银行卡产业相关的行业自律机构主要是香港银行公会和接受存款公司公会，两家公会联合颁布的《银行营运守则》有力地规范了产业发展，金融管理局借助《银行营运守则》，要求银行业机构以行业自律的方式维持正常的职业操守和稳妥的业务常规。

中国澳门地区的银行卡产业法律体系也比较完善。1993年7月，澳门政府颁布了《金融体系法律制度》，对银行业市场准入、运营、危机处理和退出等行为，制定了详细的政策指引，对信用机构在资本最低充足率方面提出了明确的监管要求；同时，在对信用机构资产安全性监管、内部控制有效性监管等方面均参考了《巴塞尔协议》的要求，以保证澳门金融市场的自由与开放和银行业的稳健经营。

9.2.3 中国台湾地区

9.2.3.1 监管主体

中国台湾地区的银行卡产业监管主体相对于港澳地区更为复杂，包括台湾金融主管机关、台湾财政主管机关、银行公会和其他一些监管部门。台湾金融主管机关的主要目标是促进金融稳定、健全银行业务、维护币值稳定；台湾财政主管机关是台湾信用卡行业最主要的监管部门。它的银行业务监管职能类似于内地的银监会，是银行的监管部门，也是信用卡业务的主要监管者。银行公会是银行卡行业的自律组织，对发卡机构和收单机构的运作提出要求，并提示风险。另外，银行公会还和警方等合作，建立信用卡欺诈预警机制，遏制信用卡犯罪；由于银行卡业务涉及社会公共利益和消费者权益，台湾其他一些部门，如"法务部"、消费者文教基金会、"经济部"和法院也通过法律赋予的职权在监督银行卡业务过程中发挥着重要作用。其中，"法务部"监督的重点是信用卡犯罪、反洗钱、计算机处理个人数据的保护等；消费者文教基金会主要维护持卡人在信用卡使用过程中的知情权、选择权等权益；"经济部"重点通过所谓公司法规、商业登记法约束诸如催收公司等第三方服务机构；法院则通过法律赋予的权利，按照所谓基本法律的规定，在司法实践中影响信用卡行业各参与者之间的权利义务关系。

9.2.3.2 相关政策

（1）信用卡资产证券化

2001年，中国台湾地区某财政委员会初审通过《金融资产证券化条例草案》，该条例规定包括房贷、信用卡债权及汽车贷款均可证券化。金融资产证券化，可为金融机构业务平台法律提供更多现金流量用于贷款及投资业务，也可为一般大众提供另一种投资的选择，而且因有抵押权，所以安全性比一般证券商品高。截至2001年年底，台湾信用卡债权约为6 000亿元人民币。

（2）政府采购刷卡

自2000年8月起，中国台湾财政主管机关公共工程委员会在中华电信等四个部门的采购款在 10 万元以下的，均试以政府采购卡付款。这种政府采购卡在使用上与信用卡相类似，即发卡银行发卡给采购单位，采购金额则先由发卡银行支付给厂商，政府机关再按月付款给发卡银行。

（3）缴税

传统纳税人缴纳综合所得税的方式共有五种：现金、支票、缴税取款委托书、自动取款机转账和电子钱包。信用卡成为第六种缴税方式。纳税人若采用信用卡缴税方式，只需向银行申请授权码，并填写在综合所得税申报书上即可，至于缴税后未向银行付款，欠款的追缴依照银行和纳税人签订的信用卡契约处理。

9.2.3.3　市场监管

（1）银行卡产业市场准入监管

中国台湾地区的银行卡种类主要为四种：多用途现金储值卡、金融卡、信用卡、现金卡。现金卡与信用卡都是银行基于持卡人的个人信用向持卡人发放的以塑料卡为介质的消费性贷款，它们的主要区别在于对贷款的使用方式不同。现金卡专用于持卡人凭卡在 ATM 上取现，不能像信用卡那样直接刷卡消费。两种卡在本质上极其相似，一般现金卡的监管参照信用卡。多用途现金储值卡实质上是用于支付且能广泛使用的电子存折，因此台湾主管部门对多用途现金储值卡的监管业务平台法律完全不同于现金卡和信用卡。金融卡即借记卡，对借记卡的管理与上述几种银行卡不同，并没有专门或单独的法律法规对其进行约束，主要是参照银行账户管理规定进行监管。台湾地区对银行卡产业的从业机构采取市场准入许可制度，由主管部门进行审核批准后方能在台湾开展银行卡业务，并要接受主管部门的管理。

①经营现金储值卡的机构的市场准入。中国台湾财政主管机关于 2001 年公布的《银行发行现金储值卡许可及管理办法》中规定，银行如果发行现金储值卡应报财政主管机关许可，并由财政主管机关对银行开展的现金储值卡业务进行监管。《银行发行现金储值卡许可及管理办法》第三条明确规定，非银行不得发行现金储值卡；同时规定，被许可发行现金储值卡的银行除发行现金储值卡业务外，还能从事签订特约商店的收单业务。如果是国际现金储值卡，则要求以台湾本地银行为发卡行，并且要求国际现金储值卡在台湾地区使用时，应在台湾地区完成结算及清算程序。也就说，国际现金储值卡如在台湾地区使用，则清算和结算程序必须由台湾本地区的机构完成，

而不能由在台湾地区之外的机构进行操作。

②经营信用卡业务的机构的市场准入。中国台湾地区对信用卡业务及其从业机构的管理主要体现在《信用卡业务机构管理办法》（以下简称《办法》）。《办法》的主要内容分为两个部分。前半部分侧重于对信用卡业务机构的市场准入和业务监管，后半部分站在保护消费者的立场对信用卡发卡机构的业务开展作了若干禁止性规定和发卡业务操作的具体要求，准确定义了信用卡业务范围和信用卡市场的参与主体，同时对信用卡机构的财务制度、信用卡同业公会的作用等作了创新的规定。该《办法》更加适应中国台湾地区信用卡市场的发展，并且体现了主管部门对信用卡从业机构监管的透明性、公平性，打破了岛内与外国信用卡从业机构之间不平等的竞争条件。

（2）金融机构委外作业监管

由于银行卡产业中的许多环节都是劳动密集型工作，前期投入比较大，而且许多工作与银行核心业务联系不密切，如邮寄信用卡账单、表单打印作业、装封作业、电话语音服务等。因此，银行纷纷将此类工作逐步外包给专门机构单独作业，银行卡产业逐步向专业化、规模化发展。虽然银行、信用卡公司将部分银行卡工作外包给第三方，但这部分外包工作仍是银行向持卡人提供的金融服务的一部分，服务品质不因服务外包而下降，持卡人仍然享受发卡机构承诺的各项银行卡服务。随着部分银行卡业务的外包，银行、信用卡公司所掌握的持卡人个人信息可能随着银行卡业务委外而流转到银行卡外包机构，因此，银行业务外包使银行卡服务质量和持卡人个人信息的安全成为外包业务的最大问题。因此，如何对这些专门从事银行卡业务外包机构进行管理，保护广大持卡人的消费权益和经济安全，应在政府的监管职能之内。台湾财政主管机关1989年颁布了《银行作业委托他人处理应注意事项》，2001年修订为《金融机构作业委托他人处理应注意事项》（以下简称《注意事项》）。该《注意事项》就是主管部门对包括信用卡公司和银行等在内的金融机构将部分金融服务作业委托给他人处理行为的规制。《注意事项》适用的金融机构包括中国台湾银行、外国银行在台湾的分行、信用合作社及经营信用卡业务的机构等。台湾财政主管机关2004年4月《重申金融机构将信用卡、现金卡、车辆贷款与房屋贷款行销催收及其他相关业务等作业委外处理时，应落实客户资料保密管理》中强调：

①金融机构如因委托人的过失或其雇佣人员的疏失致客户权益受损，金

融机构仍应对客户负最终损害赔偿责任，亦即金融机构不能因作业委外而减少或免除原本应负担的责任或应维持的服务品质。

②金融机构委托便利商店代收有关消费账款的缴款资料，不得完整列示客户身份证号及账号等个人资料，金融机构并应确保受托机构及其人员无法借助缴款资料取得或辨识客户的身份证号、账号及其他相关个人资料，以避免客户资料外泄。

③金融机构应要求受托机构的聘雇人员对于客户资料均有保密义务，不得向他人出售、泄漏或提供自己或他人使用。此外，受托机构应订立相关员工工作准则，如发现聘用人员有不适任或有不法情节者，应予以解聘或相关处分，以维护委外作业服务品质。

④金融机构应严格要求受托机构遵守所谓"银行法"、"洗钱防制法"、"电脑个人资料保护法"及其他相关法令的规定。另外，金融机构应定期或不定期查核受托机构，以确保受托机构是否符合法令要求，并留存记录以供查核。

⑤受托机构除应配合金融机构定期与不定期稽核外，还应建立内部控管机制，定期或不定期进行内部稽核，以查核聘用人员委外作业的执行是否符合各项作业流程，并留存记录以供查核。

⑥金融机构委外作业如未尽到受托机构的监督责任，以至损害客户权益或影响金融机构健全经营，将视情节轻重，依相关银行法规对金融机构采取适当处理措施或停止部分（或全部）委外作业。

（3）银行卡业务资料通报及监管

为了提升信用卡发卡机构资产品质的透明度，发挥从业者自律及市场制约机能，促进信用卡市场健全发展，中国台湾财政主管机关于2004年制定了《信用卡重要业务及财务资讯应揭露项目、认定标准及揭露方式》。要求信用卡从业机构每月将规定的业务及财务数据上传到财政主管机关金融局全球资讯网（www.boma.gov.tw）金融资讯披露专栏，供公众查询。信用卡业务机构需要公布的数据包括流通卡数、有效卡数、当月发卡数、当月停卡数、循环信用余额、当月签账金额、当月预借现金金额、逾期三个月以上账款占应收账款余额（含催收款）的比率、逾期六个月以上账款业务占应收账款余额的比率、呆账准备金率、当月专销呆账金额及当年度累计专销呆账金额。

（4）银行卡从业机构内部控制及稽核制度

中国台湾财政主管机关金融局于 2004 年制定了《信用卡业务机构内部控制及稽核制度实施办法》。其目的在于促进信用卡业务机构健全经营，促进业务机构的运营效率，维护信用卡业务机构资产安全，确保财务及管理资讯的可靠性与完整性。该办法适用于所有在台湾开展信用卡业务的从业机构，包括外国银行及外国信用卡公司，并要求信用卡从业机构的董（理）事会、管理阶层及所有从业人员共同遵守。该办法规定信用卡业务机构应建立内部控制制度，具体内容应包含管理阶层对业务风险的监督程序；业务风险的辨识与评估制度；机构内部各管理阶层的明确且不冲突的职务分工内部控制制度；有完整、及时的财务、经营及规章等资讯并建立有效的沟通渠道；有监督执行程序，保证内部稽核或其他内部控制人员发现问题时有上报渠道且应立即采取改正措施的程序等。反映在具体制度上表现为具体的政策及作业程序，包括组织规划（管理规章）、相关制度规范及业务处理手册。其中组织规划包括明确的组织架构、各部门业务职能与明确的授权及分层负责办法。业务处理手册包括征信审核、卡片管理、商店管理、授权、风险管制、账务、催收、客户服务、行销、业务推广、委外作业、系统作业、会计、总务、人事、资讯等程序，并根据业务的性质和规模制定相应的内部控制制度。以上制度应在内部稽核单位的参与下定期检讨修订。在组织架构上要求在信用卡业务机构内部设立隶属董（理）事会的稽核部门，独立行使稽核权，定期向董（理）事会及监察人报告。并要求设立总稽核的职务，该职务的任职资格及任职程序有具体规定。同样，其他稽核人员的任职资格也有严格的规定。该办法对稽核部门、总稽核及稽核人员的职责、培训制度、失职责任等做了详细规定，尤其赋予了总稽核及稽核人员直接向主管部门通报稽核事项的职权，使信用卡业务机构的稽核部门独立于业务机构的内部管理，能独立行使监察稽核的职权。另外，在组织架构上还要求信用卡业务机构设立法令主管制度，以保证信用卡业务机构业务开展遵循法律，并杜绝金融犯罪与欺诈。法令主管隶属于董（理）事会或总经理。法令主管应制定内部制度保证机构内各单位能就业务开展的适法性进行咨询与沟通。法令部门应保存各单位的咨询沟通记录并对自己的工作定期进行评估，同时应定期开展对机构内部业务人员的金融法规培训。信用卡业务机构中的财务及信息部门应半年自查一次，每月进行一次专案自查。主管机关如发现信用卡业务机构聘请的会计师无法胜任委托查核事项，可令信用卡业务机构更换会计师。另外还规定，会计师如受到信用卡业务机构阻挠无法开展核查工作或发现信用卡业务机构有虚假、造假行为或核查结果显示信用卡业务机构财务状况恶劣时应立即报告主管机关。

（5）信用卡业务机构财务制度的监管

①信用卡业务账务须独立。台湾财政主管机关根据银行管理有关规定，修正发布了《信用卡业务机构管理办法》，要求兼营信用卡业务的各发卡机构须制定独立的会计制度，并希望从业者能完全清楚了解这项业务的损益状况，并加以评估是否有发行信用卡的必要。

②信用卡会计制度范本。台湾银行公会研究制定出信用卡会计制度范本，以建立信用卡业务机构会计账务处理一致性的规范，使金融机构办理信用卡业务的运营损益可以得到充分揭示，促使各信用卡业务机构提升财务质量。台湾财政主管机关在修正后的《信用卡业务机构管理办法》中要求兼营信用卡业务的银行、信用合作社及其他机构的会计核算独立，并就发卡机构办理信用卡逾期账款中备抵呆账提取及转销事宜订立规范。台湾银行公会也将此部分内容纳入信用卡会计制度范本中。如此可有效改善过去部分兼营信用卡业务的金融机构将信用卡业务营运损益并入一般业务账务中处理，而无法真实反映信用卡业务经营效益的情况。信用卡会计制度的建立，可使金融机构办理信用卡业务平台务管理营运绩效得到充分揭露，避免部分兼营信用卡业务的金融机构信用卡部门有"虚盈实亏"的假象，并促使各信用卡业务机构审慎评估其盲目推卡拓展业务及投入过多无效成本造成资源浪费的后果，有助于整体信用卡市场的健全发展。

③对逾收账款的监理。为强化金融机构银行卡发卡品质、健全其业务经营，台湾财政主管机关根据所谓"银行法"规定，在2004年6月制定了《现金卡监理措施》与《信用卡逾期账款之监理指标、相关监理措施》。主要通过对发卡机构的逾期放款比率进行监理，以达到预防发生财政风险的目的。《现金卡监理措施》规定，对现金卡逾期放款比率为3%～5%的，台湾财政主管机关将以书面函的方式告知发卡机构注意避免现金资产品质恶化，并要求该机构提出改善计划；对逾期放款5%～8%的，将通知发卡机构于三个月内予以纠正；对逾期放款8%以上的，将暂停该发卡机构的现金卡业务作业。《信用卡逾期账款之监理指标、相关监理措施》制定了与现金卡相

同的逾期放款比率及相应的监管措施。

（6）银行卡从业机构股权投资治理

①机构合并监管。信用卡业务机构之间或与其他金融机构之间的合并由台湾财政主管机关进行监管。金融机构合并有关规定，信用卡业务机构属于银行业，如果信用卡业务机构与银行业中的银行合并，留存机构或新设机构必须为银行，并且信用卡业务机构的合并范围应在银行业内，不能跨业合并。

②金融机构投资银行卡业务的管制。根据金融控股公司有关规定，金融控股公司可以对信用卡业务进行投资。金融控股公司有关规定主要针对信用卡业务机构母公司的投资行为进行管理。台湾 2000 年通过"保险业有关条文修正"，大幅放宽保险业投资范围。放宽后的保险业资金运用范围，除可以购买有价证券、不动产以及放款等外，亦可投资信用卡业务。

（7）银行卡行业公会的监督

根据中国台湾地区的相关规定，信用卡业务机构必须申请加入银行公会信用卡委员会。信用卡委员会的工作职能是协助台湾财政主管机关推行、研究信用卡业务相关政策及法令；制定并定期检讨业务规章或自律公约；就会员所经营业务，进行必要监督或调解纠纷以及协调其他事项。信用卡业务机构作为信用卡委员会的成员应遵守"银行同业公会联合会处理信用卡业务"的规章。中国台湾"信用卡业务机构管理办法"规定，信用卡业务机构应切实遵守自律公约，如果信用卡业务机构违反自律公约，台湾财政主管机关可依照《信用卡业务机构管理办法》及所谓银行管理有关规定对其进行处罚。《银行商业同业公会联合会信用卡业务委员会所属机构办理信用卡业务自律公约》，其内容涵盖信用卡发卡业务的推广、征信、发卡、账务、客服、风险管理、催收等作业；收单业务的推广、征信、签约服务及管理、风险管理、取消等作业，其对台湾信用卡市场产生了重要的影响。

【思考与练习】

1. 什么是银行卡产业监管？
2. 银行卡产业监管的原因是什么？
3. 银行卡产业监管的内容包括哪些？
4. 试阐述国内外的银行卡产业监管情况。

【案例分析】

<h2 style="text-align:center">加强监管鼓励创新　推动银行卡产业健康发展</h2>

——银监会蒋定之副主席在全国银行卡工作电视电话会议上的讲话

为贯彻落实《关于促进银行卡产业发展的若干意见》，中国银监会在"管机构、管法人、管风险、管内控、提高透明度"的监管理念指导下，积极推动市场发展，完善法规制度建设，加大公共教育和宣传力度，深化案件专项治理，有力维护了市场参与各方的权益，促进了银行卡产业持续稳健发展。

一、稳步推动银行卡市场发展

为规范和促进银行卡市场发展，银监会制定了《商业银行行政许可事项实施办法》和《合作金融机构行政许可事项实施办法》，以报告制度替代以往的核准制度，有效简化了银行卡业务市场准入手续，极大地推动了银行卡业务的发展。仅2005年，我国境内就新增发卡机构23家，新增ATM终端1.8万台，工行、农行和中行还设立了持有金融许可证的银行卡业务专营机构。为深入贯彻落实国务院关于"切实解决'三农'问题、提高农村金融服务水平"的要求，银监会积极推动在农村地区的银行卡业务，截至2006年3月，共有35家农村商业银行、农村合作银行和农村信用社开办了借记卡业务，常熟、江阴2家农村商业银行和宁波鄞州农村合作银行开办了贷记卡业务。

二、深入开展银行卡案件治理和风险防范工作

2005年以来，银监会先后召开八次银行业案件专项治理工作会议，规范了商业银行案件专项治理会议制度和相关监督检查制度。针对银行卡案件的特点，银监会建立了银行卡违法犯罪案件及时报告制度和适时通报制度，召开了商业银行银行卡风险防范协调会议，多次通报银行卡风险管理及安全控制情况；要求国有商业银行、股份制商业银行和农村信用社开展银行卡风险防范全面自查，并与人民银行联合发布了《关于防范信用卡业务风险有关问题的通知》；银监会相关机构还针对发卡机构、收单机构和清算机构的不同特点，分别提出了有针对性的管理要求，银行卡案件治理和风险防范工作得到了切实加强。为进一步加强现场检查和非现场监管，银监会已逐步建立信息统计制度，加强了对银行卡业务的跟踪、监测和分析，为制定和完善相

关管理制度提供了科学依据。

三、积极促进银行卡法规制度建设工作

银监会积极配合国务院法制办做好《银行卡条例》的起草工作，多次与人民银行、商业银行、中国银联公司等进行沟通和协商，就银行卡业务的监管模式、风险管理、市场参与各方权益保护、收单机构的主体与监管、多部门管理协调机制等问题，提出了监管意见和建议。银监会及时制定发布了《商业银行授信工作尽职指引》、《商业银行外部营销业务指导意见》等7份规范性文件，对银行卡业务的市场准入、风险评估、市场风险管理、授信业务风险管理、操作风险管理、外部营销行为等做出了具体规定，有力地指导、规范和促进了银行卡业务的健康发展。

四、切实加强公共教育和宣传工作

银监会充分利用网络资源和新闻媒体，普及银行卡金融知识，宣传相关法规，及时通报银行卡犯罪案件，促进银行卡持卡人法律意识和自我防范意识的提高。

银行卡产业是当今银行产业的重要组成部分，关系到银行业健康发展和群众金融消费安全。在今后的工作中，银监会及各地银监局将积极配合人民银行等部门，进一步强化银行卡市场的监督管理机制，在建制度、管机构、防风险等方面做更细更实的工作，促进银行卡市场持续稳健发展。

继续配合国务院法制办做好《银行卡条例》的起草工作，争取《银行卡条例》尽早出台。同时，密切跟踪银行卡业务发展中出现的新情况、新问题，及时研究出台规范市场行为的配套规章制度，逐步健全和完善银行卡法律法规体系。

建立有效的银行卡风险防范和案件治理机制，强化银行卡业务风险评估，监测与银行卡业务操作风险密切相关的各个环节，根据发卡机构、收单机构和外包机构的不同特点进行风险提示；查实客户投诉的银行卡业务问题，督促各商业银行改进银行卡业务服务质量；大力支持商业银行设立开展银行卡业务的专业化机构，鼓励商业银行在银行卡管理体制方面进行积极的创新。

进一步加大公共教育和宣传力度，强化信息披露，对银行卡业务运行中产生的风险，尤其是危害普通消费者利益的欺诈风险等及时进行公开提示；督促商业银行规范银行卡业务合同文本，促进公平竞争，保护市场参与者的合法权益。

主动加强与国务院相关部门的沟通与协调，建立健全沟通协调机制，形成监管合力，共同做好工作，创造有利于银行卡业务发展的基础环境。

过去的一年，银监会在积极推动银行卡业务发展方面做了一些工作。我们将在国务院的正确领导下，进一步做好自己的工作，更好地发挥监管职能作用，和相关部门一起，为促进我国银行卡产业持续稳健发展做出更大的贡献。

问题：结合案例，试分析我国目前银行卡产业监管的重点。谈谈你对我国银行卡产业监管与产业指导的想法。

参考文献

一、文献资料

1. 帅青红，等. 电子支付与结算［M］. 大连：东北财经大学出版社，2011.

2. 帅青红，等. 银行信息系统管理概论［M］. 北京：中国金融出版社，2010.

3. 帅青红，等. 电子金融与支付［M］. 北京：清华大学出版社，北京交通大学出版社，2010.

4. 帅青红. 电子支付结算系统［M］. 成都：西南财经大学出版社，2006.

5. 帅青红. 基于 SET 协议的电子支付系统及其应用［M］. 成都：电子科技大学出版社，2006.

6. 帅青红. 金融电子化概论［M］. 成都：西南财经大学出版社，2005.

7. 帅青红. 网上支付与电子银行［M］. 大连：东北财经大学出版社，2009.

8. 帅青红. 电子支付与安全［M］. 成都：西南财经大学出版社，2009.

9. 吴丹，廉长刚. 银行卡风险防范［M］. 北京：群众出版社，2009.

10. 林功实，林键武. 信用卡［M］. 北京：清华大学出版社，2006.

11. 刘永春，陈晓燕，朱卫国，张卫东. 北京：银行卡概论［M］. 北京：人民出版社，2000.

12. 赵辉. 商业银行市场营销策略［M］. 北京：中国金融出版社，2003.

13. 韩蓓，刘佳. 银行卡发卡市场与收单市场的平衡发展——基于双边

市场理论 [J]. 金融实务, 2011.

14. 严学旺. 关于股份制商业银行发行金融IC卡的一些思考 [J]. 中国信用卡, 2011 (1).

15. 易观国际. 中国POS收单市场专题研究报告 [R]. 2011.

16. 赵本阳. 商业银行金融IC卡行业应用探究 [J]. 金融发展研究, 2011 (8).

17. 郭静红. 对个体工商户受理信用卡业务制约因素的探析 [J]. 西部金融, 2011 (2).

18. 曹平苹. 银行卡风险防范策略研究 [J]. 金融经济, 2011 (18).

19. 姜威. 推进金融IC卡产业健康持续发展 [J]. 金融电子化, 2010 (2).

20. 潘利华. 我国金融IC卡应用方兴未艾 [J]. 金融电子化, 2010 (2).

21. 徐诺金. 加快我国金融IC卡的应用推广 [J]. 华南金融电脑, 2010 (8).

22. 李东荣. 推进金融IC卡在公共服务领域的应用 [J]. 中国金融, 2012 (8).

23. 孙虹. 浅谈我国银行卡的风险与防范对策 [J]. 华北金融, 2010 (1).

24. 许罗德. 变革中的中国银行卡产业 [J]. 中国信用卡, 2010 (2).

25. 陈少松. 商业银行防范银行卡欺诈风险问题探讨 [J]. 金融理论与实践, 2010 (1).

26. 樊爽文. 从银行卡风险谈个人银行账户制度的改进 [J]. 中国金融, 2010 (2).

27. 程贵孙. 我国银行卡产业垄断势力的界定与政府管制政策研究 [J]. 当代财经, 2010 (5).

28. 孟庆海. 提升我国银行卡产业价值的有效途径 [J]. 经济研究导刊, 2010 (20).

29. 程贵孙. 我国银行卡产业市场结构重组的分类管制政策研究 [J]. 上海金融, 2010 (11).

30. 余雪红, 甘煜. 我国银行卡支付平台定价现状研究 [J]. 南方金融，2009.

31. 韩冲. 我国银行卡市场网络外部性分析 [D]. 复旦大学硕士学位论文，2009.

32. 郑伟林. 银行卡业务的经济学分析 [J]. 中国信用卡，2009 (22).

33. 欧阳卫民. 建立符合市场经济发展需要的银行结算账户体系 [J]. 中国金融，2009 (17).

34. 许罗德. 中国银行卡产业回顾与展望 [J]. 中国信用卡，2009 (2).

35. 孙毅坤，黄晓艳. 银行卡产业监管的国际比较与启示 [J]. 上海金融，2009 (5).

36. 程贵孙. 国际银行卡产业监管的比较研究及其启示 [J]. 华东师范大学学报：哲学社会科学版，2009 (3).

37. 孔祥翠. 银行卡产业监管的必要性探究和国际经验借鉴 [J]. 商业文化：学术版，2009 (7).

38. 武云亮，岳中刚. 银行卡产业交易定价的理论与实证研究 [J]. 经济管理，2008 (12).

39. 李学军. 我国银行卡产业研究 [D]. 上海：上海交通大学，2008.

40. 曹红辉，周丽丽. 中国银行卡产业的利益结构和定价机制 [J]. 经济研究参考，2008 (43).

41. 朱建新，朱立国. 基于 EMV 标准的金融 IC 卡安全框架设计与实现 [J]. 微计算机信息，2007 (30).

42. 程贵孙，孙武军，万玲珠. 国外银行卡产业理论研究的新进展 [J]. 产业经济研究，2007 (1).

43. 董维刚，张昕竹. 银行卡产业特征与反垄断难题 [J]. 数量经济技术经济研究，2007 (6).

44. 李朝霞. 国际银行卡产业监管动态及趋势研究 [J]. 数量经济技术经济研究，2007 (11).

45. 王学斌. 银行卡市场研究——一个网络经济学视角 [D]. 上海：复旦大学博士学位论文，2006.

46. 程贵孙，孙武军. 银行卡产业运作机制及其产业规制问题研究

［J］. 国际金融研究, 2006 (1).

47. 黄纯纯. 信用卡标准与银行竞争: 基于网络经济学角度的分析 ［J］. 金融研究, 2006 (5).

48. 周琼, 庄毓敏. 中国银行卡产业的市场结构与价格行为研究 ［J］. 当代经济科学, 2005.

49. 罗清和, 欧阳仁堂. 我国银行卡产业现状、存在的问题及对策思考 ［J］. 金融与经济, 2005 (1).

50. 訾莉, 陈宏民. 中国银行卡组织运作模式的福利分析 ［J］. 世界经济, 2005 (6).

51. 訾莉, 陈宏民, 孙武军. 商户受理银行卡支付方式的策略性行为研究 ［J］. 系统工程理论方法应用, 2005, 14 (3).

52. 方芳. 制约我国银行卡业务发展的因素分析及对策研究 ［J］. 商讯商业经济文荟, 2004 (3).

53. 文永明. 银行卡产业发展理论与中国战略 ［D］. 武汉: 中南大学, 2004.

54. 冯晴. 论中国银行卡市场金融创新 ［J］. 国际金融研究, 2003 (5).

55. 宋家荣. 我国银行卡业务的国际比较与发展策略 ［J］. 中国金融, 2002 (5).

56. ROBERT M H. An introduction to the economics of payment card network ［J］. Review of Network Economics, 2003 (2).

57. ROCHET J, TIROLE J. An economic analysis of the determination of interchange fees in payment card systems ［J］. Review of Network Economics, 2003 (2): 69 - 79.

58. ROCHET J, TIROLE J. Cooperation among competitors: some economics of payment card associations ［J］. Rand Journal of Economics, 2002 (4): 549 - 570.

59. ARMSTRONG. M. Competition in two - sided markets ［R］. Working paper, University College, London, 2004.

60. WRIGHT J. Optimal card payment systems ［J］. European Economic Review, 2003 (47): 587 - 612.

61. WRIGHT J. Why do firms accept credit cards? ［R］. Working paper,

University of Auckland, 2003.

62. RYSMAN M. An empirical analysis of payment card usage [R]. Working paper, Boston University, 2004.

63. TUCKER C. Empirically evaluating two – sided integrated network effects: the case of electronic payment [R]. Working paper, Stanford University, 2005.

二、网络资源

1. 中国人民银行网站(http://www.pbc.gov.cn)

2. 中国银联网站(http://cn.unionpay.com)

3. 招商银行网站(http://www.cmbchina.com)

4. 中国工商银行网站(http://www.icbc.com)

5. 中国建设银行网站(http://www.ccb.com)

6. 中国农业银行网站(http://www.abchina.com)

7. 中国交通银行网站(http://www.bankcomm.com)

8. 华夏银行网站(http://www.hxb.com.cn/chinese/index.html)

9. 中国民生银行网站(http://www.cmbc.com.cn)

10. 上海浦发银行(http://www.spdb.com.cn)

11. 兴业银行(http://www.cib.com.cn)

12. 中国光大银行(http://www.cebbank.com)

13. 上海银行(http://www.bankofshanghai.com)

14. 中国金融认证中心(www.cfca.com.cn)

15. 维萨网站(http://www.visa.com.cn)

16. 万事达组织(http://www.mastercard.com)

17. 美国运通卡中国官网(http://www.americanexpress.com.cn)

18. 银联商务有限公司网站(www.chinaums.com)

19. 拉卡拉(www.lakala.com)

20. http://www.bis.org.

21. http://www.eally.net.

22. http://www.popsoft.com.cn.

23. http://www.paypal.com/cn/

24. http://www.ebay.com.cn

25. 北京首信易支付(http://www.beijing.com.cn)

26. 快钱(http://www.99bill.com)

27. 上海环讯(http://www.ips.com.cn)

28. 网银在线(http://www.chinabank.com.cn)

29. 易宝支付(http://www.yeepay.com)

30. 易达信动(http://www.1st-pay.net)

31. 易付网络(http://www.epay.net.cn)

32. 云网支付(http://www.cncard.net)

33. 支付宝(https://www.alipay.com)